学车考证速成精解系列

驾考通关全套秘籍
驾校学车实用指南

（全彩印刷）

第 2 版

姚时俊　编著

机械工业出版社

本书严格按照《机动车驾驶人考试内容和方法》（GA 1026—2017）、《机动车驾驶证申领和使用规定》（公安部令第162号）和《机动车驾驶培训教学与考试大纲》（交运发〔2022〕36号）的要求进行编写，介绍了各考试科目培训与考试的内容、方法和技巧。本书内容包括：驾校学车须知、科目一培训与考试、科目二培训与考试、科目三培训与考试、科目四培训与考试以及全新驾考海量题库，附赠难点和重点精选题库，配套科目二、科目三实操免费视频。

本书图文并茂、形象直观、由浅入深、语言精练、通俗易懂、实用性强，配合车轮驾考通App进行模拟考试，适合报考C类机动车驾驶证的人员阅读，对其他类别驾考人员也有一定的参考价值。

图书在版编目（CIP）数据

驾考通关全套秘籍：驾校学车实用指南：全彩印刷（第2版）/姚时俊编著.—2版.—北京：机械工业出版社，2021.8（2022.6重印）

（学车考证速成精解系列）

ISBN 978-7-111-69332-1

Ⅰ.①驾… Ⅱ.①姚… Ⅲ.①汽车驾驶员-资格考试-自学参考资料 Ⅳ.①U471.3

中国版本图书馆CIP数据核字（2021）第204152号

机械工业出版社（北京市百万庄大街22号 邮政编码100037）
策划编辑：谢 元 责任编辑：谢 元 李 军
责任校对：黄兴伟 责任印制：常天培
北京宝隆世纪印刷有限公司印刷
2022年6月第2版第5次印刷
184mm×260mm·20印张·582千字
标准书号：ISBN 978-7-111-69332-1
定价：79.90元

电话服务	网络服务
客服电话：010-88361066	机 工 官 网：www.cmpbook.com
010-88379833	机 工 官 博：weibo.com/cmp1952
010-68326294	金 书 网：www.golden-book.com
封底无防伪标均为盗版	机工教育服务网：www.cmpedu.com

前言

　　驾校是具有一定资质,对报考机动车驾驶证的人员进行交通法规、驾驶技术及安全文明驾驶知识培训,并协助其通过车管部门的考试取得驾驶证的培训单位。驾校学车是我国机动车驾驶人培训的主要形式,为帮助驾校学员全面了解驾校学车的科目、流程和相关规定,掌握必要的驾驶技术、学习和记忆技巧,顺利通过各科目考试,尽快拿到驾驶证,我组织编写了《驾考通关全套秘籍》一书。该书出版发行后受到广大读者的一致好评,销售量始终位于全国汽车类图书排行榜前列。

　　近年来,公安部深化"放管服"改革,施行了多项驾考新举措,为适应新交规及驾考题库升级的要求,我对该书第1版进行了修订,编写了《驾考通关全套秘籍——驾校学车实用指南(全彩印刷)第2版》。

　　本书严格按照《机动车驾驶人考试内容和方法》(GA 1026—2017)、《机动车驾驶证申领和使用规定》(公安部令第162号)和《机动车驾驶培训教学与考试大纲》(交运发〔2022〕36号)的要求进行编写,针对驾校学员考取机动车驾驶证所涉及的知识需求,介绍了各考试科目的培训与考试内容、方法及技巧,并归类编排了全新驾考海量题库。全书内容实用、编排规范、通俗易懂、图文并茂,是考领机动车驾驶证(C照)时的通关利器。

　　由于时间有限,书中难免有不足之处,敬请读者批评指正。

目　录

前言

第一章　驾校学车须知 ...001
一、驾校报名 ...001
二、学车规程 ...005

第二章　科目一培训与考试 ...006
一、科目一培训 ...006
二、科目一考试 ...012

第三章　科目二培训与考试 ...013
一、科目二培训 ...013
二、科目二考试 ...017

第四章　科目三培训与考试 ...020
一、科目三培训 ...020
二、科目三考试 ...027

第五章　科目四培训与考试 ...031
一、科目四培训 ...031
二、科目四考试 ...036

附录1
科目一考题及答案 ...038

第一章　驾驶证和机动车管理规定 ...038
一、驾驶证申领和使用规定 ...038
二、驾驶人管理规定 ...046
三、机动车登记和使用规定 ...047

第二章　道路通行条件及通行规定 ...049
一、道路交通信号 ...049
二、道路通行规定 ...085
三、高速公路通行特殊规定 ...107

第三章　道路交通安全违法行为及处罚 ...110
一、道路交通安全违法行政处罚 ...110
二、道路交通安全违法刑事处罚 ...112
三、道路交通安全违法行为处理程序规定 ...114

第四章　道路交通事故处理相关规定 ...115
一、道路交通事故现场处置规定 ...115
二、道路交通事故处理程序规定 ...115
三、道路交通事故责任强制保险条例 ...117

第五章　机动车基础知识　… 117
一、常见操纵装置　… 117
二、常见安全装置　… 120

第六章　安全行车、文明驾驶知识　… 130
一、一般道路安全行车　… 130
二、复杂路段安全行车　… 135
三、山区道路安全行车　… 142
四、高速公路安全行车　… 143
五、恶劣气候条件下安全行车　… 147
六、轮胎爆裂避险知识　… 150
七、文明驾驶　… 151

第七章　交通事故救护　… 154
一、伤员急救基本原则　… 154
二、昏迷不醒的伤员急救　… 155
三、失血伤员的急救　… 155
四、烧伤伤员的急救　… 155
五、中毒伤员的急救　… 155
六、骨折伤员的处置　… 156
七、常见危化品处置常识　… 156

附录2
科目四考题及答案　… 157

第一章　安全行车常识　… 157
一、日常检查与维护　… 157
二、一般道路安全行车　… 158
三、复杂路段安全行车　… 177
四、安全装置　… 193

第二章　文明行车常识　… 194
一、文明礼让　… 194
二、常见不文明行为　… 205

第三章
道路交通信号在交通场景中的综合应用　… 209
一、交通信号灯　… 209
二、交通标志　… 210
三、交通标线　… 221
四、交通警察手势信号　… 226

第四章
恶劣气候和复杂道路条件下的驾驶常识　… 228
一、恶劣气候条件下的安全驾驶　… 228
二、复杂道路条件下的安全驾驶　… 236

第五章　紧急情况下的避险常识　… 247
一、紧急情况通用避险知识　… 247
二、高速公路紧急避险　… 252
三、其他情况紧急避险与事故处理　… 255

第六章
违法行为综合判断与案例分析　… 256
一、违法行为综合判断　… 256
二、违法行为案例分析　… 257

第七章
交通事故救护及常见危化品处置常识　… 260
一、交通事故救护　… 260
二、常见危化品处置常识　… 262

第一章 驾校学车须知

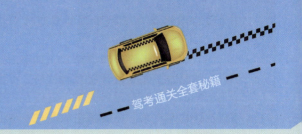

一 驾校报名

（一）报名条件

在办理驾校报名手续前，首先要看自己是否符合学车条件。

1. 年龄条件

申请机动车驾驶证的年龄条件见表 1-1。

表 1-1 申请机动车驾驶证的年龄条件

序号	申请准驾车型	年龄/周岁 最小	年龄/周岁 最大
1	小型汽车、小型自动挡汽车、残疾人专用小型自动挡载客汽车、轻便摩托车	18	不限
2	低速载货汽车、三轮汽车、普通三轮摩托车、普通二轮摩托车、轮式专用机械车	18	60
3	大型货车、中型客车、城市公交车、无轨电车、有轨电车、轻型牵引挂车	20	60
4	大型客车、重型牵引挂车	22	60

注：接受全日制驾驶职业教育的学生，申请大型客车、重型牵引挂车准驾车型的，年龄为 19~60 周岁。

2. 身体条件

（1）身高　申请大型客车、重型牵引挂车、城市公交车、大型货车、无轨电车准驾车型的，身高为 155 厘米以上。申请中型客车准驾车型的，身高为 150 厘米以上。

（2）视力　申请大型客车、重型牵引挂车、城市公交车、中型客车、大型货车、无轨电车或者有轨电车准驾车型的，两眼裸视力或者矫正视力达到对数视力表 5.0 以上。申请其他准驾车型的，两眼裸视力或者矫正视力达到对数视力表 4.9 以上。单眼视力障碍，优眼裸视力或者矫正视力达到对数视力表 5.0 以上，且水平视野达到 150°的，可以申请小型汽车、小型自动挡汽车、低速载货汽车、三轮汽车、残疾人专用小型自动挡载客汽车准驾车型的机动车驾驶证。

（3）辨色力　无红绿色盲。

（4）听力　两耳分别距音叉 50 厘米能辨别声源方向。有听力障碍但佩戴助听设备能够达到以上条件的，可以申请小型汽车、小型自动挡汽车准驾车型的机动车驾驶证。

（5）上肢　双手拇指健全，每只手其他手指必须有三指健全，肢体和手指运动功能正常。但手指末节残缺或者左手有三指健全，且双手手掌完整的，可以申请小型汽车、小型自动挡汽车、低速载货汽车、三轮汽车准驾车型的机动车驾驶证。

（6）下肢　双下肢健全且运动功能正常，不等长度不得大于 5 厘米。但左下肢缺失或者丧失运动功能的，可以申请小型自动挡汽车准驾车型的机动车驾驶证。

（7）躯干、颈部　无运动功能障碍。

（8）特殊情况　右下肢、双下肢缺失或者丧失运动功能但能够自主坐立，且上肢符合上述第（5）项规定的，可以申请残疾人专用小型自动挡载客汽车准驾车型的机动车驾驶证。一只手掌缺失，另一只手拇指健全，其他手指有两指健全，上肢和手指运动功能正常，且下肢符合上述第（6）项规定的，可以申请残疾人专用小型自动挡载客汽车准驾车型的机动车驾驶证。

（9）能力　年龄在70周岁以上能够通过记忆力、判断力、反应力等能力测试的，可以申请小型汽车、小型自动挡汽车、残疾人专用小型自动挡载客汽车、轻便摩托车准驾车型的机动车驾驶证。

3. 限制条件

有下列情形之一的，不得申请机动车驾驶证：

1）有器质性心脏病、癫痫病、美尼尔氏症、眩晕症、癔病、震颤麻痹、精神病、痴呆以及影响肢体活动的神经系统疾病等妨碍安全驾驶疾病的。

2）三年内有吸食、注射毒品行为或者解除强制隔离戒毒措施未满三年，或者长期服用依赖性精神药品成瘾尚未戒除的。

3）造成交通事故后逃逸构成犯罪的。

4）饮酒后或者醉酒驾驶机动车发生重大交通事故构成犯罪的。

5）醉酒驾驶机动车或者饮酒后驾驶营运机动车依法被吊销机动车驾驶证未满五年的。

6）醉酒驾驶营运机动车依法被吊销机动车驾驶证未满十年的。

7）驾驶机动车追逐竞驶、超员、超速、违反危险化学品安全管理规定运输危险化学品构成犯罪依法被吊销机动车驾驶证未满五年的。

8）因本款第4）项以外的其他违反交通管理法律法规的行为发生重大交通事故构成犯罪依法被吊销机动车驾驶证未满十年的。

9）因其他情形依法被吊销机动车驾驶证未满二年的。

10）驾驶许可依法被撤销未满三年的。

11）未取得机动车驾驶证驾驶机动车，发生负同等以上责任交通事故造成人员重伤或者死亡未满十年的。

12）三年内有代替他人参加机动车驾驶人考试行为的。

13）法律、行政法规规定的其他情形。

未取得机动车驾驶证驾驶机动车，有第一款第5）项至第8）项行为之一的，在规定期限内不得申请机动车驾驶证。

（二）驾校选择

驾校是具有一定资质，对准备考驾照的人员进行交通法规、驾驶技术及安全文明驾驶知识培训，并协助其通过车管部门的考试取得驾驶证的培训单位。随着私家车的普及，需要学车考证的人越来越多，驾校也随之增多。在这些驾校中有相当一部分是以挂靠其他合法驾校的形式从事经营的，每年向挂靠单位交纳一定的费用，由挂靠单位提供发票。这产生了两方面的危害：一方面，挂靠驾校经济独立核算，总校很少管理，一旦出现问题，互相推诿，无法获得满意解决；另一方面，学员的权益也得不到保障，因这些驾校流动性强，一旦主办者卷款逃跑，学员往往无从投诉。为此，提醒准备学车的人员应从以下7个方面选择驾校。

1. 选择正规合法的驾校

正规合法驾校应有当地主管部门汽车维修行业管理处批准核发的培训许可证、工商局核发的营业执照和税务局核发的税务登记证。当学员报名时，正规驾校会与学员签订学车合同，以保证学员与驾校双方之间的权利与义务。如果一个驾校既没有以上三种资格证，也不愿意与学员签订学车合同，那这个驾校就是彻底的伪驾校。

2. 选择师资过硬的驾校

按相关规定，只有具备驾校教练员资格证的教练才能上岗培训学员，而一所正规驾校的教练也必须和学员一样，通过理论、桩考、路考等考试项目才能拿到资格证书。相反，挂靠驾校的教练多为临时找来充门面的摆设，既没有资格证，也缺乏全面的培训知识。学员在报名之前只要核实一下学校的教练是否具有正规的资格证也能推断出该驾校的真伪。

3. 选择设施完善的驾校

完善的教学设施是保证教学质量的前提，正规驾校应当有自己的教室、模型、教学器具和训练场地。而很多挂靠驾校则会安排学员直接在一些车比较少的公路上去练习这些项目。此外，驾校所拥有培训车辆的数量和档次也是区分驾校"真伪"的一个标准。正规驾校一般都能提供货车、轿车、吉普车等各种类型的车供学员学习，而大多数挂靠驾校总是用有限的几台经过简易翻新的车辆来对付学员。

4. 选择收费合理的驾校

正规驾校应该有合理的收费标准，这个标准是受当地物价部门监督的明码标价，学什么照、用什么车、收多少钱规定标得清清楚楚。据了解，由于正规驾校的规模较大加上各种教学成本较高，所以收费不可能特别便宜。此外，报名前一定要问清楚，学费是否包含了其他杂费，如果包含，一定要驾校在开具的票据上写清楚，这样以后也会有据可查。一般情况下，挂靠驾校看着收费低，但报名学习后会变着名目收费，最后加起来的总费用可能比在正规驾校的费用还要高。

5. 选择服务优良的驾校

交通管理部门每年对驾校进行一次资质审核认证，尚无政府部门组织的评比。所以在报名时应注重其服务质量如何，不能只听一面之词，一定要慎重选择信誉度高的驾校，最好选择那些通过质量管理体系认证的驾校，他们有一整套严格的服务质量控制程序，培训质量和服务要高于一般的驾校。

6. 选择信誉较好的驾校

选择一家驾校，上网查查信誉度如何，网上投诉多不多。另外，到校办公室问问有无投诉电话和相应规章制度。最好选择由交通部门认可的 AAA 驾校，"三 A"是指诚信、服务质量以及教学设备都达到 A 级的驾校。

7. 选择交通方便的驾校

整个学车过程最少也要一个多月，如果交通不便将会在来回路上消耗大量时间。为此选择驾校时要注意以下事项：一是要尽量选择离家较近、交通方便的驾校；二是很多驾校的报名点、驾校总部、训练场地都在不同地点，重点要看到训练场地是否方便；三是有些驾校有班车接送，要问清是全程接送，还是只有报名接送、练车接送或考试接送。

（三）学车方案选择

1. 学车班种选择

为方便广大学员学车，很多驾校开设了多种学车班，供不同情况的学员选择，如图 1-1 所示。

图 1-1 驾校班种划分

2. 准驾车型选择

驾驶人考取了驾驶证，并不表示可以驾驶所有的机动车，而是只准驾驶在驾驶证上签注的准驾车型和准予驾驶的其他车型。机动车驾驶人准予驾驶的车型分为 16 种，见表 1-2。

3. 学驾车型选择

一般驾校的学驾车型主要有 3 种：大型货车（B2）、小型手动挡汽车（C1）和小型自动挡汽车（C2），学员在学车前要慎重选择。否则，初选不慎重，当学到中途时，感觉自己真的没有能力驾驭所学车型，再想更换学习车型时，这一套申报手续办起来就很麻烦，有的车型还要补交收费差额，有的手续到学习的后期就无法变更了，只有重新交费从头再来。这样一来学员本身学习汽车驾驶的信心就会受到影响。同时从经济上也会受到损失，学车时间成倍增长，造成时间上的浪费。

学驾车型应根据职业、年龄、性别、身体状况等因素进行选择，具体选择方法是：

（1）大型货车、大型客车、牵引车和城市公交车

这类车型体积大，操作难度也大，法规对这类车型操作要求相对较高，适合准备从事汽车驾驶职业的人员选择，一般为年轻的男性。

（2）小型手动挡汽车

手动挡车型的优点是提速快，节能，维护费用相对经济一些。手动挡车型有离合器踏板装置，属于外分离变速结构。学习手动挡机动车驾驶操作比自动挡稍难一些。手动挡学习驾驶车型，操作起来要求很多。如离合器的控制

表1-2 准驾车型及代号

序号	准驾车型	代号	准驾的车辆	准予驾驶的其他准驾车型
1	大型客车	A1	大型载客汽车	A3、B1、B2、C1、C2、C3、C4、M
2	重型牵引挂车	A2	总质量大于4500kg的汽车列车	B1、B2、C1、C2、C3、C4、C6、M
3	城市公交车	A3	核载10人以上的城市公共汽车	C1、C2、C3、C4
4	中型客车	B1	中型载客汽车（含核载10人以上、19人以下的城市公共汽车）	C1、C2、C3、C4、M
5	大型货车	B2	重型、中型载货汽车；重型、中型专项作业车	
6	小型汽车	C1	小型、微型载客汽车以及轻型、微型载货汽车；轻型、微型专项作业车	C2、C3、C4
7	小型自动挡汽车	C2	小型、微型自动挡载客汽车以及轻型、微型自动挡载货汽车	
8	低速载货汽车	C3	低速载货汽车	C4
9	三轮汽车	C4	三轮汽车	
10	残疾人专用小型自动挡载客汽车	C5	残疾人专用小型、微型自动挡载客汽车（只允许右下肢或者双下肢残疾人驾驶）	
11	轻型牵引挂车	C6	总质量小于（不包含等于）4500kg的汽车列车	
12	普通三轮摩托车	D	发动机排量大于50ml或者最大设计车速大于50公里/小时的三轮摩托车	E、F
13	普通二轮摩托车	E	发动机排量大于50ml或者最大设计车速大于50公里/小时的二轮摩托车	F
14	轻便摩托车	F	发动机排量小于等于50ml，最大设计车速小于等于50公里/小时的摩托车	
15	轮式专用机械车	M	轮式专用机械车	
16	无轨电车	N	无轨电车	
17	有轨电车	P	有轨电车	

能力，左右脚配合能力，手脚配合的熟悉程度和协调性等。手动挡学驾车型适合于手脚配合能力较强的中青年群体或者车感较好的人士选择。

(3) 小型自动挡汽车

自动挡车型没有离合器踏板装置，属于内分离装置，车辆可根据不同的行驶速度，自动变换挡位。自动挡车型操作简便，易学，好掌握，坡道起步不易溜车，正常行驶中不会出现人为的熄火现象。自动挡车型适合于高龄、女性，包括左下肢有残疾的人士，同时也适合手脚协调能力差的人士选择。

（四）报名携带材料

1）身份证明（身份证原件）。

2）体检证明（县级或者部队团级以上医疗机构出具的有关身体条件的证明；属于申请残疾人专用小型自动挡载客汽车的，应当提交经省级卫生主管部门指定的专门医疗机构出具的有关身体条件的证明）。

3）照片7张（要求：白底、彩色、一寸、正面照、免冠、露出双耳、肩膀不能有突起物、平时戴眼镜的要戴眼镜拍、不要戴首饰）。

4）报名费（现金、刷卡或转账）。

有些驾校可以代办体检和拍照。

二　学车规程

（一）学车流程

学车流程如图1-2所示。

（二）考试规定

1. 考试科目

1）道路交通安全法律、法规和相关知识考试科目（简称"科目一"）。

2）场地驾驶技能考试科目（简称"科目二"）。

3）道路驾驶技能考试科目［简称"科目三（道路驾驶技能）"，本书称为"科目三"］。

4）安全文明驾驶常识考试科目［简称"科目三（安全文明驾驶常识）"，本书称为"科目四"］。

2. 考试预约

申请人科目一考试合格后，可以预约科目二或科目三考试。有条件的地方，申请人可以同时预约科目二、科目三考试，预约成功后可以连续进行考试。科目二、科目三考试均合格后，申请人可以当日参加科目四考试。

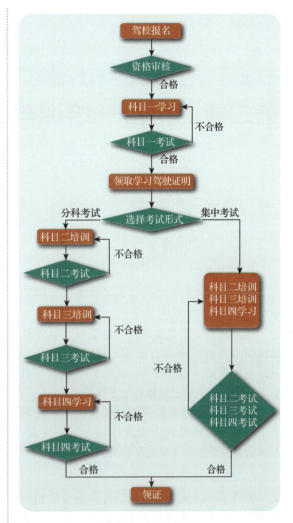

图1-2　学车流程

3. 考试要求

1）每个科目考试一次，考试不合格的，可以补考一次。不参加补考或者补考仍不合格的，本次考试终止，申请人应当重新预约考试，但科目三考试应当在十日后预约。科目四考试不合格的，已通过的科目三考试成绩有效。

2）在学习驾驶证明（科目一考试合格后领取的学习驾驶技能的证明）有效期内，科目二和科目三考试预约考试的次数不得超过五次。第五次预约考试仍不合格的，已考试合格的其他科目成绩作废。

Chapter Two

第二章 科目一培训与考试

——驾考通关全套秘籍

一 科目一培训

（一）培训内容与方法

1. 培训内容

依据《机动车驾驶培训教学与考试大纲》，小型汽车科目一培训内容如下：

（1）法律、法规及道路交通信号 具体包括机动车驾驶证申领与使用、道路交通信号、道路通行规则、驾驶行为、违法行为处罚、机动车登记、交通事故处理和地方性法规。

（2）机动车基本知识 具体包括车辆主要安全装置、驾驶操纵机构的作用、车辆性能、车辆检查和维护和车辆运行材料。

2. 培训方法

科目一培训采用课堂教学与学员自学相结合的方法。课堂教学不少于 4 学时，主要讲解科目一考试重点、难点及注意事项；学员自学主要围绕科目一考试题库进行练习。

（二）重点与难点归纳

在科目一试题中，有些内容出现的较多，有些内容比较难记，还有些内容容易混淆，如时间、距离、速度等数字，以及交通标志、交警手势等。为帮助考生轻松掌握这些内容，现将其归纳如下：

1. 时间（或日期）

（1）3 秒 变更车道时，应在开启转向灯 3 秒后，才能驶入侧方车道。

（2）20 分钟和 4 小时 连续驾驶机动车超过 4 小时应停车休息，休息时间不少于 20 分钟。

（3）1 日 申请人因故不能按照预约时间参加考试的，应当提前 1 日申请取消预约。

（4）10 日 因饮酒后驾驶机动车被处罚，再次饮酒后驾驶机动车的，处 10 日以下拘留，并处 1000 元以上 2000 元以下罚款，吊销机动车驾驶证。

（5）15 日 造成交通事故后逃逸，尚不构成犯罪的，由公安机关交通管理部门处 200 元以上 2000 元以下罚款，可以并处 15 日以下拘留。

（6）30 日

1）持有小型汽车驾驶证的驾驶人，发生交通事故造成人员死亡承担同等以上责任未被吊销机动车驾驶证的，应当在本记分周期结束后 30 日内到公安机关交通管理部门接受审验，同时应当申报身体条件情况。

2）机动车驾驶人联系电话、联系地址等信息发生变化，应当在信息变更后 30 日内，向驾驶证核发地车辆管理所备案。

3）持有大型客车、牵引车、城市公交车、中型客车、大型货车驾驶证的驾驶人从业单位等信息发生变化的，应当在信息变更后 30 日内，向驾驶证核发地车辆管理所备案。

（7）90 日 机动车驾驶人应当于机动车驾驶证有效期满前 90 日内，向机动车驾驶证核发地或者核发地以外的车辆管理所申请换证。

（8）6 个月 饮酒后驾驶机动车的，处暂扣 6 个月机动车驾驶证，并处 1000 元以上 2000 元以下罚款。

（9）1 年（12 个月）

1）道路交通安全违法行为累积记分周期为 1 年（12 个月）。

2）年龄在 70 周岁以上的机动车驾驶人，

应当每年进行一次身体检查，提交有关身体条件的证明。

3）机动车驾驶人初次申请机动车驾驶证和增加准驾车型后的 12 个月为实习期。

4）超过机动车驾驶证有效期 1 年以上未换证的，车辆管理所应当注销其机动车驾驶证。

5）隐瞒有关情况或者提供虚假材料申领机动车驾驶证的，申请人在 1 年内不得再次申领机动车驾驶证。

6）申请人在考试过程中有贿赂、舞弊行为的，在 1 年内不得再次申领机动车驾驶证。

（10）1 年至 2 年　超过机动车驾驶证有效期一年以上未换证被注销，但未超过 2 年的，机动车驾驶人应当参加道路交通安全法律、法规和相关知识考试合格后，恢复驾驶资格。

（11）3 年

1）学习驾驶证明的有效期为 3 年。

2）驾驶人因服兵役、出国（境）等原因无法办理审验时，延期审验期限最长不超过 3 年。

3）驾驶人在实习期内驾驶机动车上高速公路行驶，应由持相应或者更高准驾车型驾驶证 3 年以上的驾驶人陪同。

4）申请人以欺骗、贿赂等不正当手段取得机动车驾驶证的，3 年内不得再次申领机动车驾驶证。

（12）3 年以下　违反交通运输管理法规，因而发生重大事故，致人重伤、死亡或者使公私财产遭受重大损失的，处 3 年以下有期徒刑或者拘役。

（13）3 年至 7 年　交通运输肇事后逃逸或者有其他特别恶劣情节的，处 3 年以上 7 年以下有期徒刑。

（14）7 年以上　因逃逸致人死亡的，处 7 年以上有期徒刑。

（15）6 年、10 年和长期　机动车驾驶证有效期分为 6 年、10 年和长期。其含义是：初次领证的有效期为 6 年，6 年内每年记分都未达到 12 分，就可换发 10 年有效期的驾驶证；10 年内每年记分都未达到 12 分，可以换发长期有效的驾驶证。

（16）终生　饮酒后或者醉酒驾驶机动车发生重大交通事故，构成犯罪的，依法追究刑事责任，并由公安机关交通管理部门吊销机动车驾驶证，终生不得重新取得机动车驾驶证。

2. 距离

（1）高速公路跟车距离

1）机动车在高速公路上行驶，车速超过每小时 100 公里时，应当与同车道前车保持 100 米以上的距离。

2）机动车在高速公路上行驶，车速低于每小时 100 公里时，与同车道前车距离可以适当缩短，但最小距离不得少于 50 米。

（2）停车距离

1）交叉路口、铁路道口、急弯路、宽度不足 4 米的窄路、桥梁、陡坡、隧道以及距离上述地点 50 米以内的路段，不得停车。

2）公共汽车站、急救站、加油站、消防栓或者消防队（站）门前以及距离上述地点 30 米以内的路段，除使用上述设施的以外，不得停车。

（3）车辆故障警告标志设置距离

1）机动车在道路（指普通公路）上发生故障或者发生交通事故，妨碍交通又难以移动的，应当在车后 50 米至 100 米处设置警告标志。

2）机动车在高速公路上发生故障时，警告标志应当设置在故障车来车方向 150 米以外。

（4）夜间会车改用近光灯距离

夜间会车应当在距相对方向来车 150 米以外改用近光灯。

3. 车速

（1）一般道路车速规定

一般道路没有最低车速限制，只对最高车速进行了规定，见表 2-1。

（2）高速公路车速规定

高速公路最高车速不得超过每小时 120 公里，最低车速不得低于每小时 60 公里，具体规定见表 2-2。

4. 容易混淆的交通标志

容易混淆的交通标志如图 2-1 所示。

表2-1 一般道路最高车速规定

类别	运行条件(道路、气候等)	最高车速/(公里/小时)
没有道路中心线的道路	城市道路	30
	公路	40
同方向只有1条机动车道的道路	城市道路	50
	公路	70
特殊情形	1) 进出非机动车道,通过铁路道口、急弯路、窄路、窄桥时 2) 掉头、转弯、下陡坡时 3) 遇雾、雨、雪、沙尘、冰雹,能见度在50米以内时 4) 在冰雪、泥泞的道路上行驶时 5) 牵引发生故障的机动车时	30

表2-2 高速公路车速规定

最高车速/(公里/小时)			最低车速/(公里/小时)				
小型载客汽车	其他机动车	摩托车	同方向有2条车道的		同方向有3条以上车道的		
			左侧车道	右侧车道	最左侧车道	中间车道	最右侧车道
120	100	80	100	60	110	90	60

备注:道路限速标志标明的车速与上述车道行驶车速的规定不一致的,按道路限速标志标明的车速行驶

⚠	Y形交叉路口	⚠	注意潮汐车道	⚠	路面高突
⚠	注意合流	⚠	注意保持车距	⚠	驼峰桥
⚠	无人看守铁路道口	⚠	注意危险	⚠	注意行人
⚠	有人看守铁路道口	⚠	事故易发路段	🚸	人行横道
🚫	禁止通行	🚫	禁止机动车驶入	🚫	禁止停车
⛔	禁止驶入	🚫	禁止小型客车驶入	🚫	禁止长时停车

图2-1 容易混淆的交通标志(一)

图2-1 容易混淆的交通标志(二)

5. 交通警察指挥手势信号

交通警察指挥手势信号见表2-3。

表2-3 交通警察指挥手势信号

序号	种类	含义	动作要领	图示
1	停止信号	不准前方车辆通行	左臂向前上方直伸,掌心向前	

（续）

序号	种类	含义	动作要领	图示
2	直行信号	准许右方直行的车辆通行	左臂向左平伸，掌心向前；右臂向右平伸，掌心向前，向左摆动	
3	左转弯信号	准许车辆左转弯，在不妨碍被放行车辆通行的情况下可以掉头	右臂向前平伸，掌心向前；左臂与手掌平直向右前方摆动，掌心向右	
4	右转弯信号	准许右方的车辆右转弯	左臂向前平伸，掌心向前；右臂与手掌平直向左前方摆动，手掌向左	
5	变道信号	车辆应当腾空指定的车道，减速慢行	右臂向前平伸，掌心向左；右臂向左水平摆动	
6	减速慢行信号	车辆应当减速慢行	右臂向右前方平伸，掌心向下；右臂与手掌平直向下方摆动	
7	左转弯待转信号	准许左方左转弯的车辆进入路口，沿左转弯行驶方向靠近路口中心，等候左转弯信号	左臂向左下方平伸，掌心向下；左臂与手掌平直向下方摆动	
8	靠边停车信号	车辆应当靠边停车	左臂向前上方平伸，掌心向前；右臂向前下方平伸，掌心向左；右臂向左水平摆动	

（三）学习和记忆技巧

1. 学习技巧

（1）找到主攻目标　科目一考试试题全部来自题库，所以要把题库作为主攻目标。科目一考试题库中的试题有 1000 多题，如果死记硬背，可能谁也记不住，必须搞清楚每道题为什么是这个答案，知道其中的道理，明确交规的合理性和科学性。

（2）找出薄弱环节　把题库中的试题全部做一遍，先不要看答案，答出后再对照答案。答对了，并知道为什么是这个答案，这题就过关了,不要再管它。答错了,做上标记,全部做完后,有标记的题便是自己的薄弱环节。然后只看做标记的题,这些题需要着重强化,这样可以节省大量的宝贵时间。

(3) 找到错误原因 对于有标记的题,不能看一下正确答案,然后死记完事。要查阅法规、教材或参考书,找出错误的原因,明确为什么某个答案是正确的,真正做到理解。

按上述方法将所有章节的试题都搞懂弄通后,在考试前将全部试题再做一遍,确保万无一失。

2. 记忆技巧

(1) 归纳记忆法

归纳记忆法是指将所记忆内容按不同属性加以归纳,然后记住这些内容及其属性的记忆方法。题库中有很多试题带有数字,可对数字进行归纳,这样不仅容易记,而且记得牢。如机动车在高速公路上行驶,遇有雾、雨、雪、沙尘、冰雹等低能见度气象条件时,应当遵守下列规定:

1) 能见度小于 200 米时,开启雾灯、近光灯、示廓灯和前后位灯,车速不得超过每小时 60 公里,与同车道前车保持 100 米以上的距离。

2) 能见度小于 100 米时,开启雾灯、近光灯、示廓灯、前后位灯和危险报警闪光灯,车速不得超过每小时 40 公里,与同车道前车保持 50 米以上的距离。

3) 能见度小于 50 米时,开启雾灯、近光灯、示廓灯、前后位灯和危险报警闪光灯,车速不得超过每小时 20 公里,并从最近的出口尽快驶离高速公路。

对于这三种情况,只要记住:261,145,520 便可。本章已对时间、距离、车速等内容进行了归纳,学习时也可按照自己的记忆方式进行归纳。

(2) 分类记忆法

分类记忆法就是把考点相同、相近和相关联的试题进行集中排列,分为一类,然后分门别类地记住这些内容的记忆方法。采用分类记忆法既可方便记忆,又便于区别试题的不同点,避免相近和相关联试题出现差错。驾校发的教材中一般都有理论考试题库,但这个题库一般都没有对试题进行细致的分类。题库中试题很多,分类的工作量很大,为节省考生时间,本书中题库已对试题进行了细分,采用本书题库进行学习,可使记忆速度成倍提高。

(3) 分段记忆法

分段记忆法就是把需要记忆的内容分成若干部分,把大段化成小段,把小段再化成小小段,直到那一小段能让自己记住的记忆方法。分段记忆法的好处是化整为零,能让在记忆的时候树立信心。本书题库已按考试内容进行了细致分段,考生可根据自己的记忆能力和时间安排逐段进行学习和记忆。

(4) 理解记忆法

理解记忆法是指在积极思考、达到深刻理解的基础上记忆材料的方法。科目一题库有 1000 多道试题,如死记硬背,可能谁也记不住。只有理解了再去记,才能记得快、记得牢。为帮助考生理解,本书题库中对难以理解的试题都加上了提示。

(5) 对比记忆法

科目一题库中有许多相近的试题,容易产生混淆,这就需要拿出来进行对比,通过对比加深理解和记忆。如:交通标志中会车让行标志、会车先行标志与双向交通标志的图案都很相近,容易混淆,如图 2-2 所示。学习时,要把他们进行对比,这样才不容易出错。

会车让行　　会车先行　　双向交通

图 2-2 交通标志对比

(6) 列表记忆法

列表记忆法是指将题库中试题的考点整理为表格的形式进行记忆的方法。例如,《刑法》第 133 条第(1)款,违反交通运输管理法规,因而发生重大事故,致人重伤、死亡或者使公私财产遭受重大损失的,处三年以下有期徒刑或者拘役;交通运输肇事后逃逸或者有其他特别恶劣情节的,处三年以上七年以下有期徒刑;因逃逸致人死亡的,处七年以上有期徒刑。如果把这条法规整理为表 2-4 所示的形式,不仅直观,而且便于记忆。

表2-4 列表记忆法举例

肇事情形	情节	处罚
发生重大事故，致人重伤、死亡或者使公私财产遭受重大损失的	没有逃逸和恶劣情节	三年以下有期徒刑或者拘役
	肇事后逃逸或者有其他特别恶劣情节	三年以上七年以下有期徒刑
	逃逸致人死亡	七年以上有期徒刑

二、科目一考试

（一）考试内容与合格标准

1. 考试内容

依据《机动车驾驶人考试内容和方法》，C照科目一考试内容如下：

1）驾驶证和机动车管理规定。
2）道路通行条件及通行规定。
3）道路交通安全违法行为及处罚。
4）道路交通事故处理相关规定。
5）机动车基础知识。
6）地方性法规。

2. 合格标准

科目一考试满分为100分，成绩达到90分的为合格。

（二）考试方法与考试流程

1. 考试方法

科目一考试是在考试员监督下，由考生使用全国统一的机动车驾驶人驾驶理论考试系统独立闭卷完成考试。考试试卷由全国统一的机动车驾驶人驾驶理论考试系统从考试题库中按照规定比例随机抽取生成。试题数量为100题，题型有判断题（占40%）和单项选择题（占60%）两种。考试时间为45分钟。

2. 考试流程

科目一考试流程如图2-3所示。

（三）注意事项

1）与考试有关的复习材料和书本一律不得带入考场，否则不论是否翻看，均以作弊论处。
2）遵守考场纪律，服从考试员指挥。未经允许，考生禁止随意出入考场。
3）进入考场，应关闭通信设备。禁止吸烟和吃零食，禁止大声喧哗和随意走动。
4）考试中不准冒名顶替，不准弄虚作假，不准交头接耳。
5）注意考场卫生，禁止随地吐痰，禁止乱扔纸屑，爱护公物及考试设备。

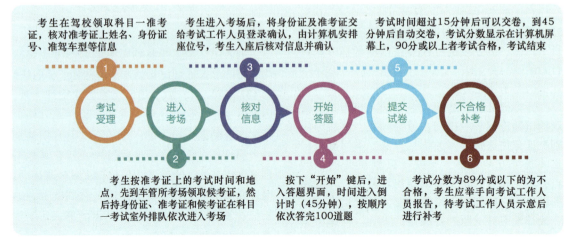

图2-3 科目一考试流程

第三章　科目二培训与考试

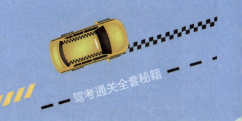

一　科目二培训

（一）倒车入库

C 照科目二考试共有倒车入库、坡道定点停车和起步、侧方停车、曲线行驶、直角转弯五个专项。

1. 倒车入库操作要求

从道路一端控制线（两个前轮触地点在控制线以外），倒入车库停车，再前进出库向另一端控制线行驶，待两个前轮触地点均驶过控制线后，倒入车库停车，前进驶出车库，回到起始点。考试过程中，车辆进退途中不得停车。项目完成时间不得超过 3.5 分钟。倒车入库的行驶路线如图 3－1 所示。

2. 倒车入库操作方法

（1）从起始点倒入车库　如图 3－2 所示，从起始点倒入车库的操作方法是：

1）将汽车驶入起始点停下。停车位置是：汽车前排座椅中部位于起始线上，车身左侧与路边线相距 1.5 米左右，如图 3－2 中 A 所示。

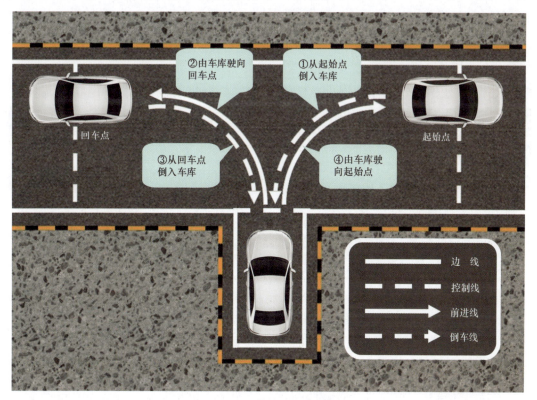

图 3－1　倒车入库的行驶路线

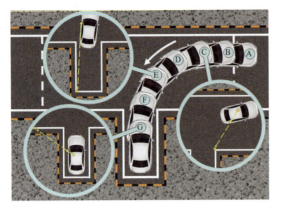

图3-2　从起始点倒入车库的操作方法

图3-3　由车库驶向回车点的操作方法

2）挂倒挡，松开驻车制动杆，汽车起步后以怠速后倒，如图3-2中B所示。

3）汽车后倒过程中，驾驶人通过右后车窗观察车库，当看到右后车窗黑边与车库右前角对齐时，向右匀速转动转向盘至极限位置，如图3-2中C所示。

4）在右转弯后倒过程中，通过右后视镜观察车库右前角，如果车身右侧与车库右前角相距过近，可适当向左修正方向，随即再向右打到底，如图3-2中D所示。

5）从左后视镜里看到车库左后角时，迅速向左回正转向盘，如图3-2中E所示。

6）车辆进入车库之后，利用两侧后视镜观察车身纵向是否处于车库的居中位置，必要时可以适当修正方向，如图3-2中F所示。

7）当车身接近库底，从左后视镜下缘看到库门左线时（此时车位距车库后边线大约30厘米），随即停车，如图3-2中G所示。

（2）由车库驶向回车点　如图3-3所示，由车库驶向回车点的操作方法是：

1）汽车起步后以怠速前行，驾驶人目视前方，注意观察道路前边线，如图3-3中A所示。

2）当驾驶人眼睛、机舱盖前缘和道路前边线三点成一直线时，由慢至快向左转动转向盘，如图3-3中B所示。

3）稳住方向，慢速前行，如图3-3中C所示。

4）当车身右侧与路边线接近平行时，向右回正转向盘，如图3-3中D所示。

5）当前排座椅中部到达回车线时停车，此时车身右侧应与路边线相距1.5米左右，如图3-3中E所示。

（3）从回车点倒入车库　如图3-4所示，从回车点倒入车库的操作方法是：

1）汽车起步后以怠速倒车，驾驶人通过左车窗注意观察回车线，如图3-4中A所示。

2）当驾驶人眼睛、左后视镜下缘和回车线在一条直线时，由快至慢向左将方向打到极限位置，如图3-4中B所示。

3）后倒过程中，驾驶人通过左后视镜观察车尾动向，可根据情况适当修正方向，如图3-4中C所示。

4）当从左后视镜看到左侧车身与车库边线接近平行时，开始向右回正转向盘，如图3-4中D所示。

5）车尾进入车库之后，利用两侧后视镜观察车身纵向是否处于车库的居中位置，必要时可以适当修正方向，如图3-4中E所示。

6）当车身接近库底时，从左后视镜下缘观察库门左线，当左后视镜下缘越过库门左线时（此时车位距车库后边线大约30厘米），随即停车，如图3-4中F所示。

（4）由车库驶向起始点　如图3-5所示，由车库驶向起始点的操作方法是：

1）汽车起步后以怠速前行，驾驶人目视前方，注意观察道路前边线，如图3-5中A所示。

2）当驾驶人眼睛、机舱盖前缘和道路前边线三点成一直线时，由慢至快向右转动转向盘，如图3-5中B所示。

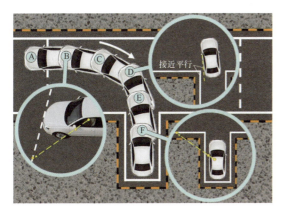

图 3-4 从回车点倒入车库的操作方法

3)稳住方向,慢速前行,如图 3-5 中 C 所示。

4)当车身左侧与路边线接近平行时,向左回正转向盘,如图 3-5 中 D 所示。

5)当前排座椅中部到达起始线时停车,此时车身左侧应与路边线相距 1.5 米左右,如图 3-5 中 E 所示。

图 3-5 由车库驶向起始点的操作方法

(二)坡道定点停车和起步

1. 坡道定点停车和起步操作要求

控制车辆准确停车,平稳起步,车辆不得后溜。起步时间不得超过 30 秒。

2. 坡道定点停车和起步操作方法

(1)坡道定点停车操作方法 如图 3-6 所示,坡道定点停车操作方法是:

1)当车辆行驶到图 3-6 中 A 车位时,听到"上坡定点停车"指令,此时打开右转向灯,向右适当转动转向盘,使车辆正直靠道路右侧缓慢行驶,并将车身与右侧边线的距离控制在 30 厘米以内,如图 3-6 所示。

2)当车辆行驶到图 3-6 中 B 车位时,缓慢、准确、平稳地靠近定位目标。

3)当车辆行驶到图 3-6 中 C 车位时,踩离合器踏板,放慢车速,当汽车前保险杠与定点停车线平齐时,立即停车。然后拉紧驻车制动杆,关转向灯,变速杆置于空挡位置,松开离合器踏板。

图 3-6 坡道定点停车的操作方法

(2)坡道起步操作方法 如图 3-7 所示,坡道起步的操作方法是:

1)当听到"上坡起步"指令后,先踩下离合器踏板,挂低速挡。

2)打开左转向灯,鸣喇叭示意车辆即将起步。

3)踩下加速踏板,提高发动机转速,同时抬离合器踏板至半联动(可以根据发动机声音来判断,在抬起离合器踏板时,如发动机声音开始变得沉闷,证明离合器处于半联动状态)。

4)慢慢松开驻车制动杆,并徐徐踩下加速踏板,同时继续缓抬离合器踏板。当离合器完全接合后,继续下踏加速踏板,使车辆平稳起步。

图 3-7 坡道起步操作方法

(三)侧方停车

1. 侧方停车操作要求

车辆在库前方一次倒车入库,中途不得停车,车轮不触轧车道边线,车身不触碰库位边线。再前进向左前方出库,出库前应开启左转向灯,出库过程中车轮不触轧车道边线,车身不触碰库位边线,出库后关闭转向灯。项目完成时间不得超过1.5分钟。

2. 侧方停车操作方法

如图3-8所示,侧方停车操作方法是:

1)听到"侧方停车"指令后,汽车挂低速挡,沿停车位慢速平行前进,车身右侧与路边线保持约30厘米的距离。当从右后视镜中看到停车位的④号点时,随即停车,如图3-8中A所示。

2)开启右转向灯,挂倒挡起步,通过右后车窗观察车位。当车位①号点将要在右后车窗消失时,向右把转向盘转到极限,如图3-8中B所示。

3)当从左后视镜中能看到车位②号点时,由慢至快向左转动转向盘,如图3-8中C所示。

4)当左后轮接近车道连线时,将转向盘向左转到极限位置,如图3-8中D所示。

5)当车头进入车位后,开始向右回正转向盘,并通过右后视镜观察车身,如图3-8中E所示。

6)当车身正直后,随即停车,如图3-8中F所示。

7)开启左转向灯,3秒后汽车起步,并向左转动转向盘,汽车驶出库后关闭转向灯。

(四)曲线行驶

1. 曲线行驶操作要求

驾驶车辆以2挡(含)以上挡位从弯道的一端前进驶入,从另一端驶出。行驶中转向、速度平稳。中途不得停车,车轮不得触轧车道边线。

2. 曲线行驶操作方法

如图3-9所示,曲线行驶操作方法是:

1)听到"曲线行驶"的指令后,汽车以2挡的车速驶入"S"形路,如图3-9中A所示。

2)在左转弯路段,让车头中间靠右约15厘米附近对准右侧边线前进,这样车右侧距右边线约50厘米,如图3-9中B所示。

3)当左车头离开右边线,右车头逐渐由右侧进入路中时,向右打转向盘,如图3-9中C所示。

4)在右转弯路段,让车头右边约1/3处压住左侧弧线,这样车左侧距左边线约50厘米,如图3-9中D所示。

5)汽车出弯道时,向左慢回方向,汽车靠左侧行驶摆正,进入直线行驶,如图3-9中E所示。

图3-9 曲线行驶的操作方法

(五)直角转弯

1. 直角转弯操作要求

驾驶车辆按规定的线路行驶,由左向右或由右向左直角转弯,一次通过,中途不得停车,车轮不得触轧车道边线。转弯前,应开启转向

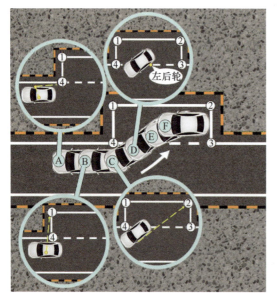

图3-8 侧方停车操作方法

灯，完成转弯后，关闭转向灯。

2. 直角转弯操作方法

如图 3-10 所示，直角转弯的操作方法是：

1）听到"直角转弯"的指令后，开启左转向灯，挂 1 挡起步，车身右侧与路边线相距 10～15 厘米平行前行，如图 3-10 中 A 所示。

2）当左前车窗上小三角窗后端与突出点重合时，迅速左转转向盘到极限位置，如图 3-10 中 B 所示。

3）当左后轮越过突出点时逐渐向右回转转向盘，如图 3-10 中 C 所示。

4）汽车摆正，驶出弯道，如图 3-10 中 D 所示。

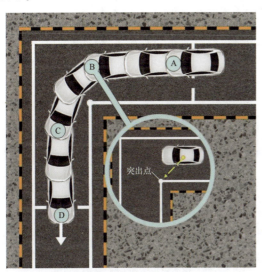

图 3-10　直角转弯的操作方法

二　科目二考试

（一）考试内容与合格标准

1. 考试内容

依据《机动车驾驶人考试内容和方法》，C 照科目二考试内容如下：

1）倒车入库。
2）坡道定点停车和起步。
3）侧方停车。
4）曲线行驶。
5）直角转弯。

2. 合格标准

C 照科目二考试满分为 100 分，成绩达到 80 分的为合格。

（二）考试方法与考试流程

1. 考试方法

按照报考的准驾车型，选定对应的考场和考试车辆，在考试员监督下，由考生按照规定的考试路线、操作规范和考试指令，独立驾驶考试车辆连续完成考试，使用机动车驾驶人场地驾驶技能考试系统进行评判。

2. 考试场地

C 照科目二考试场地将五个考试项目连在一起，车辆行驶一个循环完成所有项目的考试，如图 3-11 所示。

3. 考试流程

科目二考试流程如图 3-12 所示。

（三）评判标准

1. 通用评判标准

（1）不合格情形

1）不按规定使用安全带或者戴安全头盔的。
2）遮挡、关闭车内音视频监控设备的。
3）不按考试员指令驾驶的。
4）不能正确使用灯光、刮水器等车辆常用操纵件的。
5）起动发动机时挡位未置于空挡（驻车挡）的。
6）起步时车辆后溜距离大于 30 厘米的。
7）不松驻车制动器起步，未及时纠正的。
8）驾驶汽车双手同时离开转向盘的。
9）使用挡位与车速长时间不匹配，造成车辆发动机转速过高或过低的。
10）车辆在行驶中低头看挡或连续 2 次挂挡不进的。
11）行驶中空挡滑行的。
12）视线离开行驶方向超过 2 秒的。
13）违反交通安全法律、法规，影响交通安全的。
14）不按交通信号灯、标志、标线或者交通警察指挥信号行驶的。
15）不按规定速度行驶的。

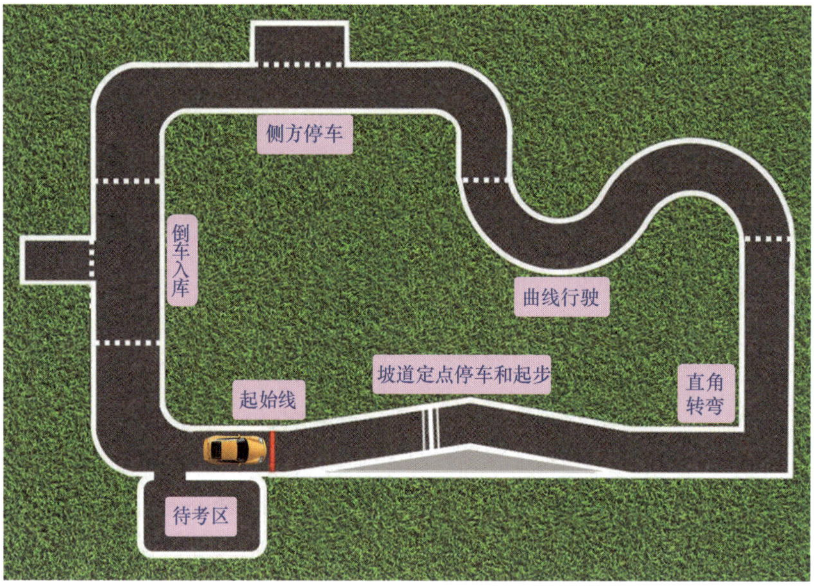

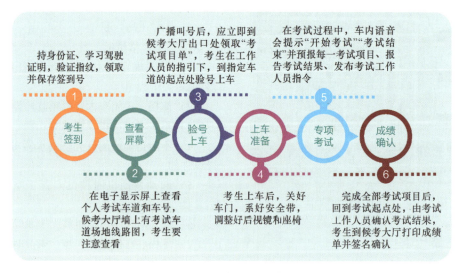

图 3-11 科目二考试场地

图 3-12 科目二考试流程

16）车辆行驶中骑轧车道中心实线或者车道边缘实线的。

17）长时间骑轧车道分界线行驶的。

18）对可能出现危险的情形未采取减速、鸣喇叭等安全措施的。

19）因观察、判断或者操作不当出现危险情况的。

20）行驶中不能保持安全距离和安全车速的。

21）行驶中身体任何部位伸出车外的。

22）制动、加速踏板使用错误的。

23）驾驶摩托车时手离开转向把的。

24）二轮摩托车在行驶中左右摇摆或者脚触地的。

25）摩托车制动时不同时使用前、后制动器的。

26）考生未按照预约考试时间参加考试的。

（2）扣10分情形

1）起动发动机后，不及时松开起动开关的。

2）不松驻车制动器起步，但能及时纠正的。

3）驾驶姿势不正确的。

4）起步时车辆后溜距离小于30厘米的。
5）操纵转向盘手法不合理的。
6）起步或行驶中挂错挡，不能及时纠正的。
7）转弯时，转、回方向过早、过晚，或者转向角度过大、过小的。
8）换挡时发生齿轮撞击的。
9）遇情况时不会合理使用离合器半联动控制车速的。
10）因操作不当造成发动机熄火一次的。
11）制动不平顺的。

2.专项评判标准

（1）倒车入库

1）不按规定路线、顺序行驶的，不合格。
2）车身出线的，不合格。
3）倒库不入的，不合格。
4）在倒车前，未将两个前轮触地点均驶过控制线的，不合格。
5）项目完成时间超过规定时间的，不合格。
6）中途停车的，每次扣5分。

（2）坡道定点停车和起步

1）车辆停止后，汽车前保险杠或者摩托车前轴未定于桩杆线上，且前后超出50厘米的，不合格。
2）车辆停止后，车身距离路边缘线超出50厘米的，不合格。
3）起步超过规定时间的，不合格。
4）车辆停止后，汽车前保险杠或者摩托车前轴未定于桩杆线上，且前后不超出50厘米的，扣10分。
5）车辆停止后，车身距离路边缘线超出30厘米，未超出50厘米的，扣10分。
6）停车后，未拉紧驻车制动器的，扣10分。

（3）侧方停车

1）车辆入库停止后，车身出线的，不合格。
2）项目完成时间超过规定时间的，不合格。
3）行驶中车轮触轧车道边线的，每次扣10分。
4）行驶中车身触碰库位边线的，每次扣10分。
5）出库时不使用或错误使用转向灯的，扣10分。
6）中途停车的，每次扣5分。

（4）曲线行驶

1）车轮轧道路边缘线的，不合格。
2）中途停车的，不合格。
3）行驶时挡位未挂在2挡以上的，扣5分。

（5）直角转弯

1）车轮轧道路边缘线的，不合格。
2）转弯时不使用或错误使用转向灯，转弯后不关闭转向灯的，扣10分。
3）中途停车的，每次扣5分。

第四章 科目三培训与考试

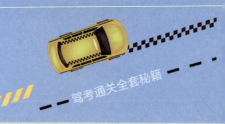

一、科目三培训

C照科目三考试内容包括：上车准备、起步、直线行驶、加减挡位操作、变更车道、靠边停车、直行通过路口、路口左转弯、路口右转弯、通过人行横道线、通过学校区域、通过公共汽车站、会车、超车、掉头、模拟夜间灯光使用。

（一）上车准备

1. 上车准备操作要求

逆时针绕车一周，观察车辆外观和周围环境，确认安全。打开车门前，应观察后方交通情况。

2. 上车准备操作方法

上车准备操作方法如图4-1所示。

（二）起步

1. 起步操作要求

起步前，检查车门是否完全关闭，调整座椅、后视镜，系好安全带，检查驻车制动器、挡位，起动发动机。检查仪表，观察内外后视镜，回头观察后方交通情况，开启转向灯，挂挡，松驻车制动杆，起步。起步过程平稳、无闯动、无后溜，不熄火。

2. 起步操作方法

起步操作方法如图4-2所示。

图4-1 上车准备操作方法

图4-2 起步操作方法

（三）直线行驶

1. 直线行驶操作要求

根据道路情况合理控制车速，正确使用挡位，保持直线行驶，跟车距离适当，行驶过程中适时观察内外后视镜，视线不得离开行驶方向超过2秒。

2. 直线行驶操作方法

直线行驶操作方法如图4-3所示。

（四）加减挡位操作

1. 加减挡位操作要求

根据路况和车速，合理加减挡，换挡及时、平顺。

2. 加减挡位操作方法

加减挡位操作方法如图4-4所示。

（五）变更车道

1. 变更车道操作要求

变更车道前，正确开启转向灯，通过内外后视镜观察，并向变更车道方向回头观察后方道路交通情况，确认安全后变更车道，变更车道完毕关闭转向灯。变更车道时，判断车辆安全距离，控制行驶速度，不得妨碍其他车辆正常行驶。

2. 变更车道操作方法

变更车道操作方法如图4-5所示。

（六）靠边停车

1. 靠边停车操作要求

开启右转向灯，通过内外后视镜观察后方和右侧交通情况，并回头观察确认安全后，减速，向右转向靠边，平稳停车。拉紧驻车制动杆，关闭转向灯。停车后，车身距离道路右侧边缘线或者人行道边缘30厘米以内。需要下车的，回头观察左后方交通情况，确认安全后，缓慢打开车门，下车后关闭车门。

图4-3 直线行驶操作方法

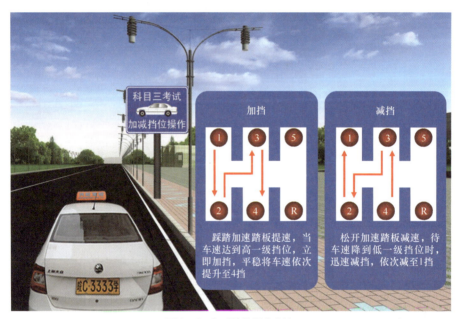

图4-4 加减挡位操作方法

图4-5 变更车道操作方法

2. 靠边停车操作方法

靠边停车操作方法如图4-6所示。

（七）通过路口

1. 通过路口操作要求

合理观察交通情况，减速或停车瞭望，根据车辆行驶方向选择相关车道，正确使用转向灯，根据不同路口采取正确的操作方法，安全通过路口。

2. 通过路口操作方法

通过路口包括直行通过路口、路口左转弯和路口右转弯，操作方法如图4-7所示。

图4-6　靠边停车操作方法

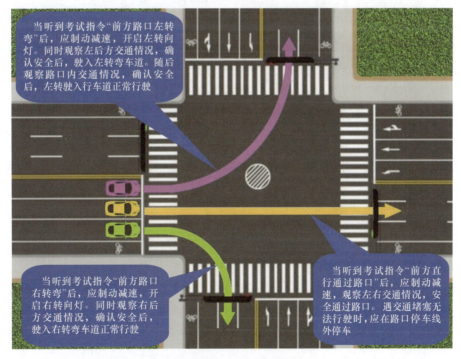

图4-7　通过路口操作方法

(八)通过特定区域

特定区域包括人行横道线、学校区域和公交车站。

1. 通过特定区域操作要求

通过人行横道线应减速,观察两侧交通情况,确认安全后,合理控制车速通过,遇行人停车让行。

通过学校区域应提前减速至30公里/小时以下,观察情况,文明礼让,确保安全通过,遇有学生横过马路时应停车让行。

通过公交车站应提前减速,观察公交车进、出站动态和乘客上下车动态,着重注意同向公交车前方或对向公交车后方有无行人横穿道路。

2. 通过特定区域操作方法

通过特定区域操作方法如图4-8所示。

(九)会车

1. 会车操作要求

正确判断会车地点,会车有危险时,控制车速,提前避让,调整会车地点,会车时与对方车辆保持安全间距。

2. 会车操作方法

会车操作方法如图4-9所示。

(十)超车

1. 超车操作要求

超车前,保持与被超越车辆的安全跟车距离。开启左转向灯,通过内、外后视镜观察后方和左侧交通情况,并回头观察确认安全后,选择合理时机,鸣喇叭或交替使用远近光灯,从被超越车辆的左侧超越。超车时,观察被超越车辆情况,保持横向安全距离。超越后,开启右转向灯,通过内、外后视镜观察后方和右侧交通情况,并回头观察确认不影响被超越车辆正常行驶的情况下,逐渐驶回原车道,关闭转向灯。

2. 超车操作方法

超车操作方法如图4-10所示。

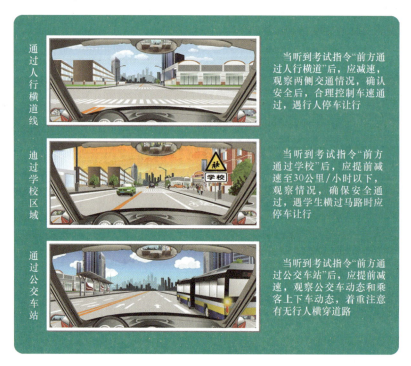

图4-8 通过特定区域操作方法

图 4-9 会车操作方法

图 4-10 超车操作方法

（十一）掉头

1. 掉头操作要求

观察前后交通情况，确认安全后减速或停车，开启左转向灯、掉头。掉头时，不得妨碍其他车辆和行人的正常通行。

2. 掉头操作方法

掉头操作方法如图 4-11 所示。

（十二）模拟夜间灯光使用

依据《机动车驾驶证申领和使用规定》（公安部令第 139 号），小型汽车、小型自动挡汽车、低速载货汽车、残疾人专用小型自动挡载客汽车取消夜间行驶考试，改为白天模拟夜间灯光使用考试。

1. 模拟夜间灯光使用操作要求

起步前开启前照灯。行驶中正确使用灯光。

图4-11 掉头操作方法

无照明、照明不良的道路使用远光灯；照明良好的道路、会车、路口转弯、近距离跟车等情况，使用近光灯。超车、通过急弯、坡路、拱桥、人行横道或者没有交通信号灯控制的路口时，应交替使用远近光灯示意。

2. 模拟夜间灯光使用操作方法

模拟夜间灯光使用操作有12个项目，每次随机抽取6项进行考试。当考生听到语音提示"下面开始模拟夜间灯光使用，请按照语音提示进行操作"后开始操作。当听到"模拟夜间灯光使用完成，请关闭所有灯光"提示时，在5秒内关闭所有灯光。

模拟夜间灯光使用操作项目及操作方法见表4-1。

表4-1 模拟夜间灯光使用操作项目及操作方法

序号	操作项目（语音提示）	操作方法
1	夜间在照明不良条件下行驶	开示廓灯、远光灯
2	夜间在没有路灯，照明不良条件下市区行驶	开示廓灯、近光灯
3	请将前照灯变为远光灯	开远光灯
4	夜间同方向近距离跟车行驶	开启近光灯
5	夜间在没有路灯，照明不良条件下郊区行驶	开示廓灯、远光灯
6	夜间通过急弯、坡路、拱桥、人行横道或者没有交通信号灯控制的路口	远近光灯交替闪灯2次
7	雾天行驶	开前照灯、前后雾灯、警告灯
8	夜间在窄路、窄桥与非机动车会车	开近光灯

(续)

序号	操作项目（语音提示）	操作方法
9	夜间与对方会车距对方来车将近150米	开近光灯
10	夜间在道路上发生故障，妨碍交通又难以移动	关大灯，开示廓灯、警告灯
11	夜间通过没有交通信号灯控制的路口	远近光灯交替闪灯2次
12	模拟夜间考试完成，请关闭所有灯光	关闭所有灯光即可

二　科目三考试

（一）考试内容与合格标准

1. 考试内容

依据《机动车驾驶人考试内容和方法》，C照科目三考试内容如下：

1）上车准备。
2）起步。
3）直线行驶。
4）加减挡位操作。
5）变更车道。
6）靠边停车。
7）直行通过路口。
8）路口左转弯。
9）路口右转弯。
10）通过人行横道线。
11）通过学校区域。
12）通过公交车站。
13）会车。
14）超车。
15）掉头。
16）模拟夜间灯光使用。

2. 合格标准

C照科目三考试满分为100分，成绩达到90分的为合格。

（二）考试方法与考试流程

1. 考试方法

按照报考的准驾车型，选定对应考试车辆，在考试员的同车监督下，由考生在随机抽取的考试路线上，按照考试指令完成考试。道路驾驶技能考试使用机动车驾驶人道路驾驶技能考试系统的，应采取人工随车和机动车驾驶人道路驾驶技能考试系统相结合的方式进行评判。

2. 考试场地

C照科目三考试场地将16个考试项目连在一起，车辆行驶一个来回完成所有项目的考试，如图4-12所示。

3. 考试流程

科目三考试流程如图4-13所示。

（三）评判标准

1. 通用评判标准

（1）不合格情形

1）不按规定使用安全带或者戴安全头盔的。
2）遮挡、关闭车内音视频监控设备的。
3）不按考试员指令驾驶的。
4）不能正确使用灯光、刮水器等车辆常用操纵件的。
5）起动发动机时挡位未置于空挡（驻车挡）的。
6）绿灯亮起后，前方无其他车辆、行人等影响通行时，10秒内未完成起步的。
7）起步时车辆后溜距离大于30厘米的。
8）驾驶汽车双手同时离开转向盘的。
9）单手控制转向盘时，不能有效、平稳控制行驶方向的。
10）车辆行驶方向控制不准确，方向晃动，车辆偏离正确行驶方向的。
11）不能根据交通情况合理选择行驶车道、速度的。
12）使用挡位与车速长时间不匹配，造成车辆发动机转速过高或过低的。
13）车辆在行驶中低头看挡或连续2次挂挡不进的。
14）行驶中空挡滑行的。

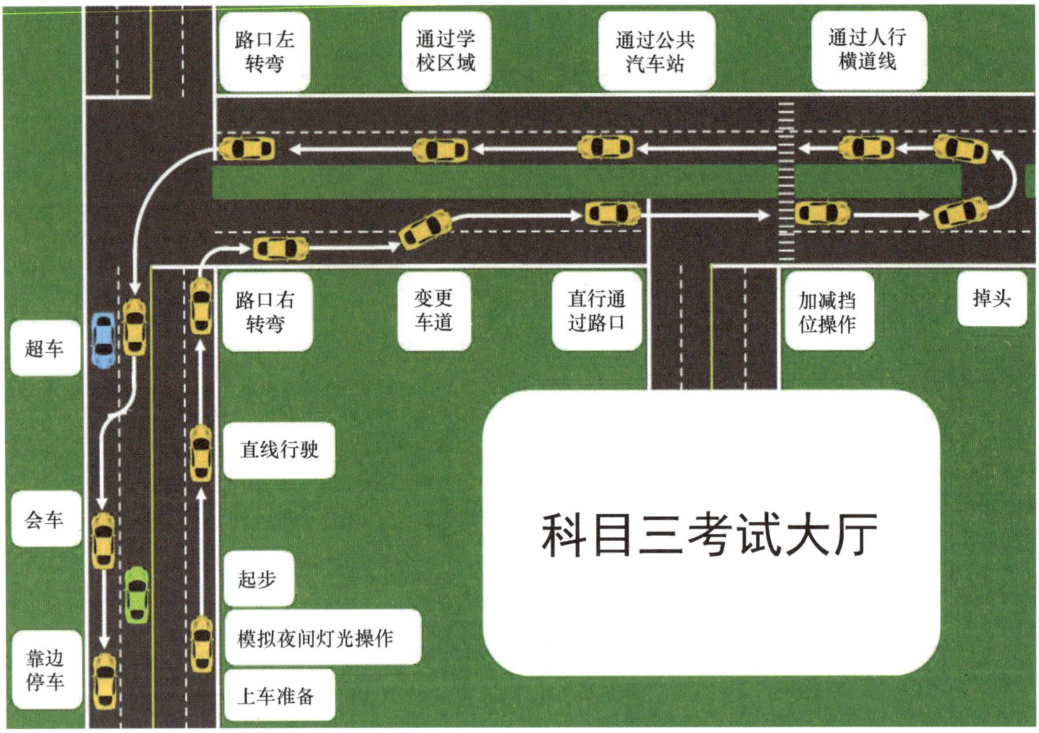

图 4-12　科目三考试场地

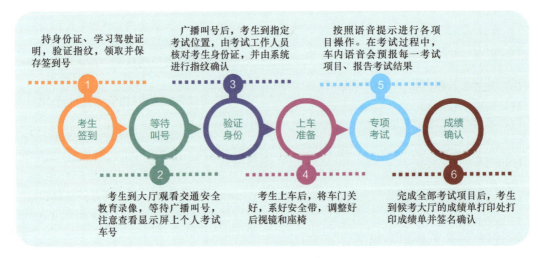

图 4-13　科目三考试流程

15）视线离开行驶方向超过 2 秒的。

16）违反交通安全法律、法规，影响交通安全的。

17）不按交通信号灯、标志、标线或者交通警察指挥信号行驶的。

18）不按规定速度行驶的。

19）车辆行驶中骑轧车道中心实线或者车道边缘实线的。

20）长时间骑轧车道分界线行驶的。

21）起步、转向、变更车道、超车、靠边停车前不使用或错误使用转向灯的。

22）起步、转向、变更车道、超车、靠边停车前，开转向灯少于 3 秒即转向的。

23）争道抢行，妨碍其他车辆正常行驶的。

24）行驶中不能保持安全距离和安全车速的。

25）连续变更两条或两条以上车道的。

26）通过积水路面遇行人、非机动车时，有不减速等不文明驾驶行为的。

27）遇行人通过人行横道不停车让行，不主动避让优先通行的车辆、行人、非机动车的。

28）将车辆停在人行横道、网状线内等禁止停车区域的。

29）行驶中身体任何部位伸出窗外的。

30）制动、加速踏板使用错误的。

31）对可能出现危险的情形未采取减速、鸣喇叭等安全措施的。

32）因观察、判断或者操作不当出现危险情况的。

33）驾驶摩托车时手离开转向把的。

34）二轮摩托车在行驶中左右摇摆或者脚触地的。

35）摩托车制动时不同时使用前、后制动器的。

36）考生未按照预约考试时间参加考试的。

（2）扣10分情形

1）驾驶姿势不正确的。

2）起步时车辆后溜，但后溜距离小于30厘米的。

3）操纵转向盘手法不合理的。

4）起步或行驶中挂错挡，不能及时纠正的。

5）转弯时，转、回方向过早、过晚，或者转向角度过大、过小的。

6）换挡时发生齿轮撞击的。

7）遇情况时不会合理使用离合器半联动控制车速的。

8）因操作不当造成发动机熄火一次的。

9）不能根据交通情况合理使用喇叭的。

10）制动不平顺的。

11）遇后车发出超车信号，不按规定让行的。

2．专项评判标准

（1）上车准备

1）未逆时针绕车一周检查车辆外观及周围环境的，不合格。

2）打开车门前不观察后方交通情况的，不合格。

（2）起步

1）制动气压不足起步的，不合格。

2）车门未完全关闭起步的，不合格。

3）起步前，未观察内、外后视镜，回头观察后方交通情况的，不合格。

4）起动发动机时，挡位未置于空挡（驻车挡）的，不合格。

5）不松驻车制动器起步，未及时纠正的，不合格。

6）不松驻车制动器起步，但能及时纠正的，扣10分。

7）发动机起动后，不及时松开起动开关的，扣10分。

8）道路交通情况复杂时起步不能合理使用喇叭的，扣5分。

9）起步时车辆发生闯动的，扣5分。

10）起步时，加速踏板控制不当，致使发动机转速过高的，扣5分。

11）起动发动机前，不检查调整驾驶座椅、后视镜和仪表的，扣5分。

（3）直线行驶

1）方向控制不稳，不能保持车辆直线行驶的，不合格。

2）遇前车制动时不及时采取减速措施的，不合格。

3）不适时通过内、外后视镜观察后方交通情况的，扣10分。

4）未及时发现路面障碍物或发现路面障碍物未及时采取减速措施的，扣10分。

（4）加减挡位操作

1）未按指令平稳加、减挡的，不合格。

2）车辆运行速度和挡位不匹配的，扣10分。

（5）变更车道

1）变更车道前，未通过内、外后视镜观察，并向变更车道方向回头观察后方道路交通情况的，不合格。

2）变更车道时，判断车辆安全距离不合理，妨碍其他车辆正常行驶的，不合格。

3）变更车道时，控制行驶速度不合理，妨碍其他车辆正常行驶的，不合格。

（6）靠边停车

1）停车前，不通过内、外后视镜观察后方

和右侧交通情况,并回头观察确认安全的,不合格。

2)考试员发出靠边停车指令后,未能在规定的距离内停车的,不合格。

3)停车后,车身超过道路右侧边缘线或者人行道边缘的,不合格。

4)需要下车的,在打开车门前不回头观察左后方交通情况的,不合格。

5)下车后不关闭车门的,不合格。

6)停车后,车身距离道路右侧边缘线或者人行道边缘超出50厘米的,不合格。

7)停车后,车身距离道路右侧边缘线或者人行道边缘超出30厘米,未超出50厘米的,扣10分。

8)停车后,未拉紧驻车制动器的,扣10分。

9)拉紧驻车制动器前放松行车制动踏板的,扣10分。

10)下车前不将发动机熄火的,扣5分。

(7)直行通过路口、路口左转弯、路口右转弯

1)不按规定减速或停车瞭望的,不合格。

2)不观察左、右方交通情况,转弯通过路口时,未观察侧前方交通情况的,不合格。

3)不主动避让优先通行的车辆、行人、非机动车的,不合格。

4)遇有路口交通阻塞时进入路口,将车辆停在路口内等候的,不合格。

5)左转通过路口时,未靠路口中心点左侧转弯的,扣10分。

(8)通过人行横道线、学校区域、公交车站

1)不按规定减速慢行的,不合格。

2)不观察左、右方交通情况的,不合格。

3)未停车礼让行人的,不合格。

(9)会车

1)在没有中心隔离设施或者中心线的道路上会车时,不减速靠右行驶,或未与其他车辆、行人、非机动车保持安全距离的,不合格。

2)会车困难时不让行的,不合格。

3)横向安全间距判断差,紧急转向避让对方来车的,不合格。

(10)超车

1)超车前,不通过内、外后视镜观察后方和左侧交通情况并回头观察确认安全的,不合格。

2)超车时机选择不合理,影响其他车辆正常行驶的,不合格。

3)超车时,未回头观察被超越车辆动态的,不合格。

4)超车时未与被超越车辆保持安全距离的,不合格。

5)超车后,驶回原车道前,不通过内、外后视镜观察后方和右侧交通情况并回头观察确认安全的,不合格。

6)在没有中心线或同方向只有一条行车道的道路上从右侧超车的,不合格。

7)当后车发出超车信号时,具备让车条件不减速靠右让行的,扣10分。

(11)掉头

1)不能正确观察交通情况选择掉头时机的,不合格。

2)掉头地点选择不当的,不合格。

3)掉头前未开启左转向灯的,不合格。

4)掉头时,妨碍正常行驶的其他车辆和行人通行的,扣10分。

(12)模拟夜间灯光使用

1)不能正确开启灯光的,不合格。

2)同方向近距离跟车行驶时,使用远光灯的,不合格。

3)通过急弯、坡路、拱桥、人行横道或者没有交通信号灯控制的路口时,不交替使用远近光灯示意的,不合格。

4)会车时不按规定使用近光灯的,不合格。

5)通过路口时使用远光灯的,不合格。

6)超车时未交替使用远近光灯提醒被超越车辆的,不合格。

7)在有路灯、照明良好的道路上行驶时,使用远光灯的,不合格。

8)在路边临时停车不关闭前照灯或不开启示廓灯的,不合格。

9)进入无照明、照明不良的道路行驶时不使用远光灯的,扣5分。

第五章　科目四培训与考试

——驾考通关全套秘籍

一　科目四培训

（一）培训内容与方法

1. 培训内容

依据《机动车驾驶培训教学与考试大纲》，小型汽车科目四培训内容：

（1）安全、文明驾驶知识　具体包括安全驾驶生理心理状态、安全驾驶、文明礼让、常见道路交通信号辨识。

（2）危险源辨识知识　具体包括险情预测与分析。

（3）夜间和高速公路安全驾驶知识　具体包括夜间驾驶、高速公路驾驶。

（4）恶劣气象和复杂道路条件下的安全驾驶知识　具体包括雨天驾驶、冰雪道路驾驶、雾（霾）天驾驶、大风天气驾驶、泥泞道路驾驶、涉水驾驶、施工道路驾驶、通过铁路道口、山区道路驾驶、通过桥梁、通过隧道。

（5）紧急情况应急处置知识　具体包括紧急情况临危处置、高速公路驾驶紧急避险、发生交通事故后的处置。

（6）典型事故案例分析　具体包括违法行为综合判断与案例分析。

2. 培训方法

科目四培训采用课堂教学与学员自学相结合的方法。课堂教学不少于2学时，主要讲解科目四考试重点、难点及注意事项；学员自学主要围绕科目四考试题库进行练习。

（二）重点与难点归纳

1. 安全驾驶

（1）安全起步

1）汽车起步前，应先观察车辆及周围交通情况，确认安全后，才能起步。

2）汽车起步时，应按照操作规范进行操作。

3）汽车起步后，应注意观察车辆左侧道路情况，确认安全后，再缓慢向左转向，安全驶入行车道。

（2）安全汇入车流

1）汇入车流前，应开启转向灯。

2）通过后视镜观察侧后方正常行驶的车辆。

3）正确估计车流速度和安全距离，根据车流情况选择汇入的最佳时机。

4）转向灯开启3秒后，在不影响正常行驶车辆的情况下安全汇入车流。

（3）安全变更车道

1）汽车需要变更车道时，应先观察侧后方及准备变更的车道上的交通情况。

2）确认安全后，开启转向灯。

3）转向灯开启3秒后，在不妨碍其他车辆正常行驶的情况下，平稳转向驶入所需车道。

4）每次只能变更一条车道，不得连续变更两条以上车道。

5）不要频繁变更车道，否则会影响其他车辆正常通行，扰乱交通秩序，易引发交通事故。

（4）安全跟车

1）跟车行驶应与前车保持足以采取紧急制动措施的安全距离。

2）跟车安全距离与车速成正比，车速越快，跟车距离应越大，所以安全跟车距离应随着速度变化而变化。

3）遇雾、雨、雪等不良天气应加大跟车距离。

4）跟车行驶时，精力要高度集中，注意观察前车的动态，遇前车制动时，及时采取相应措施。

(5) 安全会车

1) 会车前，应仔细观察来车及路面等交通情况，选择适当地点会车。如选择的交会位置不理想时，应减速会车或停车让行。

2) 会车时，必须遵守交通法规，在狭窄的路段会车时，应做到"礼让三先"，即"先让、先慢、先停"。会车中遇到对方来车行进有困难需借道时，应尽量礼让对方先行。

3) 在狭窄路面会车，根据路面的宽度降低车速，同时保持两车间足够的横向安全距离，低速通过。

4) 夜间会车，应在距对面来车 150 米以外改用近光灯。

5) 遇雨、雪、雾等不良气候时，会车应降低车速，加大横向间距，必要时停车避让，确保会车安全。

(6) 安全超车

1) 超车应尽量选择道路宽直、视线良好、路面无障碍物、对面无来车的路段。在有禁止超车标志的路段，不得超车。不能跨越道路中心实线超车，不能借专用车道超车。

2) 超车前，先开左转向灯并鸣喇叭示意，夜间超车时应不断开关灯光示意。

3) 超车时，应与被超车保持足够的横向安全间距。

4) 超车后，不能过早地驶入原来的行驶路线，在同被超车辆保持必要的安全距离后，打开右转向灯驶回原车道。

(7) 安全避让

1) 会车时，有障碍的一方让无障碍的一方；但有障碍的一方已驶入障碍路段而无障碍的一方未驶入时，有障碍的一方先行。

2) 遇对向车辆占据自己的行车道时，不能斗气，应以安全为重，主动避让。

3) 当后车发出超车信号，在条件允许时，应主动避让，并降低车速。

(8) 安全掉头

1) 掉头前，应仔细观察道路前后方情况，确认安全后，才能进行掉头。

2) 机动车掉头不得妨碍正常行驶的其他车辆和行人的通行。

3) 掉头过程中，应严格控制车速。

4) 机动车在有禁止掉头或者禁止左转弯标志、标线的地点以及在铁路道口、人行横道、桥梁、急弯、陡坡、隧道或者容易发生危险的路段，不得掉头。

(9) 安全倒车

1) 机动车倒车时，应当察明车后情况，确认安全后，才能进行倒车。

2) 倒车过程中要缓慢行驶，注意观察车辆两侧和后方的情况，随时做好停车准备。

3) 不得在铁路道口、交叉路口、单行路、桥梁、急弯、陡坡或者隧道中倒车。

(10) 安全停车

1) 严格遵守停车规定，不得在禁止停车的场所停车。

2) 在道路边临时停车前，一定要仔细观察后方和右侧交通情况。确认安全后，打开右转向灯，缓慢地驶向道路右侧，不得逆向或并列停放。

3) 车辆停稳后，才能开车门和上下人，开车门前应仔细观察左后方情况，然后缓慢打开车门。

(11) 交叉路口安全驾驶

1) 通过交叉路口要严格遵守信号灯、标志、标线及交警的指挥。

2) 进入交叉路口前，要提前降低车速，以慢速通过交叉路口。

3) 在路口转向应提前驶入相应的车道，不得在路口实线区变更车道。在交叉路口向左转弯时，应靠路口中心点左侧转弯。向右转弯时，应避让非机动车。

4) 如路口施画有左转弯待转区，当左转车道为红灯信号、直行车道为绿灯信号时，左转弯的车辆应先进入左转弯待转区，等左转车道变为绿灯信号，再左转弯行驶。

5) 通过环形路口应注意：一是驶入环形路口不用开启转向灯，驶出环形路口应打开右转向灯；二是准备进入环形路口的车辆让已在路口内的机动车先行。

(12) 铁路道口安全驾驶

1) 通过有交通信号或者有人看守的铁路道口，应按照交通信号或者管理人员的指挥通行。

2) 通过无信号控制或无人看守的铁路道口时，在道口外停车观察，做到一停（在停止线以外停车）、二看（观察左右是否有驶来的列车)、三通过(确认安全后,低速通过)。

3)通过铁道路口时,应用低速挡安全通过,中途不得换挡,以避免发动机熄火。

(13)人行横道安全驾驶

1)车辆驶近人行横道时,应注意观察行人、非机动车动态,确认安全后再通过。

2)车辆行经人行横道时,应当减速行驶,遇行人正在通过人行横道,应当停车让行。

3)不得在人行横道区域内停车等候,不要在人行横道及附近超车。

(14)弯道安全驾驶

1)进入弯道前应提前减速,不得进入弯道后再减速,以防发生侧滑或侧翻。

2)在弯道应靠道路右侧行驶。右转弯时,应靠路右侧转小弯;左转弯时,应靠路右侧转大弯。

3)在弯道行驶,不得占用对向车道,不要急转转向盘,不要使用紧急制动,以防发生交通事故。

4)行经有视线盲区的弯道,应鸣喇叭,提醒对向来车注意。

(15)学校区域安全驾驶

1)车辆行至学校区域,应注意观察标志、标线,及时减速,不要鸣喇叭。

2)在学校区域要注意观察道路两侧及周围的情况,时刻提防学生横过道路,及时减速或停车让行,避免发生事故。

3)遇列队横过道路的学生时,应当停车让行,不得连续鸣喇叭催促或加速抢行。

(16)居民小区安全驾驶

1)车辆通过居民小区,要遵守限速标志的规定,低速行驶,不得连续鸣喇叭警示或加速抢行。

2)车辆通过居民小区,要随时注意观察两侧情况,遇到突然情况,要停车让行。

3)在居民小区通行时,要注意避让行人。遇两侧有行人占道行走时,要与行人保持安全距离,低速行驶,待行人让路后再通过。

(17)公交车站安全驾驶

1)车辆接近公交车站时,应降低车速,注意观察交通情况和行人动态。

2)超越停在公交车站的车辆时,要减速慢行,与公交车保持较大的安全间距,应预防会有乘客或行人从公交车前或车后突然横穿道路,做好随时停车的准备。

3)不得占用公交车专用道,距离公交车站30米内不能停车。

2. 文明礼让

(1)人行横道前的礼让

1)人行横道无人行走时,注意观察人行道两端行人、非机动车动态,减速慢行,提防行人突然横穿道路。

2)人行横道有人行走时,应停车,让行人、非机动车先行。

(2)会车及超车时的礼让

1)会车中遇到对方来车行进有困难需借道时,应尽量礼让对方先行。

2)行车中,当发现后车发出超车信号时,应减速靠右侧让行。

(3)遇校车的礼让

1)遇到校车在道路右侧停车上下学生,校车在同方向只有一条机动车道的道路上停靠时,后方车辆应当停车等待,不得超越。

2)校车在同方向有两条以上机动车道的道路上停靠时,校车停靠车道后方和相邻机动车道上的机动车应当停车等待,其他机动车道上的机动车应当减速通过。

(4)遇特种机动车或异常行驶机动车的礼让

1)行驶中遇到警车、消防车、救护车等特种机动车执行紧急任务时,应迅速让行。

2)行驶中遇到汽车画龙、货物捆绑不牢等异常行驶的机动车应保持较大跟车距离,以防不策。

(5)遇拥堵道路、路口时的礼让

1)车辆在行驶中,当前方道路出现拥堵时,应依次跟车行驶。

2)当前方交叉路口出现交通阻塞时,车辆应依次停在路口以外等候,不得进入路口,不得从前方车辆两侧穿插或者超越行驶。

(6)遇行人的礼让

1)在道路上遇到行人,应注意观察动态,做到安全礼让。

2)遇到老人和残疾人,不要鸣喇叭催促,应主动减速慢行,必要时停车避让。

3)遇到儿童在道路上玩耍,应注意儿童动态,减速慢行,必要时停车避让。

4）遇到挑着担子的行人，应考虑到担子的占地空间，要与行人保持较大的安全距离。

5）遇到突然横穿公路的行人，应立即减速，必要时停车。

6）雨天遇到撑雨伞和穿雨衣的行人应提前轻按喇叭提醒，注意观察行人动态，与行人保持安全距离，适当降低车速通过。遇到积水路面，应低速慢行，以免水花溅到路边行人。

（7）遇牲畜的避让

1）汽车行驶中，当看到注意牲畜标志时，应注意观察有没有牲畜穿行，同时要降低车速。

2）遇到牲畜在道路上行走，应注意牲畜动态，并减速慢行，随时避让横过道路的牲畜。

3）遇到牲畜横穿抢道，应及时避让，不能鸣喇叭驱赶，以防牲畜受惊。

（8）遇非机动车的礼让

1）遇到非机动车在路边正常行驶时，应注意观察动态，保持安全间距，适当减速超越。

2）遇到非机动车横穿公路时，应减速，必要时停车避让。

3）遇到路面有积水，路边有非机动车时，应低速行驶，以免水花溅到路边骑车人。

3. 应急避险

行车中遇到紧急情况，应遵循以下避险原则：

一是先人后物。险情发生后，首先要保证人身安全，然后才能顾及车辆和物品。因为车辆和物品可以补偿，人的生命只有一次。所以，遇到险情，驾驶人首先要保护好乘客和自己，同时不能伤及无辜的第三者。

二是避重就轻。处理险情时，在保证人身安全的前提下，应衡量轻重，采取无损失或损失较小的处理方案。为了避开造成较大的损失，可不受交通法规的限制，以减轻事故的损失后果。

三是先制动、后转向。在高速行驶时，应先制动减速，再转向避让，以防高速状态下急打转向造成侧翻事故。

（1）爆胎

1）行驶中车辆突然爆胎时，驾驶人要保持镇静。如是后轮出现爆胎，要先控制行驶方向并慢慢减速。如是前轮出现爆胎，在控制住行驶方向后，采取抢挂低速挡的措施减速停车。

2）轮胎气压过高容易导致爆胎，气压过低也同样容易导致爆胎。因为轮胎气压降低，车辆行驶时轮胎的变形量增大，使胎温升高，轮胎变软，强度下降，从而导致爆胎。

3）避免爆胎的正确做法是定期检查轮胎、保持轮胎气压正常、及时清理轮胎沟槽里的异物、更换有裂纹或有很深损伤的轮胎。

（2）转向失控

1）机动车转向突然失控后，若前方道路条件能够保持直线行驶，要迅速开启危险报警闪光灯，采取抢挂低速挡或合理使用行车制动和驻车制动减速停车，避免紧急制动。

2）遇到转向失控、行驶方向偏离，事故已经无可避免时，要果断地采取紧急制动，尽快减速，极力缩短停车距离，减轻碰撞程度，减小损失。

（3）制动失效

1）行驶中遇制动突然失灵时，应迅速开启危险报警闪光灯，握稳转向盘控制方向，然后迅速抢挂低速挡（迅速逐级或越一级减挡）减速，使用驻车制动器配合减速，在使用驻车制动时，不要一次拉紧驻车制动器操纵杆不放，应缓慢使用。

2）汽车下坡路制动突然失效时，要迅速用抢挡（逐级或越一级减挡）的办法使车辆利用发动机牵阻作用控制车速，或迅速利用避险车道减速停车，或向上坡道方向行驶。停车后，要利用驻车制动器防止发生溜车造成二次险情。

（4）发动机熄火 汽车行驶中发动机突然熄火，若难以重新起动，应立即开启危险报警闪光灯，缓慢制动减速，及时靠边停车，放置故障车警告标志，检查熄火原因。

（5）碰撞

1）车辆发生正面碰撞且碰撞位置在正前方时，驾驶人应以躲避为主，如离开转向盘、躲向副驾驶座位等。发生撞击的位置不在驾驶人一侧或撞击力量较小时，紧握转向盘，两腿向前蹬，身体向后紧靠座椅。

2）在车速较高可能与前方机动车发生碰撞时，要先制动减速减少正面碰撞力，后转向避让，以使正面碰撞变成侧面碰撞或刮擦，减小事故伤害和损失。发生正面碰撞已不可避免时，迅速采取紧急制动。

3）在高速公路驾驶机动车意外碰撞护栏时，应握紧转向盘，适量修正，切忌迅速转向或制动，以免车辆连续碰撞两侧护栏或翻车。

（6）机动车着火

1）车辆发生火灾，要设法将车辆停在避免火势蔓延的空旷地带。在高速公路上发生火灾时，不可将车驶入服务区或停车场。停车后，应及时报警，设置警告标志，并进行灭火。

2）使用灭火器灭火时，人要站在上风处，用灭火器瞄准火源灭火，也可用路边沙土、篷布、棉布、工作服等物品灭火。

3）灭火时，要脱去化纤服装，以免伤害暴露的皮肤，不能张嘴呼吸或高声呐喊，以免烟火灼伤上呼吸道。

4）机动车发生火灾时，应迅速关闭发动机。如果是发动机着火，严禁开启发动机罩灭火。如果是电器、汽油着火，不能用水灭火。

（7）机动车落水

1）机动车落水后，车外水压高，车门打不开，可选择敲碎侧窗玻璃的自救方法逃生。也可等到水快浸满车厢时（此时车门内外水压接近），再设法开启车门或摇下车窗玻璃逃生。

2）错误的逃生方法：一是选择迅速关闭车窗阻挡车内进水（车厢不是密闭的，关闭车窗，车内同样进水）；二是打电话求救（时间来不及）；三是用工具撬开车门（车外水压太高，车门无法撬开）。

（8）发生"水滑"

1）所谓"水滑"是指在大雨天汽车在积水路面上高速行驶时，轮胎与路面间的存水不能排除，水的压力使车轮上浮，形成汽车在积水路面上滑行的现象。可见形成"水滑"现象必须具备两个条件：一是路面有水，二是高速行驶。所以，只有降低车速，才能避免发生"水滑"现象。

2）一旦发生"水滑"现象，驾驶人应握紧转向盘，缓抬加速踏板减速，不要使用紧急制动减速或猛转转向盘。

（9）机动车侧滑与轮胎抱死

1）车辆在冰雪、泥泞等摩擦系数较小的路面上行驶，车轮容易抱死而导致侧滑。另外，车辆转弯时，如速度过快，离心力过大，也容易发生侧滑。

2）驾驶未安装防抱死制动系统（ABS）的机动车在冰雪路面使用制动时，要轻踩或间歇踩制动踏板，以免车轮抱死。

3）制动时，如前轮抱死会出现丧失转向能力，后轮抱死会出现侧滑甩尾的情况。

4）机动车发生侧滑时，如前轮侧滑，要向侧滑相反方向转动转向盘；如后轮侧滑，要向侧滑方向转动转向盘。

（10）预防二次事故　驾驶机动车遇非常情况或者发生事故时，应开启危险报警闪光灯，在车后设置危险警告标志，将车上人员疏散到安全地带，防止二次事故发生。

（11）高速公路紧急避险

1）高速公路行车紧急情况避险的处理原则是先避人、后避物。在高速公路遇到紧急情况时应采取制动减速措施，不要轻易急转向避让。

2）在高速公路除遇障碍、发生故障等必须停车外，不准停车上下人员或者装卸货物，停车要到服务区或停车场。

3）机动车在高速公路上发生故障时，应立即开启危险报警闪光灯，将车移至应急车道内，并在车后150米以外设置警告标志。驾乘人员应当迅速转移到护栏以外安全的地方，并且迅速拨打救援电话。

4）机动车因故障不能离开行车道时，不能在行车道上抢修车辆，应立即按规定开启危险报警闪光灯，设置警示标志，转移车上人员。

4. 典型事故案例分析

（1）违法行为综合判断　题库中违法行为综合判断试题都是以动画的形式出现，即通过观看动画画面判断违法行为，其判断方法见表5-1。

（2）案例分析　做案例题要把握好审题、析题和答题三个环节。

1）审题。在做题前应当认真阅读案例，特别应注意有关细节，这些细节将与分析案例有直接关系。

2）析题。分析案例的依据有两个：案例事实和法律规定。在弄清案例事实的基础上，找出相应的法律规定，并仔细推敲。再用法律规定与案例事实对照，得出是否有违法行为。

表 5-1　动画画面与违法行为

序号	动画画面	违法行为
1	驾驶人胸前无安全带	驾驶人未按规定使用安全带
2	驾驶人驾车时使用手机打电话	驾驶人驾车时拨打或接听手持电话
3	驾驶人打手机时的通话内容	驾驶人无证驾驶车辆和酒后驾车
4	车辆号牌被圆盘遮挡	故意遮挡号牌
5	对照车速表与交通标志	车辆超速行驶
6	车辆闯红灯	不按交通信号灯行驶
7	车辆在有禁止左转弯的路口驶向左侧	不按交通标志行驶
8	车辆在导向箭头指示直行的车道左转弯行驶	不按交通标线行驶
9	车辆驶入公交车专用道、应急车道或非机动车道	不按车道划分规定行驶

注意：鸣喇叭催促前方机动车，属于不文明行为，不算违法行为。

3）答题。将分析得出的违法行为与题中选项对照，吻合者即为答案。

例题　陶某驾驶中型客车（乘载 33 人），行至许平南高速公路 163 公里处时，以 120 公里/小时的速度与停在最内侧车道上安某驾驶的因事故无法移动的小客车（未设置警示标志）相撞，中型客车撞开右侧护栏侧翻，造成 16 人死亡、15 人受伤。双方驾驶人的主要违法行为是什么？

A．陶某客车超员
B．陶某超速行驶
C．安某未按规定设置警示（告）标志
D．安某违法停车

分析　第一步，审题。案例中提供了以下重要信息：一是陶某驾驶的中型客车乘载 33 人；二是陶某驾驶中型客车在高速公路以 120 公里/小时的速度行驶；三是安某驾驶的小客车因事故停在高速公路最内侧车道上；四是安某驾驶的小客车停在高速公路未设置警示标志。第二步，析题。将案例事实与法律规定对照，见表 5-2。第三步，答题。将分析结果与题中四个选项对照，得出答案为 ABC。

（三）学习与记忆技巧

科目四学习与记忆技巧与科目一相同。

二　科目四考试

（一）考试内容与合格标准

1. 考试内容

依据《机动车驾驶人考试内容和方法》，C 照科目四考试内容如下：

1）安全行车常识。
2）文明行车常识。
3）道路交通信号在交通场景中的综合应用。
4）恶劣气象和复杂道路条件下安全驾驶知识。
5）紧急情况下避险常识。
6）典型事故案例分析。
7）交通事故救护及常见危险化学品处置常识。
8）地方试题。

2. 合格标准

科目四考试满分为 100 分，成绩达到 90 分的为合格。

（二）考试方法与考试流程

1. 考试方法

科目四考试是在考试员监督下，由考生使用全国统一的机动车驾驶人驾驶理论考试系统独立闭卷完成考试。考试试卷由全国统一的机动车驾驶人驾驶理论考试系统从考试题库中按照规定比例随机抽取生成。试题数量为50题，题型有判断题（占40%）、单项选择题（占40%）、多项选择题（占20%）三种。考试时间为45分钟。

2. 考试流程

科目四考试流程与科目一相同。

（三）注意事项

科目四考试注意事项与科目一相同。

表5-2　案例事实与法律规定对照

序号	案例事实	法律规定	分析结果
1	陶某驾驶的中型客车乘载33人	中型客车核载为10~19人	客车超员
2	陶某驾驶中型客车在高速公路以120公里/小时的速度行驶	中型客车在高速公路最高车速不得超过100公里/小时	超速行驶
3	安某驾驶的小客车因事故停在高速公路最内侧车道上	高速公路车道内禁止停车	此车因事故无法移动，所以不构成违法
4	安某驾驶的小客车停在高速公路未设置警示标志	因事故停在高速公路车道内应设置警示（告）标志	未按规定设置警示（告）标志

Appendix

附录 1
科目一考题及答案

第一章 驾驶证和机动车管理规定

一 驾驶证申领和使用规定

（一）机动车驾驶证

1. 机动车驾驶证有效期分为 6 年、10 年、20 年。　　　　　　　　　　（　）
2. 初次申领的机动车驾驶证的有效期为多少年？　　　　　　　　　（　）
   A. 3 年　　B. 5 年　　C. 6 年　　D. 12 年
3. 初次申领的机动车驾驶证的有效期为 6 年。（　）
4. 初次申领的机动车驾驶证的有效期为 4 年。（　）

（二）机动车驾驶证申请

5. 申请小型汽车准驾车型驾驶证的人年龄条件是多少？（　）
   A. 18 周岁以上 60 周岁以下
   B. 18 周岁以上，无最高年龄限制
   C. 24 周岁以上 70 周岁以下
   D. 21 周岁以上 50 周岁以下
6. 申请残疾人专用小型自动挡载客汽车驾驶证的人年龄条件是多少？（　）
   A. 20 周岁以上 60 周岁以下
   B. 20 周岁以上 70 周岁以下
   C. 18 周岁以上 60 周岁以下
   D. 18 周岁以上，无上限年龄
7. 申请小型汽车驾驶证的，年龄应在 18 周岁以上 70 周岁以下。（　）
8. 申请机动车驾驶证年龄在 70 周岁以上的人，会增加记忆力、判断力、反应力等能力测试。（　）
9. 申请小型汽车、三轮汽车驾驶证的，年龄应在 18 周岁以上 70 周岁以下。（　）
10. 年满 20 周岁，可以初次申请下列哪种准驾车型？（　）
    A. 大型货车　　B. 大型客车
    C. 中型客车　　D. 牵引车
11. 以下哪种身体条件，不可以申请机动车驾驶证？（　）
    A. 糖尿病　　B. 红绿色盲
    C. 高血压　　D. 怀孕
12. 申请 C1/C2/C3 驾驶证的，两眼裸视力或矫正视力应达到对数视力表 4.9 以上。（　）
13. 申请人患有精神病的，可以申领机动车驾驶证，但是在发病期间不得驾驶机动车。（　）
14. 申请人患有癫痫病的，可以申领机动车驾驶证，但是驾驶时必须有人陪同。（　）
15. 3 年内有下列哪种行为的人不得申请机动车驾驶证？（　）
    A. 注射胰岛素　　B. 酒醉经历
    C. 吸烟成瘾　　　D. 注射毒品
16. 多少年内有吸食、注射毒品行为的，不得申请机动车驾驶证？（　）
    A. 1　　B. 2　　C. 3　　D. 4
17. 造成交通事故后逃逸构成犯罪的人不能申

答案

1.× 2.C 3.√ 4.× 5.B 6.D 7.√ 8.√ 9.× 10.A 11.B 12.C 13.× 14.× 15.D 16.C 17.√

请机动车驾驶证。（　　）

18　酒后驾驶发生重大交通事故被依法追究刑事责任的人不能申请机动车驾驶证。（　　）

19　初次申领机动车驾驶证，不能直接申领大型客车驾驶证。（　　）

20　初次申领机动车驾驶证的，可以申请下列哪种准驾车型？（　　）
　　A. 中型客车　　　B. 大型客车
　　C. 普通三轮摩托车　D. 牵引车

21　准驾车型为小型自动挡汽车的，可以驾驶低速载货汽车。（　　）

22　准驾车型为小型汽车的，可以驾驶小型自动挡载客汽车。（　　）

23　准驾车型为小型自动挡汽车的，可以驾驶以下哪种车型？（　　）
　　A. 低速载货汽车
　　B. 小型汽车
　　C. 二轮摩托车
　　D. 轻型自动挡载货汽车

24　准驾车型为小型汽车的，可以驾驶下列哪种车辆？（　　）
　　A. 中型客车　　　B. 低速载货汽车
　　C. 三轮摩托车　　D. 轮式自行机械

25　准驾车型为C1驾照的，可以驾驶以下哪种车辆？（　　）
　　A. 低速载货汽车　B. 三轮摩托车
　　C. 轮式自行机械　D. 以上都可以

26　准驾车型为C1驾照，除了可以驾驶小型汽车，还可以驾驶下列哪种车型？（　　）
　　A. C2 小型自动挡汽车
　　B. C3 低速载货汽车
　　C. C4 三轮汽车
　　D. 以上都可

27　持有境外机动车驾驶证的人，符合国务院公安部门规定的驾驶许可条件，经公安机关交通管理部门考核合格的，可以发给中国的机动车驾驶证。（　　）

（三）机动车驾驶人考试

28　科目三考试分为道路驾驶技能考试和安全文明驾驶常识考试两部分。（　　）

29　小型汽车科目二考试内容包括倒车入库、坡道定点停车和起步、侧方停车、曲线行驶、直角转弯。（　　）

30　科目三道路驾驶技能和安全文明驾驶常识考试满分别为100分，成绩分别达到80和90分的为合格。（　　）

31　学习驾驶证明的有效期是多久？（　　）
　　A. 1年　　B. 2年　　C. 3年　　D. 4年

32　允许自学直考人员使用图中教练车，在学车专用标识签注的指导人员随车指导下学习驾驶。（　　）

33　符合什么条件就可以驾驶图中这辆自学直考小型客车上路学习驾驶？（　　）

　　A. 有随车人员指导　B. 取得学习驾驶证明
　　C. 符合自学直考规定　D. 没有条件限制

34　图中上路学习驾驶的自学直考小客车存在什么违法行为？（　　）

　　A. 学车专用标识粘贴的位置不符合规定
　　B. 搭载了除随车指导人员以外的其他人员
　　C. 自学人员和随车指导人员都没有系安全带
　　D. 没有使用教练车在道路进行训练

35　申请人因故不能按照预约时间参加考试的，应当提前一日申请取消预约，对申请人未

答案
18.√　19.√　20.C　21.×　22.√　29.√　30.×　31.C　32.√　33.B　34.B　35.√
27.√　26.D　25.D　24.B　23.D

按照预约考试时间参加考试的,判定该次考试不合格。（ ）

36 在学习驾驶证明的有效期内,科目二和科目三道路驾驶技能考试预约次数不得超过多少次?（ ）
A. 3次　B. 4次　C. 5次　D. 6次

(四)发证、换证和补证

37 属于申请增加准驾车型的,应当收回原机动车驾驶证。（ ）

38 驾驶人在机动车驾驶证的6年有效期内,每个记分周期均未达到12分的,换发10年有效期的机动车驾驶证。（ ）

39 驾驶人在驾驶证有效期满前多长时间申请换证?（ ）
A. 60日内　　B. 30日内
C. 90日内　　D. 6个月内

40 机动车驾驶人驾驶证有效期满换领驾驶证时,须提交县级以上医疗机构出具的身体条件证明。（ ）

41 驾驶人户籍迁出原车辆管理所需要向什么地方的车辆管所提出申请?（ ）
A. 迁出地　　B. 居住地
C. 迁入地　　D. 所在地

42 驾驶人在驾驶证核发地车辆管理所管辖区以外居住的,可以向居住地车辆管理所申请换证。（ ）

43 驾驶人在驾驶证核发地车辆管理所管辖区以外居住的,可以向政务大厅申请换证。（ ）

44 驾驶人在驾驶证核发地车辆管理所管辖区以外地方居住的,可以向政务大厅申请换证。（ ）

45 自愿降级的驾驶人需要到车辆管理所申请换领驾驶证。（ ）

46 驾驶证记载的驾驶人信息发生变化的要在多长时间内申请换证?（ ）
A. 30日　B. 40日　C. 50日　D. 60日

47 机动车驾驶证损毁无法辨认的,要在多长时间内申请换证?（ ）
A. 60日　B. 50日　C. 40日　D. 30日

48 机动车驾驶证遗失、损毁无法辨认时,机动车驾驶人应当向机动车驾驶证核发地车辆管理所申请补发。（ ）

49 机动车驾驶证补领后,以下说法正确的是什么?（ ）
A. 原驾驶证继续使用
B. 原驾驶证作废,不得继续使用
C. 原驾驶证特殊情况下使用
D. 替换使用

50 机动车驾驶人补领机动车驾驶证后,原机动车驾驶证作废,不得继续使用。（ ）

51 机动车驾驶证遗失的,机动车驾驶人应当向机动车驾驶证核发地或者核发地以外的车辆管理所申请补发。（ ）

52 机动车驾驶证被依法扣押、扣留、暂扣期间能否申请补发?（ ）
A. 可以申请
B. 扣留期间可以临时申请
C. 暂扣期间可以临时申请
D. 不得申请补发

53 下列哪种情况可以向机动车驾驶证核发地或者核发地以外的车辆管理所申请补发?（ ）
A. 驾驶证被扣押　　B. 驾驶证被扣留
C. 驾驶证遗失　　　D. 驾驶证被暂扣

54 机动车驾驶证遗失的,机动车驾驶人应当向机动车驾驶证核发地或者核发地以外的车辆管理所申请补发。（ ）

55 补领机动车驾驶证应到以下哪个地方办理?（ ）
A. 所学驾校
B. 驾驶证核发地或者核发地以外的车辆管理所
C. 派出所
D. 全国任何地方公安机关交通管理部门

(五)记分

56 道路交通安全违法行为累积记分的周期是多长时间?（ ）
A. 12个月　　B. 24个月
C. 3个月　　　D. 6个月

57 道路交通安全违法行为累积记分的周期是12个月?（ ）

58 道路交通安全违法行为累积记分一个周期满分为12分。（ ）

答案 36.C　37.√　38.√　39.C　40.√　41.C　42.√　43.×　44.×　45.√　46.A　47.D　48.√　49.B　50.√　51.√　52.D　53.C　54.√　55.B　56.A　57.√　58.√

59 机动车驾驶人一次有两个以上违法行为记分的，应当分别计算累加分值。（　　）
60 公安机关交通管理部门对累积记分达到规定分值的驾驶人怎样处理？（　　）
　A. 处 15 日以下拘留
　B. 终生禁驾
　C. 进行法律法规教育，重新考试
　D. 依法追究刑事责任
61 机动车驾驶人在一个记分周期内累积记分达到 12 分的，要在多少日内参加道路交通安全法律、法规和相关知识学习？（　　）
　A. 20 日　B. 15 日　C. 3 日　D. 10 日
62 机动车驾驶人在一个记分周期内累计记分达到 12 分，拒不参加学习和考试的，将被公安机关交通部门公告其驾驶证停止使用。（　　）
63 机动车驾驶人在一个记分周期内两次以上达到 12 分的，车辆管理所应当在驾驶人科目一考试合格后多少日内对其进行科目三考试？（　　）
　A. 15　B. 7　C. 10　D. 5
64 驾驶人记分没有达到满分，有罚款尚未缴纳的，记分转入下一记分周期。（　　）
65 以下哪种行为机动车驾驶人将被一次记 9 分？（　　）
　A. 驾驶机动车不按规定避让校车的
　B. 驾驶证被暂扣期间驾驶机动车的
　C. 驾驶机动车违反道路交通信号灯通行的
　D. 驾驶与准驾车型不符的机动车的
66 驾驶与准驾车型不符的机动车一次记几分？（　　）
　A. 1 分　B. 3 分　C. 6 分　D. 9 分
67 饮酒后驾驶机动车一次记几分？（　　）
　A. 3 分　B. 1 分　C. 6 分　D. 12 分
68 如图所示，驾驶人的这种违法行为会被记多少分？（　　）

　A. 3 分　B. 6 分　C. 12 分　D. 24 分
69 关于醉酒驾驶机动车的处罚，以下说法错误的是什么？（　　）
　A. 公安机关交通管理部门约束至酒醒
　B. 吊销驾驶证
　C. 五年内不得重新取得机动车驾驶证
　D. 记 6 分
70 饮酒后驾驶机动车的一次记 12 分。（　　）
71 造成交通事故后逃逸，尚不构成犯罪的一次记几分？（　　）
　A. 3 分　B. 1 分　C. 12 分　D. 6 分
72 图中机动车驾驶人造成事故逃逸的违法行为，会被记 12 分。（　　）

73 造成交通事故后逃逸，尚不构成犯罪的一次记 12 分。（　　）
74 上道路行驶的机动车未悬挂机动车号牌的一次记几分？（　　）
　A. 6 分　B. 9 分　C. 1 分　D. 3 分
75 如图所示，驾驶人的这种违法行为是非常严重的，会被记 9 分。（　　）

76 如图所示，驾驶人的这种行为会被违法记多少分？（　　）

　A. 记 1 分　　B. 记 3 分
　C. 记 6 分　　D. 记 9 分
77 上道路行驶的机动车故意遮挡、污损机动车号牌的一次记几分？（　　）
　A. 1 分　B. 3 分　C. 6 分　D. 9 分

59.√　60.C　61.B　62.√　63.A　64.√　65.D　66.D　67.A　68.C
69.D　70.A　71.C　72.√　73.√　74.B　75.√　76.D　77.D

78 上道路行驶的机动车不按规定安装机动车号牌的，一次记 3 分。（　　）

79 有下列哪种违法行为的机动车驾驶人将被一次记 9 分？（　　）
A. 机动车驾驶证被暂扣期间驾驶机动车的
B. 以隐瞒、欺骗手段补领机动车驾驶证的
C. 驾驶机动车不按照规定避让校车的
D. 驾驶故意污损号牌的机动车上道路行驶

80 驾驶人有下列哪种违法行为一次记 12 分？（　　）
A. 违反交通信号灯
B. 使用伪造机动车号牌
C. 拨打、接听手机的
D. 违反禁令标志指示

81 使用伪造、变造的机动车号牌一次记几分？（　　）
A. 1 分　B. 3 分　C. 12 分　D. 6 分

82 使用伪造、变造的行驶证一次记几分？（　　）
A. 6 分　B. 3 分　C. 1 分　D. 12 分

83 使用伪造、变造的驾驶证一次记 12 分。（　　）

84 驾驶机动车违法使用其他号牌、行驶证的，一次记多少分？（　　）
A. 12 分　B. 3 分　C. 1 分　D. 6 分

85 使用其他机动车号牌、行驶证的一次记 3 分。（　　）

86 如图所示，黄色小型客车驾驶人在高速公路逆向行驶是违法行为，会被记 6 分。（　　）

87 驾驶机动车在高速公路上倒车，一次记几分？（　　）
A. 6 分　B. 1 分　C. 12 分　D. 3 分

88 驾驶机动车在高速公路上倒车、逆行、穿越中央分隔带掉头的一次记 6 分。（　　）

89 车速超过规定时速达到 50% 的一次记 3 分。（　　）

90 在高速公路上车速超过规定时速 50% 以上的一次记 12 分。（　　）

91 驾驶人驾驶机动车违反道路交通信号灯通行一次记多少分？（　　）
A. 2 分　B. 3 分　C. 6 分　D. 12 分

92 驾驶机动车闯红灯一次扣 6 分。（　　）

93 有下列哪种违法行为的机动车驾驶人将被一次记 6 分？（　　）
A. 驾驶机动车违反道路交通信号灯
B. 未取得校车驾驶资格驾驶校车
C. 驾驶与准驾车型不符的机动车
D. 饮酒后驾驶机动车

94 违反交通信号灯通行的一次记 6 分。（　　）

95 车速超过规定时速的 20% 但不到 50% 的一次记 3 分。（　　）

96 在城市快速公路上违法占用应急车道，一次记多少分？（　　）
A. 1 分　B. 6 分　C. 12 分　D. 3 分

97 图中蓝色车这种违法的行为会被记多少分？（　　）

A. 记 1 分　　　B. 记 3 分
C. 记 6 分　　　D. 记 9 分

98 如图所示，黄色机动车驾驶人违法占用高速公路应急车道行驶，会被记 12 分。（　　）

99 驾驶人有下列哪种违法行为一次记 6 分？（　　）
A. 使用其他车辆行驶证
B. 在高速公路上车速超过规定时速 50% 以上
C. 违法占用应急车道行驶
D. 饮酒后驾驶机动车

答案
78.√　79.√　80.D　81.C　82.D　83.√　84.A　85.√　86.×　87.C　88.√　89.×　90.√　91.C　92.√　93.A　94.√　95.×　96.B　97.C　98.×　99.C

100 驾驶机动车在高速公路违法占用应急车道行驶的一次记6分。（　　）

101 驾驶证被扣留期间驾驶机动车的，一次记多少分？（　　）
A. 6分　B. 3分　C. 12分　D. 1分

102 造成人员轻微伤的交通事故后逃逸，尚不构成犯罪的，一次记多少分？（　　）
A. 1分　B. 3分　C. 12分　D. 6分

103 驾驶机动车不按照规定避让校车的，一次记3分。（　　）

104 驾驶机动车在高速公路上行驶，超过规定时速20%以上未达50%的，一次记6分。（　　）

105 驾驶机动车在高速公路或者城市快速路上不按规定车道行驶的，将被一次记多少分？（　　）
A. 1分　B. 6分　C. 3分　D. 1分

106 驾驶机动车行经人行横道，不按规定减速、停车、避让行人的，将被一次记多少分？（　　）
A. 6分　B. 1分　C. 3分　D. 12分

107 驾驶机动车违反禁令标志、禁止标线指示的，一次记多少分？（　　）
A. 1分　B. 3分　C. 9分　D. 6分

108 在图中位置停车会被记多少分？（　　）
A. 3分　B. 不记分　C. 1分　D. 6分

109 如图所示，驾驶人的这种违法行为会被记多少分？（　　）

A. 2分　B. 3分　C. 6分　D. 12分

110 在普通城市道路上逆向行驶，将被一次性记几分？（　　）
A. 12分　B. 6分　C. 2分　D. 3分

111 驾驶机动车不按规定超车、让行的，或者逆向行驶的，将被一次记多少分？（　　）
A. 12分　B. 2分　C. 6分　D. 3分

112 在道路上车辆发生故障、事故停车后，不按规定设置警告标志，一次记1分。（　　）

113 上道路行驶的机动车不按规定年检，将被一次记多少分？（　　）
A. 6分　B. 3分　C. 2分　D. 12分

114 驾驶机动车行经交叉路口不按规定行车或者停车的，将被一次记多少分？（　　）
A. 1分　B. 3分　C. 2分　D. 6分

115 在图中位置停车会被记多少分？（　　）

A. 不记分　B. 1分　C. 3分　D. 2分

116 驾驶机动车有拨打、接听手持电话的行为，一次记多少分？（　　）
A. 6分　B. 3分　C. 12分　D. 9分

117 如图所示，驾驶人的这种违法行为会被记多少分？（　　）

A. 3分　B. 1分　C. 6分　D. 12分

118 驾驶机动车遇前方机动车停车排队或者缓慢行驶时，借道超车或者占用对面车道、穿插等候车辆的，将被一次记多少分？（　　）
A. 1分　B. 12分　C. 6分　D. 3分

119 驾驶机动车不按规定使用灯光，将被一次记多少分？（　　）
A. 9分　B. 6分　C. 1分　D. 3分

120 驾驶机动车不按规定会车的，将被一次记多少分？（　　）
A. 1分　B. 6分　C. 3分　D. 9分

答案
100.√　101.A　102.√　103.√　104.√　105.C　106.C　107.D　108.A　109.B　110.D　111.D　112.×　113.B　114.C　115.A　116.B　117.A　118.D　119.C　120.A

（六）审验

121 小型汽车驾驶人发生交通事故造成人员死亡，承担同等以上责任未被吊销驾驶证的，应当在记分周期结束后30日内接受审验。（ ）

122 持有小型汽车驾驶证的驾驶人，发生交通事故造成人员死亡承担同等以上责任未被吊销机动车驾驶证的，应当在本记分周期结束后三十日内到公安机关交通管理部门接受审验，同时应当申报身体条件情况。（ ）

123 持有大型客车、牵引车、城市公交车、中型客车、大型货车驾驶证的驾驶人，记分周期内有记分的，应当在记分周期结束后三十日内到公安机关交通管理部门接受审验，同时还应当申报身体条件情况。（ ）

124 驾驶证审验内容不包括以下哪一项？（ ）
A. 道路交通安全违法行为、交通事故处理情况
B. 身体条件情况
C. 道路交通安全违法行为记分及记满12分后参加学习和考试情况
D. 机动车检验情况

125 下列属于机动车驾驶证审验内容的是？（ ）
A. 身体是否有妨碍安全驾驶的疾病
B. 驾驶车辆累计里程
C. 驾驶证有效期
D. 机动车检验情况

126 以下不属于机动车驾驶证审验内容的是什么？（ ）
A. 道路交通安全违法行为、交通事故处理情况
B. 驾驶人身体条件
C. 记满12分后参加学习和考试情况
D. 驾驶车辆累计行驶里程

127 大型客车、牵引车、城市公交车、中型客车、大型货车驾驶人应当每两年提交一次身体条件证明。（ ）

128 年龄在70周岁以上的驾驶人多长时间提交一次身体条件证明？（ ）
A. 每3年   B. 每2年
C. 每6个月   D. 每1年

129 年龄在70周岁以上的机动车驾驶人，应当每年进行一次身体检查的目的是什么？（ ）
A. 体现对老年人的关心
B. 例行程序仅供参考
C. 检查是否患有老年常见病
D. 检查是否患有妨碍安全驾驶的疾病

130 年龄在50周岁以上的机动车驾驶人，应当每年进行一次身体检查，并向公安机关交通管理部门申报身体条件情况。（ ）

131 年龄在70周岁以上的机动车驾驶人，应当每年进行一次身体检查。（ ）

132 驾驶人因服兵役、出国（境）等原因无法办理审验时，延期审验期限最长不超过多长时间？（ ）
A. 3年   B. 5年   C. 1年   D. 2年

133 驾驶人因服兵役、出国（境）等原因延期审验期间不得驾驶机动车。（ ）

（七）监督管理

134 机动车驾驶人初次申请机动车驾驶证和增加准驾车型后的多长时间为实习期？（ ）
A. 6个月   B. 12个月
C. 2年   D. 3个月

135 驾驶人在实习期内驾驶机动车时，应当在车身后部粘贴或者悬挂统一式样的实习标志。（ ）

136 初次申领驾驶证的驾驶人在实习期内可以单独驾驶机动车上高速公路行驶。（ ）

137 处于实习期的驾驶人，任何情况下都不允许上高速。（ ）

138 准驾车型为C1的驾驶人，在实习期内驾驶机动车上高速公路行驶，可以由准驾车型为C2驾照3年以上的驾驶人陪同。（ ）

139 驾驶人在实习期内可以独立驾驶这辆小型客车进入高速公路行驶。（ ）

140 如图所示，驾驶这辆小型客车能否进入高速公路行驶？（ ）

答案：121.√ 122.√ 123.√ 124.D 125.A 126.D 127.× 128.D 129.D 130.× 131.√ 132.A 133.√ 134.B 135.√ 136.× 137.× 138.× 139.× 140.B

A. 由取得该车型驾驶证的驾驶人随车指导可以进入
B. 由持该车型驾驶证3年以上驾驶人陪同允许进入
C. 取得准驾该车型驾驶证的驾驶人可以独立驾驶进入
D. 在高速公路收费人员许可的前提下通过收费口进入

141 驾驶人在实习期内驾驶机动车上高速公路行驶，应由持相应或者更高准驾车型驾驶证一年以上的驾驶人陪同。（　　）

142 实习期驾驶人驾驶机动车上高速公路行驶，以下做法正确的是什么？（　　）
A. 任何情况下都不允许上高速
B. 不需要其他人员陪同
C. 需要持有相应或者更高准驾车型驾驶证三年以上的驾驶人陪同
D. 需要持有相应或者更高准驾车型驾驶证、同在实习期内的驾驶人陪同

143 驾驶人吸食或注射毒品后驾驶机动车的，一经查获，其驾驶证将被注销。（　　）

144 长期服用依赖性精神药品成瘾尚未戒除的，车辆管理所将注销其驾驶证。（　　）

145 正在执行社区戒毒、强制隔离戒毒、社区康复措施，车辆管理所将注销其驾驶证。（　　）

146 有吸食、注射毒品后驾驶车辆行为的机动车驾驶人，不会被注销驾驶证。（　　）

147 超过机动车驾驶证有效期一年以上未换证的，会受到何种处罚？（　　）
A. 注销行驶证　　B. 罚款
C. 扣留机动车　　D. 注销驾驶证

148 机动车驾驶证有效期超过一年以上未换证的，驾驶证将被注销。（　　）

149 年龄在70周岁以上，在一个记分周期结束后一年内未提交身体条件证明的，其机动车驾驶证将会被车辆管理所注销。（　　）

150 超过机动车驾驶证有效期一年以上未换证被注销，但未超过2年的，机动车驾驶人应当如何恢复驾驶资格？（　　）
A. 参加道路交通安全法律、法规和相关知识考试合格后
B. 参加场地考试合格后
C. 参加道路驾驶技能考试合格后
D. 参加安全文明驾驶常识考试合格后

151 机动车驾驶人在实习期内有记满12分记录的，注销其实习的准驾车型驾驶资格。（　　）

152 机动车驾驶人联系电话、联系地址等信息发生变化，应当在信息变更后三十日内，向驾驶证核发地车辆管理所备案。（　　）

153 持有大型客车、牵引车、城市公交车、中型客车、大型货车驾驶证的驾驶人从业单位等信息发生变化的，应当在信息变更后三十日内，向驾驶证核发地车辆管理所备案。（　　）

（八）对违法行为的处罚

154 申请人有下列哪种行为，三年内不得再次申领机动车驾驶证？（　　）
A. 实习期记满12分，注销驾驶证的
B. 申请人在考试过程中有舞弊行为的
C. 申请人以欺骗、贿赂等不正当手段取得机动车驾驶证的
D. 申请人未能在培训过程中认真练习的

155 提供虚假材料申领驾驶证的申请人会承担下列哪种法律责任？（　　）
A. 处20元以上200元以下罚款
B. 取消申领驾驶证资格
C. 1年内不得再次申领驾驶证
D. 2年内不能再次申领驾驶证

156 以欺骗、贿赂等不正当手段取得驾驶证被依法撤销驾驶许可的，多长时间不得重新申请驾驶许可？（　　）
A. 3年内　　　B. 终身
C. 1年内　　　D. 5年内

157 申请人以欺骗、贿赂等不正当手段取得机动车驾驶证的（被撤销的），申请人在多长时间内不得再次申领机动车驾驶证。（　　）
A. 6个月　　　B. 1年
C. 2年　　　　D. 3年

158 申请人在考试过程中有贿赂、舞弊行为的，取消考试资格，已经通过考试的其他科目

答案
141.× 142.C 143.√ 144.√ 145.√ 146.× 147.D 148.√ 149.√ 150.A 151.√ 152.√ 153.√ 154.C 155.C 156.A 157.D 158.√

成绩无效。（　　）

159 隐瞒有关情况或者提供虚假材料申领机动车驾驶证的，申请人在1年内不得再次申领机动车驾驶证。（　　）

160 隐瞒有关情况或者提供虚假材料申请机动车驾驶证，申请人在多少年内不得再次申领机动车驾驶证？（　　）
A. 1 年　B. 2 年　C. 3 年　D. 4 年

161 申请人在考试过程中有贿赂、舞弊行为的，申请人在多少年内不得再次申领机动车驾驶证？（　　）
A. 1 年　B. 2 年　C. 3 年　D. 4 年

162 申请人以不正当手段取得机动车驾驶证的，公安机关交通管理部门收缴机动车驾驶证，撤销机动车驾驶许可，申请人在3年内不得再次申领机动车驾驶证。（　　）

163 存在以下哪种行为的申请人在一年内不得再次申领机动车驾驶证？（　　）
A. 在考试过程中出现身体不适
B. 在考试过程中有舞弊行为
C. 不能按照教学大纲认真练习驾驶技能
D. 未参加理论培训

164 实习期内驾驶机动车未按规定粘贴、悬挂实习标志的，由公安机关交通管理部门处20元以上200元以下罚款。（　　）

165 机动车驾驶人补领机动车驾驶证后，使用原机动车驾驶证驾驶的，除由公安机关交通管理部门收回原机动车驾驶证外，还应当受到何种处罚？（　　）
A. 吊销驾驶证　　B. 拘留驾驶人
C. 警告　　　　　D. 罚款

166 机动车驾驶人补领机动车驾驶证后，使用原机动车驾驶证驾驶的，除被收回原机动车驾驶证外，还会处多少元罚款？（　　）
A. 1000 元以上 2000 以下
B. 200 元以上 500 以下
C. 20 元以上 200 以下
D. 200 元以上 2000 以下

167 驾驶人在实习期内单独驾驶机动车上高速公路行驶，会受到什么处罚？（　　）
A. 20 元以上 200 元以下罚款
B. 记 3 分
C. 记 6 分
D. 吊销驾驶证

168 机动车驾驶人逾期不参加审验仍驾驶机动车的，会受到什么处罚？（　　）
A. 20 元以上 200 元以下
B. 吊销驾驶证
C. 1000 元以上 2000 以下
D. 200 元以上 500 元以下

169 机动车驾驶人补领机动车驾驶证后，继续使用原机动车驾驶证的，处20元以上200元以下罚款。（　　）

170 持有大型客车、牵引车、城市公交车、中型客车、大型货车驾驶证的驾驶人联系电话、从业单位等信息发生变化未及时申报变更信息的，公安机关交通管理部门处二十元以上二百元以下罚款。（　　）

171 伪造、变造或者使用伪造、变造驾驶证的驾驶人构成犯罪的，将依法追究刑事责任。（　　）

二　驾驶人管理规定

172 驾驶机动车应当随身携带哪种证件？（　　）
A. 职业资格证　　B. 身份证
C. 驾驶证　　　　D. 工作证

173 驾驶人要按照驾驶证载明的准驾车型驾驶车辆。（　　）

174 驾驶机动车上路前应当检查车辆安全技术性能。（　　）

175 不得驾驶具有安全隐患的机动车上道路行驶。（　　）

176 服用国家管制的精神药品可以短途驾驶机动车。（　　）

177 饮酒后只要不影响驾驶操作可以短距离驾驶机动车。（　　）

178 驾驶人在下列哪种情况下不能驾驶机动车？（　　）
A. 饮酒后　　　　B. 喝茶后
C. 喝咖啡后　　　D. 喝牛奶后

179 在几年内无累积记分的机动车驾驶人，可以延长机动车驾驶证的审验期？（　　）
A. 6 年　B. 1 年　C. 2 年　D. 5 年

答案：159.√ 160.A 161.√ 162.√ 163.B 164.√ 165.D 166.C 167.A 168.D 169.√ 170.√ 171.√ 172.C 173.√ 174.√ 175.√ 176.× 177.× 178.A 179.B

180 学员在学习驾驶中有道路交通安全违法行为或者造成交通事故的，由谁承担责任？（ ）
   A. 学员　　　　　B. 教练员
   C. 学员和教练员　D. 学员或教练员

181 机动车驾驶人初次申领驾驶证后的实习期是多长时间？（ ）
   A. 18 个月　　　　B. 16 个月
   C. 12 个月　　　　D. 6 个月

182 在实习期内驾驶机动车的，应当在车身后部粘贴或者悬挂哪种标志？（ ）
   A. 注意避让标志
   B. 注意新手标志
   C. 统一式样的实习标志
   D. 注意车距标志

183 机动车驾驶人在实习期内驾驶机动车不得牵引挂车。（ ）

184 公安交通管理部门对驾驶人的交通违法行为除依法给予行政处罚外，实行下列哪种制度？（ ）
   A. 违法登记制度　B. 奖励里程制度
   C. 强制报废制度　D. 累积记分制度

185 记分满 12 分的驾驶人拒不参加学习和考试的将被公告驾驶证停止使用。（ ）

186 持小型汽车驾驶证的驾驶人在下列哪种情况下需要接受审验？（ ）
   A. 一个记分周期末
   B. 有效期满换发驾驶证时
   C. 记分周期未满分
   D. 记分周期满 12 分

187 驾驶人出现下列哪种情况，不得驾驶机动车？（ ）
   A. 记分达到 10 分
   B. 记分达到 6 分
   C. 驾驶证丢失、损毁
   D. 驾驶证接近有效期

188 驾驶人在驾驶证丢失后 3 个月内还可以驾驶机动车。（ ）

189 驾驶证丢失后，驾驶人可以继续驾驶机动车。（ ）

190 驾驶人的驾驶证损毁后不得驾驶机动车。（ ）

191 驾驶人持超过有效期的驾驶证可以在 1 年内驾驶机动车。（ ）

192 驾驶人的机动车驾驶证被依法扣留、暂扣的情况下不得驾驶机动车。（ ）

三　机动车登记和使用规定

（一）机动车登记规定

193 申请机动车登记，只需提交车辆购置税的完税证明或者免税凭证，与机动车所有人的身份无关。（ ）

194 机动车达到国家规定的强制报废标准的不能办理注册登记。（ ）

195 已注册登记的机动车，改变车身颜色，机动车所有人不需要向登记地车辆管理所申请变更登记。（ ）

196 已注册登记的机动车，改变机动车车身颜色的应到公安交通管理部门申请变更登记。（ ）

197 已注册登记的小型载客汽车有下列哪种情形，所有人不需要办理变更登记？（ ）
   A. 机动车更换发动机
   B. 加装前后防撞装置
   C. 改变车身颜色
   D. 更换车身或者车架

198 已注册登记的机动车，机动车所有人住所在车辆管理所管辖区域内迁移或者机动车所有人姓名（单位名称）、联系方式变更的，应当向登记地车辆管理所备案。（ ）

199 发动机号码、车辆识别代号因磨损、锈蚀、事故等原因辨认不清或者损坏的，可以向登记地车辆管理所申请备案。（ ）

200 机动车所有人申请转移登记前，应当将涉及该车的道路交通安全违法行为和交通事故处理完毕。（ ）

201 机动车在抵押登记、质押备案期间不可以办理转移登记。（ ）

202 机动车所有人将机动车作为抵押物抵押的，应当向登记地车辆管理所申请抵押登记。（ ）

203 机动车所有人将机动车作为抵押物抵押的，机动车所有人应当向居住地车辆管理所申请抵押登记。（ ）

答案

180. B　181. C　182. C　183. √　184. D　185. √　186. B　187. C　188. ×　189. ×　190. √　191. ×　192. √　193. ×　194. √　195. ×　196. ×　197. B　198. √　199. ×　200. √　201. √　202. √　203. ×

204 已注册登记的机动车达到国家规定的强制报废标准的,应当向登记地车辆管理所申请注销登记。( )

205 机动车行驶证灭失、丢失,机动车所有人要向登记地车辆管理所申请补领、换领。( )

206 机动车登记证书丢失后应及时补办,避免被不法分子利用。( )

207 机动车登记证书、号牌、行驶证灭失、丢失或者损毁的,机动车所有人应当向居住地车辆管理所申请补领、换领。( )

208 机动车登记证书、号牌、行驶证灭失、丢失或者损毁的,机动车所有人应当向哪个部门申请补领、换领。( )
　A. 住地交警支队车辆管理所
　B. 驾驶证核发地车辆管理所
　C. 登记地车辆管理所
　D. 当地公安局

209 机动车号牌损毁,机动车所有人要向登记地车辆管理所申请补领、换领。( )

210 经购买、调拨、赠予等方式获得机动车后尚未注册登记的,向车辆管理所申领临时行驶车号牌后,方可临时上道路行驶。( )

211 机动车购买后尚未注册登记,需要临时上道路行驶的,可以凭什么临时上道路行驶?( )
　A. 合法来源凭证　B. 临时行驶车号牌
　C. 借用的机动车号牌　D. 法人单位证明

212 机动车购买后尚未登记,需要临时上道路行驶的,应当如何做?( )
　A. 取得临时通行牌证
　B. 带上身份证
　C. 直接上路行驶
　D. 在车窗上张贴合格证

(二)机动车使用规定

213 驾驶机动车在道路上违反道路交通安全法的行为,属于什么行为?( )
　A. 违章行为　　B. 违法行为
　C. 过失行为　　D. 违规行为

214 驾驶机动车违反道路交通安全法律法规发生交通事故属于交通违章行为。( )

215 驾驶机动车在道路上违反交通安全法规的行为属于违法行为。( )

216 驾驶机动车跨越双实线行驶属于什么行为?( )
　A. 违章行为　　B. 违法行为
　C. 过失行为　　D. 违规行为

217 下列哪种标志是驾驶机动车上路行驶应当在车上放置的标志?( )
　A. 保持车距标志　B. 提醒危险标志
　C. 检验合格标志　D. 产品合格标志

218 下列哪种证件是驾驶机动车上路行驶应当随车携带?( )
　A. 机动车保险单　B. 机动车行驶证
　C. 出厂合格证明　D. 机动车登记证

219 驾驶机动车上路行驶应当按规定悬挂号牌。( )

220 这辆在道路上行驶的机动车有下列哪种违法行为?( )

　A. 未按规定悬挂号牌
　B. 故意遮挡号牌
　C. 占用非机动车道
　D. 逆向行驶

221 驾驶这种机动车上路行驶属于什么行为?( )

　A. 违章行为　　B. 违规行为
　C. 违法行为　　D. 犯罪行为

222 驾驶这种机动车上路行驶没有违法行为。( )

答案
204.√ 205.√ 206.√ 207.× 208.C 209.√ 210.√ 211.B 212.A 213.B 214.× 215.√ 216.B 217.C 218.B 219.√ 220.B 221.C 222.×

223 驾驶这种机动车上路行驶属于违法行为。
（　　）

224 如图，请判断左侧这辆小型客车有几种违法行为？（　　）

A. 有两种违法行为　B. 有三种违法行为
C. 有四种违法行为　D. 有五种违法行为

225 请判断图中这辆黄色机动车有几种违法行为？（　　）

A. 有一种违法行为　B. 有两种违法行为
C. 有三种违法行为　D. 有四种违法行为

226 请判断图中右侧灰色机动车逆向行驶是属于什么行为？（　　）

A. 违法行为　　　B. 违规行为
C. 违章行为　　　D. 违纪行为

227 机动车参加安全技术检验的主要目的是检查车辆各项性能系数，及时消除车辆安全隐患，减少事故发生。（　　）

228 已经达到报废标准的机动车经大修后可以上路行驶。（　　）

229 拼装的机动车只要认为安全就可以上路行驶。（　　）

230 任何单位或者个人不得伪造、变造机动车登记证书、号牌、行驶证、检验合格标志、保险标志。（　　）

231 机动车喷涂、粘贴标识或者车身广告的，不得影响安全驾驶。（　　）

第二章　道路通行条件及通行规定

一　道路交通信号

（一）道路交通信号规定

1 交通信号包括交通信号灯、交通标志、交通标线和交通警察的指挥。（　　）

2 交通标志和交通标线不属于交通信号。（　　）

3 交通信号灯由红灯、绿灯和黄灯组成。（　　）

4 道路交通标线分为指示标线、警告标线、禁止标线。（　　）

5 遇到交通信号灯、交通标志或交通标线与交通警察的指挥不一致时，按照交通警察指挥行驶。（　　）

6 交通警察手势信号是所有交通信号（信号灯、标志、标线等）当中法律效力最强的一种信号。（　　）

7 在路口遇有交通信号灯和交通警察指挥不一致时，按照交通信号灯通行。（　　）

8 因交通信号指示不一致造成的违法行为，经核实后应当予以消除。（　　）

9 驾驶机动车在路口遇到这种情况如何行驶？（　　）

223.√　224.C　225.C　226.A　227.√　228.×　229.×　230.√　231.√
1.√　2.×　3.√　4.√　5.√　6.√　7.×　8.√　9.D

A. 可以向右转弯　　B. 靠右侧直行
C. 遵守交通信号灯　D. 停车等待

10 在有交通警察指挥的路口，应按照什么通行？（　　）
A. 交通信号灯　　B. 交通标志
C. 交通标线　　　D. 交通警察指挥

11 闪光警告信号灯为持续闪烁的黄灯，其作用是提示车辆、行人需要快速通过。（　　）

（二）交通信号灯及其含义

1. 机动车信号灯

12 前方路口这种信号灯亮表示什么意思？（　　）

A. 准许通行　　　B. 提醒注意
C. 路口警示　　　D. 禁止通行

13 前方路口这种信号灯亮表示什么意思？（　　）

A. 加速左转　　　B. 禁止右转
C. 路口警示　　　D. 加速直行

14 前方路口这种信号灯亮表示什么意思？（　　）

A. 路口警示　　　B. 禁止通行
C. 提醒注意　　　D. 准许通行

15 如图所示，在路口看到这种信号灯不断闪烁时，要减速或停车瞭望，确认安全后通过。（　　）

16 驾驶机动车在路口遇到这种信号灯表示什么意思？（　　）

A. 禁止右转　　　B. 路口警示
C. 准许直行　　　D. 加速通过

17 驾驶机动车在路口遇到这种信号灯禁止通行。（　　）

18 绿灯亮表示前方路口允许机动车通行。（　　）

19 驾驶机动车在路口直行遇到这种信号灯应该怎样行驶？（　　）

A. 进入路口等待　B. 左转弯行驶
C. 加速直行通过　D. 不得越过停止线

20 在路口看到这种信号灯亮时，应该怎样做才正确？（　　）

答案　10.D　11.× 　12.D　13.C　14.D　15.√　16.B　17.×　18.√　19.D　20.D

A. 在不妨碍被放行车辆、行人的情况下，可以通行
B. 在不妨碍被放行车辆、行人的情况下，可以直行
C. 在不妨碍被放行车辆、行人的情况下，可以左转
D. 在不妨碍被放行车辆、行人的情况下，可以右转

21 在路口这个位置时可以加速通过路口。（　）

22 驾驶机动车行驶到这个位置时，如果车前轮已越过停止线可以继续通过。（　）

23 遇到图中这种情况，要在停止线以外停车等待绿灯亮后再向右转弯。（　）

24 驾驶机动车在这种信号灯亮的路口，可以右转弯。（　）

25 驾驶机动车在路口遇到这种信号灯亮时，要在停止线前停车瞭望。（　）

26 驾驶机动车在路口遇到这种信号灯亮时，不能右转弯。（　）

27 驾驶机动车遇到这种信号灯，可在对面直行车前直接向左转弯。（　）

28 在路口左转弯看到这种信号灯亮时，怎样做才正确？（　）

A. 尽快从直行车前方直接向左转弯
B. 开启转向灯提示直行车辆减速让行
C. 不能妨碍被放行的直行车辆通行
D. 开启近光灯告知直行车辆停车让行

29 如图所示，驾驶机动车在路口遇到这种信号灯亮时，应当确认安全后通过。（　）

30 驾驶机动车在路口看到这种信号灯亮时，要加速通过。（　）

31 驾车直行通过路口,看到图中这种信号灯亮起时,不能减速或停车等待,必须尽快加速通过,避免出现意外。（   ）

32 驾驶机动车在前方路口不能右转弯。（   ）

33 驾驶机动车遇到这种信号灯亮时,如果已越过停止线,可以继续通行。（   ）

34 在路口看到这种信号灯亮时,怎样做才正确？（   ）

A. 在确保通行安全的情况下加速通过路口
B. 停在路口停车线以外等待下一个绿灯信号
C. 不妨碍被放行车辆、行人通行也不能右转弯
D. 不妨碍被放行车辆、行人通行可以直行通过

35 如图所示,路口遇到黄灯不断闪烁的情况时,说明是什么情况？（   ）

A. 路口禁止一切车辆通行
B. 路口发生道路交通事故
C. 路口交通管制需要清空
D. 路口交通信号暂时解除

2. 车道信号灯

36 驾驶机动车要选择绿色箭头灯亮的车道行驶。（   ）

37 遇到这种情况时怎样行驶？（   ）

A. 加速进入两侧车道行驶
B. 进入右侧车道行驶
C. 减速进入两侧车道行驶
D. 禁止车辆在两侧车道通行

38 遇到这种情况时,中间车道不允许车辆通行。（   ）

39 图中这辆红色机动车选择的行车道是正确的。（   ）

答案：31.× 32.× 33.√ 34.B 35.D 36.√ 37.D 38.√ 39.×

40 这辆红色轿车可以在该车道行驶。（　　）

41 如图所示，遇到这种有车道信号灯的路段，应该选择右侧或者左侧车道行驶。（　　）

42 如图所示，在有车道信号灯的路段，哪辆机动车行驶的车道是正确的？（　　）

A. 红色小型客车（E）行驶车道是正确的
B. 灰色小型客车（A）行驶车道是正确的
C. 黄色小型客车（B）行驶车道是正确的
D. 蓝色小型客车（C）行驶车道是正确的

43 遇到图中这种有信号灯的路段，选择哪条车道行驶才正确？（　　）

A. 选择左侧车道行驶
B. 选择中间车道行驶
C. 选择右侧车道行驶
D. 选择任一车道行驶

44 驾驶机动车不能进入红色叉形灯或者红色箭头灯亮的车道。（　　）

3. 方向指示信号灯

45 有这种信号灯的路口允许机动车如何行驶？（　　）

A. 向右转弯　　　　B. 停车等待
C. 向左转弯　　　　D. 直行通过

46 这个路口允许车辆怎样行驶？（　　）

A. 直行或向右转弯　B. 向左转弯
C. 直行或向左转弯　D. 向左、向右转弯

47 这个路口允许车辆怎样行驶？（　　）

A. 直行或向右转弯　B. 向右转弯
C. 向左转弯　　　　D. 直行

48 这个路口允许车辆怎样行驶？（　　）

A. 直行　　　　　　B. 向右转弯
C. 向左转弯　　　　D. 直行或向左转弯

49 遇到图中这种情况时，应该如何驾驶？（　　）

A. 直行通过路口
B. 向左转弯通过路口
C. 向右转弯通过路口

D. 在路口掉头行驶

50 驾驶机动车在这种情况下不能左转弯。（　　）

51 在路口直行看到图中这种情况，要在停止线外停车等待对面直行车通过后再起步。（　　）

52 驾驶机动车在这种情况下可以右转弯。（　　）

53 如图所示，驾驶机动车在这种情况下不可以左转弯。（　　）

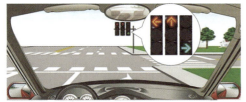

54 驾驶机动车在这种情况下不能直行和左转弯。（　　）

55 如图所示，驾驶机动车在这种情况下可以右转弯。（　　）

4. 闪光警告信号灯

56 驾驶机动车遇到这种信号灯不断闪烁时怎样行驶？（　　）

A. 尽快加速通过
B. 靠边停车等待
C. 注意瞭望安全通过
D. 紧急制动

57 如图所示，在路口直行看到这种信号灯亮时，要尽快加速通过路口，不得停车等待。（　　）

58 遇到这种情况的路口怎样通过？（　　）

A. 确认安全后通过　　B. 右转弯加速通过
C. 加速直行通过　　　D. 左转弯加速通过

59 如图，看到路边有一个黄灯在闪烁时，正确的做法是什么？（　　）

A. 只要没有行人横过就可以加速通过
B. 提前减速观察确认是否能安全通过
C. 鸣喇叭告知两边的行人和非机动车
D. 如果来不及减速就直接按常速通过

60 路口黄灯持续闪烁，警示驾驶人要注意瞭望，确认安全通过。（　　）

61 黄灯持续闪烁,表示机动车可以加速通过。
（　）

62 黄色闪光警告信号灯持续闪烁,表示机动车可以在确认安全后通过。（　）

5. 道路与铁路平面交叉道口信号灯

63 驾驶机动车在铁路道口看到这种信号灯时怎样行驶?（　）

A. 在火车到来前通过
B. 不得越过停止线
C. 边观察边缓慢通过
D. 不换挡加速通过

64 在铁路道口遇到两个红灯交替闪烁时要停车等待。（　）

65 在道路与铁路道口遇到一个红灯亮时要尽快通过道口。（　）

（三）交通标志及其含义

1. 警告标志

66 警告标志是警告机动车驾驶人前方有危险,需谨慎通过。（　）

67 请判断这是一个什么标志?（　）

A. 警告标志　　　B. 禁令标志
C. 指示标志　　　D. 指路标志

68 这个标志是何含义?（　）

A. 十字交叉路口　B. 环行交叉路口
C. T形交叉路口　D. Y形交叉路口

69 这个标志是何含义?（　）

A. Y形交叉路口　B. T形交叉路口
C. 十字交叉路口　D. 环行交叉路口

70 这个标志是何含义?（　）

A. 向右急转弯　　B. 向右绕行
C. 连续弯路　　　D. 向左急转弯

71 这个标志是何含义?（　）

A. 向左绕行　　　B. 连续弯路
C. 向左急转弯　　D. 向右急转弯

72 这个标志是何含义?（　）

A. 下陡坡　　　　B. 连续上坡
C. 上陡坡　　　　D. 堤坝路

73 这个标志是何含义?（　）

A. 堤坝路　　　　B. 上陡坡
C. 连续上坡　　　D. 下陡坡

74 这个标志是何含义?（　）

A. 连续下坡　　　B. 下陡坡
C. 上陡坡　　　　D. 连续上坡

答案　61.× 62.√ 63.B 64.√ 65.× 66.√ 67.A 68.A 69.B 70.A 71.C 72.C 73.D 74.A

75 这个标志是何含义？ （ ）

A. 左侧变窄　　B. 窄桥
C. 窄路　　　　D. 右侧变窄

76 这个标志是何含义？ （ ）

A. 减速让行　　B. 潮汐车道
C. 分离式道路　D. 双向交通

77 这个标志是何含义？ （ ）

A. 注意行人　　B. 注意儿童
C. 学校区域　　D. 人行横道

78 这个标志是何含义？ （ ）

A. 学校区域　　B. 注意儿童
C. 人行横道　　D. 注意行人

79 这个标志是何含义？ （ ）

A. 注意牲畜　　B. 注意野生动物
C. 野生动物保护区　D. 大型畜牧场

80 这个标志是何含义？ （ ）

A. 注意野生动物　B. 注意牲畜
C. 动物公园　　D. 开放的牧区

81 这个标志是何含义？ （ ）

A. 人行横道灯　B. 注意行人
C. 注意信号灯　D. 交叉路口

82 这个标志是何含义？ （ ）

A. 傍山险路　　B. 悬崖路段
C. 注意落石　　D. 危险路段

83 这个标志是何含义？ （ ）

A. 隧道入口　　B. 气象台
C. 注意横风　　D. 风向标

84 这个标志是何含义？ （ ）

A. 易滑路段　　B. 急转弯路
C. 试车路段　　D. 曲线路段

85 这个标志是何含义？ （ ）

A. 堤坝路　　　B. 傍山险路
C. 落石路　　　D. 临崖路

86 这个标志是何含义？ （ ）

A. 堤坝路　　　B. 临崖路
C. 傍水路　　　D. 易滑路

87 这个标志是何含义？ （ ）

A. 注意行人　　B. 有人行横道
C. 村庄或集镇　D. 有小学校

88 这个标志是何含义？ （ ）

A. 水渠　　　　B. 桥梁
C. 隧道　　　　D. 涵洞

89 这个标志是何含义？ （ ）

答案　75.B　76.D　77.A　78.B　79.A　80.A　81.C　82.C　83.C　84.A　85.B　86.A　87.C　88.C　89.B

A. 漫水桥　　　　B. 渡口
C. 船用码头　　　D. 过水路面

90 这个标志是何含义？　　　　（　）

A. 驼峰桥　　　　B. 路面高突
C. 路面低洼　　　D. 不平路面

91 这个标志是何含义？　　　　（　）

A. 路面低洼　　　B. 驼峰桥
C. 路面不平　　　D. 路面高突

92 这个标志是何含义？　　　　（　）

A. 路面不平　　　B. 路面高突
C. 路面低洼　　　D. 驼峰桥

93 这个标志是何含义？　　　　（　）

A. 路面不平　　　B. 路面低洼
C. 路面高突　　　D. 有驼峰桥

94 这个标志是何含义？　　　　（　）

A. 泥泞道路　　　B. 低洼路面
C. 过水路面　　　D. 渡口

95 这个标志是何含义？　　　　（　）

A. 有人看守铁路道口
B. 多股铁路与道路相交
C. 立交式的铁路道口
D. 无人看守铁路道口

96 这个标志是何含义？　　　　（　）

A. 注意长时鸣喇叭
B. 无人看守铁路道口
C. 有人看守铁路道口
D. 多股铁路与道路相交

97 这个标志是何含义？　　　　（　）

A. 有人看守铁路道口
B. 无人看守铁路道口
C. 多股铁路与道路相交
D. 注意避让火车

98 这个标志是何含义？　　　　（　）

A. 距无人看守铁路道口 100 米
B. 距有人看守铁路道口 100 米
C. 距无人看守铁路道口 50 米
D. 距有人看守铁路道口 50 米

99 这个标志是何含义？　　　　（　）

A. 距有人看守铁路道口 50 米
B. 距无人看守铁路道口 100 米
C. 距有人看守铁路道口 100 米
D. 距无人看守铁路道口 50 米

100 这个标志是何含义？　　　　（　）

A. 距无人看守铁路道口 150 米
B. 距无人看守铁路道口 100 米
C. 距有人看守铁路道口 100 米
D. 距有人看守铁路道口 150 米

101 这个标志是何含义？　　　　（　）

答案　90.A　91.C　92.B　93.B　94.C　95.A　96.B　97.C　98.C　99.B　100.A　101.D

A. 非机动车道 B. 避让非机动车
C. 禁止非机动车通行 D. 注意非机动车
102 这个标志是何含义？ （　）

A. 残疾人出入口 B. 注意残疾人
C. 残疾人休息处 D. 残疾人专用通道
103 这个标志是何含义？ （　）

A. 事故易发路段 B. 施工路段
C. 减速慢行路段 D. 拥堵路段
104 这个标志是何含义？ （　）

A. 车多路段 B. 慢行
C. 拥堵路段 D. 施工路段
105 这个标志是何含义？ （　）

A. 施工路段绕行 B. 双向交通
C. 左右绕行 D. 注意危险
106 这个标志是何含义？ （　）

A. 注意危险 B. 右侧绕行
C. 左侧绕行 D. 单向通行
107 这个标志是何含义？ （　）

A. 右侧绕行 B. 单向通行
C. 注意危险 D. 左侧绕行
108 这个标志是何含义？ （　）

A. 减速慢行 B. 注意危险
C. 拥堵路段 D. 事故多发路段
109 这个标志是何含义？ （　）

A. 塌方路段 B. 施工路段
C. 前方工厂 D. 道路堵塞
110 这个标志是何含义？ （　）

A. 最高速度 B. 限制速度
C. 建议速度 D. 最低速度
111 这个标志是何含义？ （　）

A. 隧道减速 B. 隧道开远光灯
C. 隧道开灯 D. 隧道开示宽灯
112 这个标志是何含义？ （　）

A. 注意双向行驶 B. 靠两侧行驶
C. 注意潮汐车道 D. 可变车道
113 潮汐车道是可变车道，会根据早晚车流量，调整车道行驶方向。

114 这个标志是何含义？ （　）

A. 两侧变窄路段 B. 车速测试路段
C. 车距确认路段 D. 注意保持车距
115 这个标志是何含义？ （　）

A. 平面交叉路口 B. 环行平面交叉
C. 注意交互式道路 D. 注意分离式道路
116 这个标志是何含义？ （　）

答案 102.B 103.A 104.B 105.C 106.C 107.A 108.B 109.C 110.B 111.C 112.C 113.√ 114.D 115.D 116.D

A. Y 形交叉口　　　　B. 主路让行
C. 注意分流　　　　　D. 注意合流

117 这个标志是何含义？　　　　（　）

A. 避险车道　　　　　B. 应急车道
C. 路肩　　　　　　　D. 急弯道

118 这个标志是何含义？　　　　（　）

A. 提醒车辆驾驶人前方有两个及以上的连续上坡路段
B. 提醒车辆驾驶人前方有向上的陡坡路段
C. 提醒车辆驾驶人前方有向下的陡坡路段
D. 提醒车辆驾驶人前方有两个及以上的连续下坡路段

119 这个标志是何含义？　　　　（　）

A. 提醒车辆驾驶人前方道路沿水库、湖泊、河流
B. 提醒车辆驾驶人前方有向上的陡坡路段
C. 提醒车辆驾驶人前方有向下的陡坡路段
D. 提醒车辆驾驶人前方有两个及以上的连续上坡路段

120 这个标志是何含义？　　　　（　）

A. 提醒车辆驾驶人前方道路沿水库、湖泊、河流
B. 提醒车辆驾驶人前方有向上的陡坡路段
C. 提醒车辆驾驶人前方有两个及以上的连续上坡路段
D. 提醒车辆驾驶人前方有向下的陡坡路段

121 这是什么交通标志？　　　　（　）

A. 两侧变窄　　　　　B. 右侧变窄
C. 左侧变窄　　　　　D. 桥面变窄

122 这是什么交通标志？　　　　（　）

A. 两侧变窄　　　　　B. 右侧变窄
C. 左侧变窄　　　　　D. 桥面变窄

123 这是什么交通标志？　　　　（　）

A. 两侧变窄　　　　　B. 右侧变窄
C. 左侧变窄　　　　　D. 桥面变窄

124 这是什么交通标志？　　　　（　）

A. 易滑路段　　　　　B. 急转弯路
C. 反向弯路　　　　　D. 连续弯路

125 这是什么交通标志？　　　　（　）

A. 易滑路段　　　　　B. 急转弯路
C. 反向弯路　　　　　D. 连续弯路

126 这属于哪一种标志？　　　　（　）

A. 警告标志　　　　　B. 指路标志
C. 指示标志　　　　　D. 禁令标志

127 这个标志是什么意思？　　　（　）

A. 前方路口不能右转
B. 前方路口不能直行
C. 前方是十字路口
D. 前方路口不能左转

128 这个标志是什么意思？　　　（　）

答案：117.A　118.D　119.C　120.B　121.C　122.B　123.A　124.D　125.C　126.A　127.B　128.A

A. 前方路口不能右转
B. 前方路口不能直行
C. 前方是十字路口
D. 前方路口不能左转

129 这个标志是什么意思？　　　（　）

A. 前方路口不能右转
B. 前方路口不能直行
C. 前方是十字路口
D. 前方路口不能左转

130 这个标志的含义是告示前方是塌方路段，车辆应绕道行驶。　　　（　）

131 这个标志的含义是告示前方道路是单向通行路段。　　　（　）

132 这个标志的含义是告示前方道路有障碍物，车辆左侧绕行。　　　（　）

133 这个标志的含义是告示前方道路施工，车辆左右绕行。　　　（　）

134 这个标志的含义是告示前方是拥堵路段，注意减速慢行。　　　（　）

135 这个标志的含义是提醒车辆驾驶人前方是非机动车道。　　　（　）

136 这个标志的含义是提醒车辆驾驶人前方是无人看守铁路道口。　　　（　）

137 这个标志的含义是提醒车辆驾驶人前方是无人看守铁路道口。　　　（　）

138 这个标志的含义是提醒车辆驾驶人前方是过水路面或漫水桥路段。　　　（　）

139 这个标志的含义是提醒车辆驾驶人前方路面颠簸或有桥头跳车现象。　　　（　）

140 这个标志的含义是提醒车辆驾驶人前方是桥头跳车较严重的路段。　　　（　）

141 这个标志的含义是提醒车辆驾驶人前方是车辆渡口。　　　（　）

142 这个标志的含义是提醒车辆驾驶人前方是单向行驶并且照明不好的涵洞。　　　（　）

143 这个标志的含义是提醒车辆驾驶人前方路段通过村庄或集镇。　　　（　）

144 这个标志的含义是提醒车辆驾驶人前方是堤坝路段。　　　（　）

答案：129.D 130.× 131.× 132.√ 133.√ 134.× 135.× 136.√ 137.× 138.√ 139.√ 140.× 141.√ 142.× 143.√ 144.×

145 这个标志的含义是提醒车辆驾驶人前方是急转弯路段。（ ）

146 这个标志的含义是提醒车辆驾驶人前方有很强的侧向风。（ ）

147 这个标志的含义是提醒车辆驾驶人前方是傍山险路路段。（ ）

148 这个标志的含义是警告车辆驾驶人注意前方设有信号灯。（ ）

149 这个标志的含义是警告车辆驾驶人前方是学校区域。（ ）

150 这个标志的含义是警告车辆驾驶人前方是人行横道。（ ）

151 这个标志的含义是提醒前方道路变为不分离双向行驶路段。（ ）

152 这个标志的含义是提醒前方两侧行车道或路面变窄。（ ）

153 这个标志的含义是提醒前方左侧行车道或路面变窄。（ ）

154 这个标志的含义是提醒前方右侧行车道或路面变窄。（ ）

155 这个标志的含义是提醒前方桥面宽度变窄。（ ）

156 这个标志的含义是警告前方有两个相邻的反向转弯道路。（ ）

157 这个标志的含义是警告前方道路易滑，注意慢行。（ ）

158 这个标志的含义是警告前方出现向左的急转弯路。（ ）

159 这个标志的含义是警告前方道路有障碍物，车辆减速绕行。（ ）

160 这个标志的含义是前方即将行驶至Y形交叉路口？（ ）

161 这个标志的作用是用以警告车辆驾驶人谨慎慢行，注意横向来车。（ ）

答案：145.× 146.√ 147.× 148.√ 149.√ 150.√ 151.√ 152.× 153.√ 154.√ 155.× 156.× 157.× 158.√ 159.× 160.× 161.√

162 如图所示，这个标志设置在有人看守的铁路道口，提示驾驶人距有人看守的铁路道口的距离还有 100 米。（　　）

163 如图所示，铁路道口设置这个标志，是提示驾驶人前方路口有单股铁道。（　　）

164 看到这个标志的时候，您应该开启前照灯。（　　）

165 遇到这个标志时，您应该主动确认您与前车之间的距离。（　　）

166 这个标志是提醒注意潮汐车道。（　　）

167 图中标志提示前方道路有 Y 形交叉路口，会有横向车辆。（　　）

168 图中标志提示前方道路有环形交叉路口，前方路口可以掉头行驶。（　　）

169 图中标志提示前方道路是向右急转弯。（　　）

170 图中标志提示前方路段是易发生车辆追尾的路段。（　　）

171 这种标志的作用是警告车辆驾驶人前方有危险，谨慎通行。（　　）

172 下列哪个标志提示驾驶人下陡坡？（　　）

A. 图 1　　B. 图 2　　C. 图 3　　D. 图 4

173 下列哪个标志提示驾驶人连续弯路？（　　）

A. 图 1　　B. 图 2　　C. 图 3　　D. 图 4

174 下面哪个标志表示注意路面低洼？（　　）

A. 图 1　　B. 图 2　　C. 图 3　　D. 图 4

175 下面哪个标志表示注意驼峰桥？（　　）

A. 图 1　　B. 图 2　　C. 图 3　　D. 图 4

176 下面哪个标志表示注意路面不平？（　　）

答案
162.×　163.×　164.√　165.√　166.×　167.√　168.×　169.×　170.√　171.√　172.D　173.B　174.D　175.A　176.B

A. 图1　　B. 图2　　C. 图3　　D. 图4

177 当驾驶人看到以下标志时，需减速慢行，是因为什么？　　　　　　　　　（　　）

A. 前方车行道或路面变窄
B. 前方有弯道
C. 前方车流量较大
D. 前方有窄桥

2. 禁令标志

178 禁令标志是用以禁止和限制车辆、行人交通行为的标志。　　　　　　　（　　）

179 这属于哪一种标志？　　　　　　（　　）

A. 警告标志　　　B. 禁令标志
C. 指示标志　　　D. 指路标志

180 禁令标志的作用是什么？　　　　（　　）

A. 指示车辆行进　　B. 警告前方危险
C. 禁止或限制行为　D. 告知方向信息

181 这个标志是何含义？　　　　　　（　　）

A. 停车让行　　　B. 不准临时停车
C. 不准车辆驶入　D. 不准长时间停车

182 这个标志是何含义？　　　　　　（　　）

A. 不准让行　　　B. 会车让行
C. 减速让行　　　D. 停车让行

183 这个标志是何含义？　　　　　　（　　）

A. 会车时停车让右侧车先行
B. 右侧道路禁止车通行
C. 前方是双向通行路段
D. 会车时停车让对方车先行

184 这个标志是何含义？　　　　　　（　　）

A. 禁止通行　　　B. 减速行驶
C. 限时进入　　　D. 禁止驶入

185 这个标志提示哪种车型禁止通行？（　　）

A. 各种车辆　　　B. 小型客车
C. 中型客车　　　D. 小型货车

186 这个标志是何含义？　　　　　　（　　）

A. 禁止车辆掉头　　B. 禁止向左变道
C. 禁止向左转弯　　D. 禁止驶入左车道

187 这个标志是何含义？　　　　　　（　　）

A. 禁止驶入路口　　B. 禁止向右转弯
C. 禁止变更车道　　D. 禁止车辆掉头

188 这个标志是何含义？　　　　　　（　　）

A. 禁止向右转弯　　B. 禁止掉头
C. 禁止直行　　　　D. 禁止向左转弯

189 这个标志是何含义？　　　　　　（　　）

答案　177.A　178.√　179.B　180.C　181.A　182.C　183.D　184.A　185.B　186.C　187.B　188.C　189.C

A. 禁止在路口掉头
B. 禁止向左向右变道
C. 禁止向左向右转弯
D. 禁止车辆直行

190 这个标志是何含义？　　　　　　（　　）

A. 禁止直行和向左变道
B. 禁止直行和向左转弯
C. 允许直行和向左变道
D. 禁止直行和向右转弯

191 这个标志是何含义？　　　　　　（　　）

A. 禁止直行和向左变道
B. 禁止直行和向左转弯
C. 允许直行和向左变道
D. 禁止直行和向右转弯

192 这个标志是何含义？　　　　　　（　　）

A. 禁止变道　　　　B. 禁止左转
C. 禁止直行　　　　D. 禁止掉头

193 这个标志是何含义？　　　　　　（　　）

A. 禁止借道　　　　B. 禁止变道
C. 禁止超车　　　　D. 禁止掉头

194 这个标志是何含义？　　　　　　（　　）

A. 解除禁止超车　　B. 准许变道行驶
C. 解除禁止变道　　D. 解除禁止借道

195 这个标志是何含义？　　　　　　（　　）

A. 允许临时停车　　B. 允许长时停车
C. 禁止长时停车　　D. 禁止停放车辆

196 这个标志是何含义？　　　　　　（　　）

A. 禁止临时停车　　B. 禁止长时停车
C. 禁止停放车辆　　D. 允许长时停车

197 这个标志是何含义？　　　　　　（　　）

A. 禁止长时鸣喇叭　B. 断续鸣喇叭
C. 减速鸣喇叭　　　D. 禁止鸣喇叭

198 这个标志是何含义？　　　　　　（　　）

A. 预告宽度为 3 米　B. 限制宽度为 3 米
C. 解除 3 米限宽　　D. 限制高度为 3 米

199 这个标志是何含义？　　　　　　（　　）

A. 限制宽度为 3.5 米
B. 解除 3.5 米限高
C. 限制车距为 3.5 米
D. 限制高度为 3.5 米

200 这个标志是何含义？　　　　　　（　　）

A. 前方 40 米减速
B. 最低时速 40 公里
C. 限制 40 吨轴重
D. 限制最高时速 40 公里

201 这个标志是何含义？　　　　　　（　　）

A. 40 米减速行驶路段
B. 最低时速 40 公里
C. 最高时速 40 公里
D. 解除时速 40 公里限制

202 这个标志是何含义？　　　　（　）

A. 海关检查　　　B. 停车检查
C. 边防检查　　　D. 禁止通行

203 这个标志是何含义？　　　　（　）

A. 国界　B. 边防　C. 边界　D. 海关

204 请判断这是一个什么标志？　（　）

A. 警告标志　　　B. 禁令标志
C. 指示标志　　　D. 指路标志

205 这个标志的含义是禁止通行。（　）

206 这个标志的含义是表示车辆会车时，对方车辆应停车让行。（　）

207 这个标志的含义是告示车辆驾驶人应慢行或停车，确保干道车辆优先。（　）

208 遇到这个标志，您不可以左转，但是可以掉头。（　）

209 图中标志提示前方路段在限定的范围内，禁止一切车辆长时间停放，临时停车不受限制。（　）

210 图中标志提示前方路段禁止一切车辆驶入。（　）

211 图中标志提示前方路口只允许直行。（　）

212 图中标志提示应该注意什么？　（　）

A. 对面可能会有来车
B. 可直接驶入此路段
C. 不准驶入前方路段
D. 进入此路段要减速

213 图中标志提示应该注意什么？　（　）

A. 可以停下来装卸货物
B. 可以停下来让同行的人下车
C. 可以临时停车等待同行的人
D. 不准临时或长时停放车辆

214 这个标志是什么意思？　　　（　）

A. 进入前方路口要加速通过
B. 进入前方路口要停车观察
C. 进入前方路口要注意车辆
D. 进入前方路口要减速让行

答案　202.B　203.D　204.B　205.×　206.×　207.√　208.×　209.×　210.×　211.√　212.C　213.D　214.B

215 这个标志是什么意思？（ ）

A. 进入前方路口要注意观察
B. 进入前方路口要停车让行
C. 进入前方路口要减速让行
D. 进入前方路口要注意车辆

216 这个标志是什么意思？（ ）

A. 会车时让对向车先行
B. 会车时有优先通行权
C. 前方是会车困难路段
D. 会车对方应停车让行

217 这个标志是什么意思？（ ）

A. 前方路口只能右转
B. 前方路口只能左转
C. 前方路口只能直行
D. 前方是T形交叉路口

218 以下交通标志表示除小客车和货车外，其他车辆可以直行。（ ）

219 以下交通标志中，表示禁止一切车辆和行人通行的是？（ ）

A. 图1   B. 图2   C. 图3   D. 图4

220 下列哪个交通标志表示不能停车？（ ）

图1: 图2:

图3:  图4:

A. 图1   B. 图2   C. 图3   D. 图4

221 下列哪个标志禁止一切车辆长时间停放，临时停车不受限制。

图1: 图2: 
图3:  图4:

A. 图1   B. 图2   C. 图3   D. 图4

222 这属于哪一种标志？（ ）

A. 禁令标志   B. 指示标志
C. 指路标志   D. 警告标志

223 以下交通标志表示的含义是什么？（ ）

A. 禁止机动车驶入
B. 禁止小客车驶入
C. 禁止所有车辆驶入
D. 禁止非机动车驶入

3. 指示标志

224 指示标志的作用是什么？（ ）
A. 告知方向信息
B. 警告前方危险
C. 限制车辆、行人通行
D. 指示车辆、行人行进

答案：215.C 216.A 217.C 218.V 219.A 220.B 221.D 222.A 223.A 224.D

225 这属于哪一种标志? （　）

A. 警告标志　　　B. 禁令标志
C. 指示标志　　　D. 指路标志

226 这个标志是何含义? （　）

A. 直行车道　　　B. 只准直行
C. 单行路　　　　D. 禁止直行

227 这个标志是何含义? （　）

A. 向左转弯　　　B. 禁止直行
C. 直行车道　　　D. 单行路

228 这个标志是何含义? （　）

A. 向右转弯　　　B. 单行路
C. 只准直行　　　D. 直行车道

229 这个标志是何含义? （　）

A. 直行和向左转弯
B. 直行和向右转弯
C. 禁止直行和向右转弯
D. 只准向左和向右转弯

230 这个标志是何含义? （　）

A. 直行和向右转弯
B. 直行和向左转弯
C. 禁止直行和向左转弯
D. 只准向右和向左转弯

231 这个标志是何含义? （　）

A. 禁止向左转弯　　B. 向左和向右转弯
C. 禁止向左右转弯　D. 禁止向右转弯

232 这个标志是何含义? （　）

A. 右侧是下坡路段　B. 靠右侧道路行驶
C. 靠道路右侧停车　D. 只准向右转弯

233 这个标志是何含义? （　）

A. 靠道路左侧停车　B. 左侧是下坡路段
C. 只准向左转弯　　D. 靠左侧道路行驶

234 这个标志是何含义? （　）

A. 立体交叉直行和左转弯行驶
B. 立体交叉直行和右转弯行驶
C. 直行和左转弯行驶
D. 直行和右转弯行驶

235 这个标志是何含义? （　）

A. 直行和左转弯行驶
B. 直行和右转弯行驶
C. 立体交叉直行和右转弯行驶
D. 立体交叉直行和左转弯行驶

236 这个标志是何含义? （　）

A. 右侧通行　　　B. 左侧通行
C. 向右行驶　　　D. 环岛行驶

237 这个标志是何含义? （　）

225.C 226.B 227.A 228.A 229.B 230.B 231.B 232.B 233.D 234.D 235.C 236.D 237.D

A. 左转让行　　　　B. 直行单行路
C. 向右单行路　　　D. 向左单行路

238 这个标志是何含义？　　　　（　　）

A. 向左单行路　　　B. 向右单行路
C. 直行单行路　　　D. 右转让行

239 这个标志是何含义？　　　　（　　）

A. 靠右侧行驶　　　B. 不允许直行
C. 直行单行路　　　D. 直行车让行

240 这个标志是何含义？　　　　（　　）

A. 低速行驶　　　　B. 注意行人
C. 步行　　　　　　D. 行人先行

241 这个标志是何含义？　　　　（　　）

A. 禁止鸣高音喇叭　B. 禁止鸣低音喇叭
C. 应当鸣喇叭　　　D. 禁止鸣喇叭

242 这个标志是何含义？　　　　（　　）

A. 人行横道　　　　B. 学生通道
C. 注意行人　　　　D. 儿童通道

243 这个标志是何含义？　　　　（　　）

A. 最低限速 50 公里/小时
B. 高度限速 50 公里/小时
C. 水平高度 50 米
D. 海拔 50 米

244 图中标志提示前方道路的最高车速限制在 50 公里以下。（　　）

245 这个标志是何含义？　　　　（　　）

A. 两侧街道　　　　B. 干路先行
C. 停车让行　　　　D. 单行路

246 这个标志是何含义？　　　　（　　）

A. 停车让行　　　　B. 单行路
C. 会车先行　　　　D. 对向先行

247 这个标志是何含义？　　　　（　　）

A. 右转车道　　　　B. 掉头车道
C. 左转车道　　　　D. 分向车道

248 这个标志是何含义？　　　　（　　）

A. 右转车道　　　　B. 掉头车道
C. 左转车道　　　　D. 分向车道

249 这个标志是何含义？　　　　（　　）

A. 右转车道　　　　B. 掉头车道
C. 左转车道　　　　D. 直行车道

250 这个标志是何含义？　　　　（　　）

A. 直行和左转车道
B. 直行和辅路出口车道
C. 直行和右转合用车道
D. 分向行驶车道

答案
238.B　239.C　240.C　241.C　242.A　243.A　244.×　245.B　246.C　247.A　248.C　249.D　250.C

251 这个标志是何含义？（　　）

A. 直行和掉头合用车道
B. 直行和左转合用车道
C. 直行和右转车道
D. 分向行驶车道

252 这个标志是何含义？（　　）

A. 掉头车道　　　B. 绕行车道
C. 分向车道　　　D. 左转车道

253 这个标志是何含义？（　　）

A. 分向行驶车道
B. 掉头和左转合用车道
C. 禁止左转和掉头车道
D. 直行和左转合用车道

254 这个标志是何含义？（　　）

A. 左转行驶车道　　B. 直线行驶车道
C. 右转行驶车道　　D. 分向行驶车道

255 这个标志是何含义？（　　）

A. 大型客车专用车道
B. 公交线路专用车道
C. 快速公交系统专用车道
D. 多乘员车辆专用车道

256 这个标志是何含义？（　　）

A. 不准小型车通行　B. 只准小型车行驶
C. 机动车行驶　　　D. 禁止小型车行驶

257 这个标志是何含义？（　　）

A. 小型车车道
B. 小型车专用车道
C. 多乘员车辆专用车道
D. 机动车车道

258 这个标志是何含义？（　　）

A. 电动自行车行驶　B. 非机动车停车位
C. 非机动车停放区　D. 非机动车行驶

259 这个标志是何含义？（　　）

A. 禁止自行车通行车道
B. 非机动车车道
C. 自行车专用车道
D. 停放自行车路段

260 这个标志是何含义？（　　）

A. 大型客车专用车道
B. 多乘员专用车道
C. 公交车专用车道
D. BRT 车辆专用车道

261 这个标志是何含义？（　　）

A. 小型汽车专用车道
B. 机动车专用车道
C. 出租汽车专用车道
D. 多乘员车辆专用车道

262 这个标志是何含义？（　　）

答案 251.B　252.A　253.B　254.D　255.C　256.B　257.D　258.D　259.B　260.D　261.D　262.A

A. 掉头　　　　　B. 倒车
C. 左转　　　　　D. 绕行

263 这是一种什么标志？　　　（　）

A. 警告标志　　　B. 禁令标志
C. 指示标志　　　D. 指路标志

264 这个标志是什么意思？　　（　）

A. 不可继续直行　B. 只准继续直行
C. 处于单行路段　D. 可以优先通行

265 这属于哪一种标志？　　　（　）

A. 指路标志　　　B. 指示标志
C. 禁令标志　　　D. 警告标志

266 遇到下列哪个标志，你不需要主动让行？
（　）

A. 图1　B. 图2　C. 图3　D. 图4

267 以下哪个标志，表示干路先行？（　）

A. 图1　B. 图2　C. 图3　D. 图4

268 以下交通标志表示单行线的是哪一项？
（　）

A. 图1　B. 图2　C. 图3　D. 图4

269 下列哪个标志，指示车辆直行和右转合用车道？　　　　　　　　　　（　）

A. 图1　B. 图2　C. 图3　D. 图4

270 下列哪个标志为最低限速标志？（　）

A. 图1　B. 图2　C. 图3　D. 图4

4. 一般道路指路标志

271 这属于哪一类标志？　　　（　）

A. 指路标志　　　B. 指示标志
C. 禁令标志　　　D. 警告标志

272 指路标志的作用是什么？　（　）

A. 限制车辆通行　B. 提示限速信息
C. 提供方向信息　D. 警告前方危险

273 这个标志是何含义？　　　（　）

答案　263.C　264.B　265.B　266.D　267.D　268.D　269.A　270.B　271.A　272.C　273.B

A. 车道方向预告　　B. 交叉路口预告
C. 分道信息预告　　D. 分岔处预告

274 这个标志是何含义？　　　　（　）

A. 分道信息预告
B. 道路分岔处预告
C. 地点和距离预告
D. 十字交叉路口预告

275 这个标志是何含义？　　　　（　）

A. 丁字交叉路口预告
B. 道路分叉处预告
C. Y形交叉路口预告
D. 十字交叉路口预告

276 这个标志是何含义？　　　　（　）

A. 环行交叉路口预告
B. 十字交叉路口预告
C. Y形交叉路口预告
D. 丁字交叉路口预告

277 这个标志是何含义？　　　　（　）

A. 十字交叉路口预告
B. 互通立体交叉预告
C. Y形交叉路口预告
D. 环行交叉路口预告

278 这个标志是何含义？　　　　（　）

A. 十字交叉路口预告
B. 互通式立体交叉预告
C. Y形交叉路口预告
D. 环行交叉路口预告

279 这个标志是何含义？　　　　（　）

G 105

A. 乡道编号　　B. 县道编号
C. 省道编号　　D. 国道编号

280 这个标志是何含义？　　　　（　）

S203

A. 省道编号　　B. 国道编号
C. 县道编号　　D. 乡道编号

281 这个标志是何含义？　　　　（　）

X008

A. 省道编号　　B. 国道编号
C. 县道编号　　D. 乡道编号

282 这个标志是何含义？　　　　（　）

Y002

A. 省道编号　　B. 县道编号
C. 乡道编号　　D. 国道编号

283 这个标志是何含义？　　　　（　）

A. 地点距离　　B. 行驶路线
C. 终点地名　　D. 行驶方向

284 这个标志是何含义？　　　　（　）

A. 内部停车场　　B. 专用停车场
C. 露天停车场　　D. 室内停车场

285 这个标志是何含义？　　　　（　）

A. 专用停车场　　B. 露天停车场
C. 室内停车场　　D. 内部停车场

286 这个标志是何含义？　　　　（　）

答案
274.D　275.A　276.C　277.D　278.B　279.D　280.A　281.C　282.C　283.A　284.C
285.C　286.D

A. 露天停车场   B. 紧急停车带
C. 停车位   D. 错车道

287 这个标志是何含义？ （ ）

A. 观景台   B. 停车场
C. 休息区   D. 停车位

288 这个标志是何含义？ （ ）

A. 应急避难场所   B. 生活服务区
C. 行人专用通道   D. 横过道路设施

289 这个标志是何含义？ （ ）

A. 休息区   B. 服务区
C. 停车场   D. 观景台

290 这个标志是何含义？ （ ）

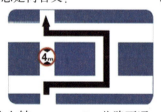

A. 禁止左转   B. 此路不通
C. 禁止通行   D. 绕行

291 这个标志是何含义？ （ ）

A. T形路口   B. 分流路口
C. 减速通行   D. 此路不通

292 这个标志是何含义？ （ ）

A. 车道数变少   B. 合流处
C. 应急车道   D. 向左变道

293 这个标志是何含义？ （ ）

A. 向右变道   B. 分流处
C. 路面变宽   D. 车道数增加

294 这个标志是何含义？ （ ）

A. 道路流量监测   B. 减速拍照区
C. 全路段抓拍   D. 交通监控设备

295 这个标志是何含义？ （ ）

A. 隧道出口距离   B. 隧道入口距离
C. 隧道跟车距离   D. 隧道总长度

296 这个标志是何含义？ （ ）

A. 线形诱导标志   B. 合流诱导标志
C. 分流诱导标志   D. 转弯诱导标志

297 这个标志是何含义？ （ ）

A. 两侧通行   B. 不准通行
C. 左侧通行   D. 右侧通行

298 这个标志是何含义？ （ ）

答案：287.A 288.A 289.A 290.D 291.D 292.A 293.D 294.D 295.A 296.A 297.A 298.B

A. 两侧通行　　　B. 右侧通行
C. 左侧通行　　　D. 不准通行

299 这个标志是何含义？（　）

A. 两侧通行　　　B. 右侧通行
C. 左侧通行　　　D. 不准通行

300 这个标志的含义是指示此处设有室内停车场。（　）

301 这个标志的含义是指示此处设有室内停车场。（　）

302 请判断这是一个什么标志？（　）

A. 警告标志　　　B. 禁令标志
C. 指示标志　　　D. 指路标志

303 下列哪个标志表示一般道路车道数变少？（　）

A. 图1　B. 图2　C. 图3　D. 图4

5. 高速公路、城市快速路指路标志

304 这个标志是何含义？（　）

A. 高速公路入口预告
B. 高速公路终点预告
C. 高速公路起点预告
D. 高速公路出口预告

305 这个标志是何含义？（　）

A. 高速公路右侧出口预告
B. 高速公路下一出口预告
C. 高速公路地点、方向预告
D. 高速公路左侧出口预告

306 这个标志是何含义？（　）

A. 高速公路终点地名预告
B. 高速公路行驶路线预告
C. 高速公路行驶方向预告
D. 高速公路地点距离预告

307 这个标志是何含义？（　）

A. 高速公路里程编号
B. 高速公路界牌编号
C. 高速公路命名编号
D. 高速公路路段编号

308 这个标志是何含义？（　）

A. 高速公路左侧出口预告
B. 高速公路目的地预告
C. 高速公路右侧出口预告
D. 高速公路下一出口预告

309 这个标志是何含义？（　）

A. 高速公路右侧出口预告
B. 高速公路目的地预告

299.C　300.√　301.×　302.D　303.B　304.A　305.C　306.D　307.C　308.D　309.A

C. 高速公路左侧出口预告
D. 高速公路下一出口预告

310 这个标志是何含义？ （ ）

A. 高速公路下一出口预告
B. 高速公路右侧出口预告
C. 高速公路左侧出口预告
D. 高速公路目的地预告

311 这个标志是何含义？ （ ）

A. 高速公路出口 B. 高速公路起点
C. 高速公路入口 D. 高速公路终点

312 这个标志是何含义？ （ ）

A. 高速公路出口预告
B. 高速公路入口预告
C. 高速公路终点预告
D. 高速公路起点预告

313 这个标志是何含义？ （ ）

A. 高速公路救援电话号码
B. 高速公路服务电话号码
C. 高速公路报警电话号码
D. 高速公路交通广播频率

314 这个标志是何含义？ （ ）

A. 停车领卡 B. 停车缴费
C. ETC 通道 D. 停车检查

315 这个标志是何含义？ （ ）

A. 高速公路收费处
B. 高速公路检查站
C. 设有 ETC 的收费站
D. 高速公路领卡处

316 这个标志是何含义？ （ ）

A. 高速公路缴费车道
B. 高速公路检查车道
C. 高速公路领卡车道
D. 高速公路 ETC 车道

317 这个标志是何含义？ （ ）

A. 高速公路特殊天气建议速度
B. 高速公路特殊天气最低速度
C. 高速公路特殊天气平均速度
D. 高速公路特殊天气最高速度

318 这个标志是何含义？ （ ）

A. 高速公路公用电话
B. 高速公路报警电话
C. 高速公路紧急电话
D. 高速公路救援电话

319 这个标志是何含义？ （ ）

A. 高速公路报警电话
B. 高速公路公用电话
C. 高速公路紧急电话
D. 高速公路救援电话

310.C 311.B 312.C 313.D 314.A 315.C 316.D 317.A 318.C 319.D

320 这个标志是何含义？ （ ）

A. 高速公路紧急停车带
B. 高速公路避让处所
C. 高速公路客车站
D. 高速公路停车区

321 这个标志是何含义？ （ ）

A. 高速公路客车站　　B. 高速公路休息区
C. 高速公路加油站　　D. 高速公路服务区

322 这个标志是何含义？ （ ）

A. 高速公路客车站预告
B. 高速公路避险处预告
C. 高速公路服务区预告
D. 高速公路收费站预告

323 这个标志是何含义？ （ ）

A. 高速公路停车区预告
B. 高速公路避险处预告
C. 高速公路停车场预告
D. 高速公路服务区预告

324 这个标志预告什么？ （ ）

A. 高速公路服务区预告
B. 高速公路避险处预告
C. 高速公路客车站预告
D. 高速公路停车场预告

325 下列高速公路交通标志与其含义对应的正确的一项是？ （ ）

图1

图2

高速公路起点预告　　高速公路停车场预告

图3

图4

高速公路紧急停车带　　高速公路公用电话

A. 图1　B. 图2　C. 图3　D. 图4

326 这属于哪一类标志？ （ ）

A. 指路标志　　　　B. 指示标志
C. 禁令标志　　　　D. 警告标志

6. 旅游区标志

327 这属于哪一类标志？ （ ）

A. 作业区标志　　B. 告示标志
C. 高速公路标志　D. 旅游区标志

328 这个标志是何含义？ （ ）

A. 旅游区距离　　B. 旅游区方向
C. 旅游区符号　　D. 旅游区类别

329 这个标志是何含义？ （ ）

A. 旅游区距离　　B. 旅游区类别
C. 旅游区方向　　D. 旅游区符号

330 这属于哪一种标志？ （ ）

A. 作业区标志　　B. 告示标志
C. 高速公路标志　D. 旅游区标志

320.A　321.C　322.C　323.D　324.A　325.D　326.A　327.D　328.A　329.C　330.D

331 作业区标志的作用是通告道路交通阻断、绕行等情况。（　　）

（四）交通标线及其含义

1. 指示标线

332 路中心黄色虚线属于哪一类标线？（　　）

A. 指示标线　　　　B. 禁止标线
C. 警告标志　　　　D. 辅助标线

333 指示标线的作用是什么？（　　）

A. 禁止通行　　　　B. 指示通行
C. 限制通行　　　　D. 警告提醒

334 路中白色虚线是什么标线？（　　）

A. 禁止跨越对向车道中心线
B. 限制跨越对向车道中心线
C. 单向行驶车道分界中心线
D. 可跨越同向车道中心线

335 路中黄色分界线的作用是什么？（　　）

A. 允许在左侧车道行驶
B. 分隔对向行驶的交通流
C. 分隔同向行驶的交通流
D. 禁止跨越对向行车道

336 路中两条双黄色虚线是什么标线？（　　）

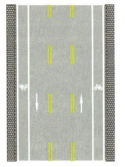

A. 双向分道线　　　B. 潮汐车道线
C. 可跨越分道线　　D. 单向分道线

337 路两侧的车行道边缘白色实线是什么含义？（　　）

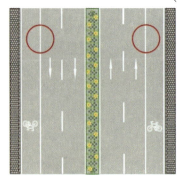

A. 车辆可临时跨越
B. 禁止车辆跨越
C. 机动车可临时跨越
D. 非机动车可临时跨越

338 路右侧车行道边缘白色虚线是什么含义？（　　）

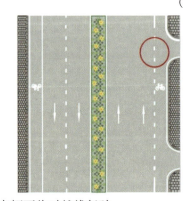

A. 车辆可临时越线行驶
B. 车辆禁止越线行驶
C. 应急车道分界线
D. 人行横道分界线

339 图中圈内两条白色虚线是什么标线？（　　）

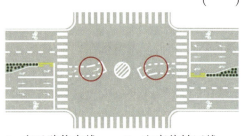

A. 交叉路停车线　　B. 左弯待转区线
C. 掉头引导线　　　D. 小型车转弯线

340 图中圈内白色虚线是什么标线？（　　）

答案　331.√　332.A　333.B　334.D　335.B　336.B　337.B　338.A　339.B　340.D

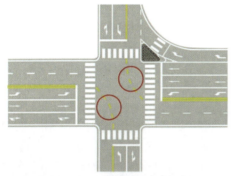

A. 小型车转弯线　　B. 车道连接线
C. 非机动车引导线　D. 路口导向线

341 图中圈内黄色虚线是什么标线？（　　）

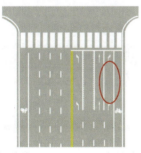

A. 非机动车引导线　B. 路口导向线
C. 车道连接线　　　D. 小型车转弯线

342 图中圈内白色实线是什么标线？（　　）

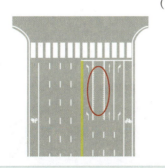

A. 导向车道线　　　B. 可变导向车道线
C. 方向引导线　　　D. 单向行驶线

343 图中圈内的锯齿状白色实线是什么标线？
（　　）

A. 导向车道线　　　B. 方向引导线
C. 可变导向车道线　D. 单向行驶线

344 图中圈内的路面标记是什么标线？（　　）

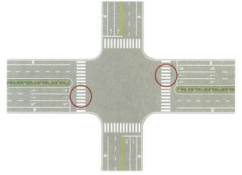

A. 人行横道线　　　B. 减速让行线
C. 停车让行线　　　D. 路口示意线

345 这个地面标记是什么标线？（　　）

A. 人行横道预告　　B. 交叉路口预告
C. 减速让行预告　　D. 停车让行预告

346 图中圈内的白色折线是什么标线？（　　）

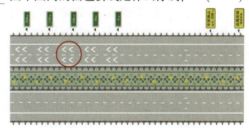

A. 车距确认线　　　B. 减速行驶线
C. 车速确认线　　　D. 路口减速线

347 图中圈内的白色半圆状标记是什么标线？
（　　）

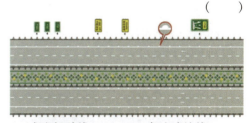

A. 减速行驶线　　　B. 车速确认线
C. 路口减速线　　　D. 车距确认线

答案：341.B　342.A　343.C　344.A　345.A　346.A　347.D

348 路面由白色虚线和三角地带标线组成的是什么标线？ （ ）

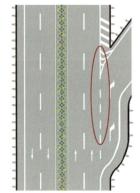

A. 道路入口标线　　B. 可跨越式分道线
C. 道路出口减速线　D. 道路出口标线

349 路面上白色虚线和三角地带标线组成的是什么标线？ （ ）

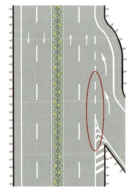

A. 道路入口标线　　B. 可跨越式分道线
C. 道路入口减速线　D. 道路出口标线

350 这种白色矩形标线框含义是什么？ （ ）

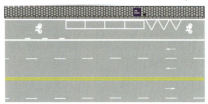

A. 出租车专用上下客停车位
B. 平行式停车位
C. 倾斜式停车位
D. 垂直式停车位

351 这种停车标线含义是什么？ （ ）

A. 专用待客停车位
B. 专用上下客停车位
C. 机动车限时停车位
D. 固定停车方向停车位

352 免费停车位的停车标线是什么颜色？（ ）
A. 蓝色　　　　　B. 红色
C. 白色　　　　　D. 黄色

353 这种白色矩形标线框含义是什么？ （ ）

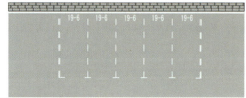

A. 长时停车位　　　B. 限时停车位
C. 免费停车位　　　D. 专用停车位

354 红色圆圈内标线含义是什么？ （ ）

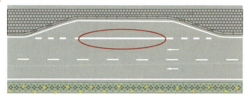

A. 临时停靠站　　　B. 港湾式停靠站
C. 应急停车带　　　D. 公交车停靠站

355 红色圆圈内标线含义是什么？ （ ）

A. 临时停靠站　　　B. 大客车停靠站
C. 公交车停靠站　　D. 应急停车带

356 这个导向箭头是何含义？ （ ）

A. 指示禁行　　　　B. 指示车道
C. 指示合流　　　　D. 指示直行

357 这个导向箭头是何含义？ （ ）

A. 指示直行或掉头
B. 指示直行或左转弯
C. 指示直行或向左变道
D. 指示向左转弯或掉头

358 这个导向箭头是何含义？（　　）

A. 指示直行或右转弯
B. 指示向右转弯或掉头
C. 指示直行或向右变道
D. 指示直行或掉头

359 这个导向箭头是何含义？（　　）

A. 指示向左变道　　B. 指示前方直行
C. 指示前方左转弯　D. 指示前方右转弯

360 这个导向箭头是何含义？（　　）

A. 指示向左变道　　B. 指示前方直行
C. 指示前方掉头　　D. 指示前方右转弯

361 这个导向箭头是何含义？（　　）

A. 指示向左变道　　B. 指示前方直行
C. 指示前方掉头　　D. 指示前方右转

362 这个导向箭头是何含义？（　　）

A. 指示前方可左转或掉头
B. 指示前方可直行或左转
C. 指示前方直行向左变道
D. 指示前方可直行或掉头

363 这个导向箭头是何含义？（　　）

A. 指示前方可直行或掉头
B. 指示前方可左转或掉头
C. 指示前方可直行或向左变道
D. 指示前方可直行或左转

364 这个导向箭头是何含义？（　　）

A. 提示前方有左弯或需向左合流
B. 提示前方有右弯或需向右合流
C. 提示前方右侧有障碍需向左合流
D. 提示前方有左弯或需向左绕行

365 路面上导向箭头是何含义？（　　）

A. 提示前方有左弯或需向左绕行
B. 提示前方有障碍需向左合流
C. 提示前方有右弯或需向右合流
D. 提示前方有左弯或需向左合流

366 路面上导向箭头是何含义？（　　）

A. 指示前方道路是Y形交叉口
B. 指示前方道路是分离式道路
C. 指示前方道路仅可左右转弯
D. 指示前方道路需向左右合流

367 这个路面数字标记是何含义？（　　）

A. 保持车距标记　　B. 最小间距标记
C. 速度限制标记　　D. 道路编号标记

358.A　359.C　360.D　361.C　362.D　363.D　364.A　365.C　366.C　367.C

368 这个路面标记是何含义？ （　）

A. 平均速度为 100 公里/小时
B. 最低限速为 100 公里/小时
C. 解除 100 公里/小时限速
D. 最高限速为 100 公里/小时

369 这个路面标记是何含义？ （　）

A. 最低限速为 80 公里/小时
B. 平均速度为 80 公里/小时
C. 最高限速为 80 公里/小时
D. 解除 80 公里/小时限速

370 这个路面标记是何含义？ （　）

A. 非机动车道　　B. 摩托车专用道
C. 电瓶车专用道　D. 自行车专用道

371 这个地面标记的含义是预告前方设有交叉路口。 （　）

372 路中心黄色虚线的含义是分隔对向交通流，在保证安全的前提下，可越线超车或转弯。 （　）

373 停车位标线为蓝色表示收费停车位。（　）

2. 禁止标线

374 禁止标线的作用是告知道路使用者道路交通的遵行、禁止、限制等特殊规定。 （　）

375 路中心的双黄实线属于哪一类标线？（　）

A. 辅助标线　　B. 警告标志
C. 禁止标线　　D. 指示标线

376 路中心双黄实线是何含义？ （　）

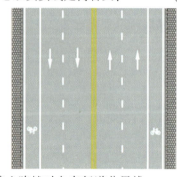

A. 禁止跨越对向车行道分界线
B. 可跨越对向车道分界线
C. 双侧可跨越同向车道分界线
D. 单向行驶车道分界线

377 路中心黄色虚实线是何含义？ （　）

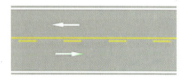

A. 虚线一侧禁止越线
B. 实线一侧禁止越线
C. 实线一侧允许越线
D. 两侧均可越线行驶

378 路中心的黄色斜线填充是何含义？（　）

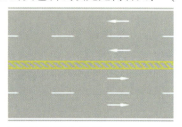

A. 单向行驶车道分界线
B. 禁止跨越对向车行道分界线

368.D 369.A 370.A 371.√ 372.× 373.√ 374.√ 375.C 376.A 377.B 378.B

C. 双侧可跨越同向车道分界线
D. 可跨越对向车道分界线

379 路中心白色实线是何含义？ （ ）

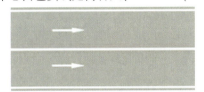

A. 单侧可跨越同向车道分界线
B. 禁止跨越同向车行道分界线
C. 双侧可跨越同向车道分界线
D. 禁止跨越对向车行道分界线

380 路缘石上的黄色虚线是何含义？ （ ）

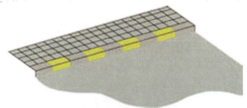

A. 禁止临时停车　　B. 禁止上下人员
C. 禁止装卸货物　　D. 禁止长时停车

381 路缘石上的黄色实线是何含义？ （ ）

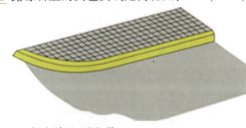

A. 仅允许上下人员
B. 仅允许装卸货物
C. 禁止长时间停车
D. 禁止停放车辆

382 图中圈内白色横实线是何含义？ （ ）

A. 待转线　　　　　B. 减速线
C. 让行线　　　　　D. 停止线

383 路口最前端的双白实线是什么含义？（ ）

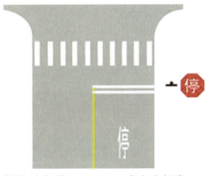

A. 停车让行线　　　B. 减速让行线
C. 左弯待转线　　　D. 等候放行线

384 路口最前端的双白虚线是什么含义？
（ ）

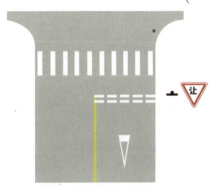

A. 等候放行线　　　B. 停车让行线
C. 减速让行线　　　D. 左弯待转线

385 图中圈内三角填充区域是什么标线？
（ ）

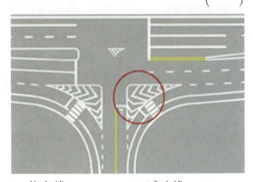

A. 停车线　　　　　B. 减速线
C. 导流线　　　　　D. 网状线

386 这个路面标记是什么标线？ （ ）

答案
379.B　380.D　381.D　382.D　383.A　384.C　385.C　386.D

A. 网状线 　　　　 B. 禁驶区
C. 导流线 　　　　 D. 中心圈

387 这个路面标记是什么标线？　　　（　　）

A. 禁驶区 　　　　 B. 网状线
C. 导流线 　　　　 D. 中心圈

388 图中路口中央黄色路面标记是什么标线？
（　　）

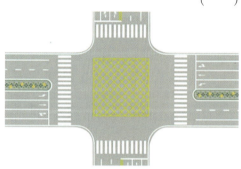

A. 中心圈 　　　　 B. 导流线
C. 网状线 　　　　 D. 停车区

389 图中圈内两条黄色虚线间的区域是何含义？
（　　）

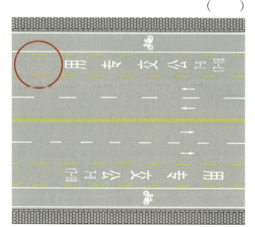

A. 营运客车专用车道
B. 大客车专用车道
C. 出租车专用车道
D. 公交专用车道

390 道路最左侧白色虚线区域是何含义？（　　）

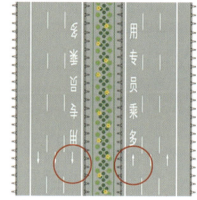

A. 多乘员车辆专用车道
B. 小型客车专用车道
C. 未载客出租车专用车道
D. 大型客车专用车道

391 路面上的黄色标记是何含义？　　（　　）

A. 禁止直行 　　　 B. 允许掉头
C. 禁止掉头 　　　 D. 禁止转弯

392 路面上的黄色标记是何含义？　　（　　）

A. 禁止掉头 　　　 B. 禁止左转
C. 禁止右转 　　　 D. 禁止直行

393 路中心的双黄实线作用是分隔对向交通流，在保证安全的前提下，可越线超车或转弯。
（　　）

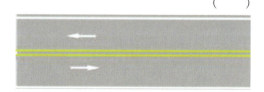

3. 警告标线

394 警告标线的作用是促使道路使用者了解道路上的特殊情况，提高警觉准备应变防范措施。
（　　）

395 路面上的黄色标线是何含义？　　（　　）

387.D 388.C 389.B 390.A 391.C 392.C 393.× 394.√ 395.A

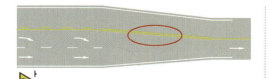

A. 路面宽度渐变标线
B. 车行道变多标线
C. 接近障碍物标线
D. 施工路段提示线

396 路面上的黄色填充标线是何含义？（　　）

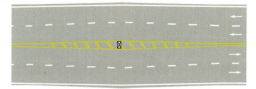

A. 接近移动障碍物标线
B. 远离狭窄路面标线
C. 接近障碍物标线
D. 接近狭窄路面标线

397 路面上的白色标线是何含义？（　　）

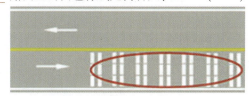

A. 道路施工提示标线
B. 车行道横向减速标线
C. 车行道纵向减速标线
D. 车道变少提示标线

398 路面上的菱形块虚线是何含义？（　　）

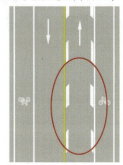

A. 道路施工提示标线
B. 车行道纵向减速标线
C. 车行道横向减速标线
D. 车道变少提示标线

399 这种黄黑相间的倾斜线条是什么标记？
（　　）

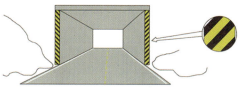

A. 实体标记　　B. 突起标记
C. 立面标记　　D. 减速标记

（五）交通警察手势信号及其含义

400 这一组交通警察手势是什么信号？（　　）

A. 右转弯信号　　B. 靠边停车信号
C. 左转弯信号　　D. 停止信号

401 这一组交通警察手势是什么信号？（　　）

A. 直行信号　　B. 转弯信号
C. 停止信号　　D. 靠边停车信号

402 这一组交通警察手势是什么信号？（　　）

A. 左转弯待转信号　　B. 靠边停车信号
C. 左转弯信号　　　　D. 右转弯信号

396.C　397.B　398.B　399.C　400.D　401.A　402.C

403 这一组交通警察手势是什么信号？（ ）

A. 左转弯待转信号　　B. 靠边停车信号
C. 减速慢行信号　　　D. 左转弯信号

404 这一组交通警察手势是什么信号？（ ）

A. 左转弯信号　　　　B. 左转弯待转信号
C. 减速慢行信号　　　D. 右转弯信号

405 这一组交通警察手势是什么信号？（ ）

A. 减速慢行信号　　　B. 靠边停车信号
C. 停止信号　　　　　D. 右转弯信号

406 这一组交通警察手势是什么信号？（ ）

A. 左转弯待转信号　　B. 靠边停车信号
C. 右转弯信号　　　　D. 减速慢行信号

407 这一组交通警察手势是什么信号？（ ）

A. 右转弯信号　　　　B. 减速慢行信号
C. 靠边停车信号　　　D. 变道信号

408 这一组交通警察手势是什么信号？（ ）

A. 右转弯信号　　　　B. 变道信号
C. 减速慢行信号　　　D. 靠边停车信号

409 请判断这是一个什么手势？（ ）

A. 不准前方车辆通行手势
B. 准许右方直行车辆通行手势
C. 准许车辆左转弯手势
D. 准许右方车辆右转弯手势

410 请判断这是一个什么手势？（ ）

答案：403.D　404.D　405.B　406.C　407.D　408.C　409.A　410.B

A. 不准前方车辆通行手势
B. 准许右方直行车辆通行手势
C. 准许车辆左转弯手势
D. 准许右方车辆右转弯手势

411 请判断这是一个什么手势？　　（　　）

A. 不准前方车辆通行手势
B. 准许右方直行车辆通行手势
C. 准许车辆左转弯手势
D. 准许右方车辆右转弯手势

412 请判断这是一个什么手势？　　（　　）

A. 不准前方车辆通行手势
B. 准许右方直行车辆通行手势
C. 准许车辆左转弯手势
D. 准许右方车辆右转弯手势

二　道路通行规定

（一）车道通行规定

413 驾驶机动车，必须遵循什么原则？（　　）
　　A. 左侧通行　　　B. 右侧通行
　　C. 内侧通行　　　D. 中间通行

414 这段道路红车所在车道是什么车道？
　　　　　　　　　　　　　　（　　）

A. 快速车道　　　B. 慢速车道
C. 应急车道　　　D. 专用车道

415 如图，这辆红色机动车行驶的车道是慢速车道。　　　　　　　　　　（　　）

416 机动车在道路上变更车道需要注意什么？
　　　　　　　　　　　　　　（　　）
A. 开启转向灯迅速向左转向
B. 进入左侧车道时适当减速
C. 不能影响其他车辆正常行驶
D. 尽快加速进入左侧车道

417 驾驶机动车变更车道时，以下做法正确的是什么？　　　　　　　　（　　）
A. 开启转向灯的同时变更车道
B. 在道路同方向划有2条以上机动车道的，不得影响相关车道内行驶的机动车的正常行驶
C. 在车辆较少路段，可以随意变更车道
D. 遇前方道路拥堵，可以向应急车道变更

418 如图所示，在这种情况下，A车可以向左变更车道。　　　　　　　　（　　）

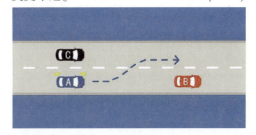

419 遇到这种情况时，要加速从红车前变更车道。　　　　　　　　　　（　　）

411.C　412.D　413.B　414.A　415.×　416.C　417.B　418.×　419.×

420 驾驶机动车在这种道路上如何通行？（ ）

A. 在道路两边通行　　B. 在道路中间通行
C. 实行分道通行　　　D. 可随意通行

421 道路没有划分机动车道、非机动车道和人行道的，以下说法正确的是什么？（ ）

A. 机动车在道路左侧通行，非机动车和行人随意通行
B. 机动车在道路左侧通行，非机动车和行人在道路两侧通行
C. 机动车在道路中间通行，非机动车和行人在道路两侧通行
D. 机动车、非机动车和行人可随意通行

422 如图所示，驾驶机动车经过这种道路时，如果前方没有其他交通参与者，可在道路上随意通行。（ ）

423 驾驶机动车在没有道路中心线的道路上行驶，应该在道路的左侧通行。（ ）

424 驾驶机动车经过无划分车道的道路时，可以随意通行。（ ）

425 驾驶机动车遇到前方道路拥堵时，可以借用无人通行的非机动车道行驶。（ ）

426 机动车、非机动车和行人实行分道行驶，是为了规范交通秩序，提高通行效率。（ ）

427 在这种情况下可以借右侧公交车道超车。（ ）

428 道路上画设这种标线的车道内允许下列哪类车辆通行？（ ）

A. 出租车　　　　　B. 公务用车
C. 公交车　　　　　D. 私家车

429 道路设专用车道的，在专用车道内，只准许规定的车辆通行。（ ）

430 其他车辆不准进入专用车道行驶，其目的是为了不影响专用车的正常通行。（ ）

431 请判断图中这辆小型客车存在什么违法行为？（ ）

A. 强行从右侧超车　B. 越黄线行驶
C. 占用专用车道　　D. 未开启右转向灯

432 如图所示，如果遇到这种情况需要超车时，可以在不影响公交车通行的前提下借公交车道超越。（ ）

433 如图所示，在城市道路上，遇到这种情况需要超车时，可以直接开启右转向灯，借公交车道行驶。（ ）

答案：420.B　421.C　422.×　423.×　424.×　425.×　426.√　427.×　428.C　429.√　430.√　431.C　432.×　433.×

434 如图所示，驾驶机动车遇前方车流行驶缓慢时，借用公交专用车道超车是正确的。
（　　）

435 专用车道规定的专用使用时间之外，其他车辆可以进入专用车道行驶。（　　）

（二）行车间距与行驶速度规定

436 机动车在没有最高限速标志的道路上行驶，以下说法正确的是什么？（　　）
A. 可以超过车辆的最高设计时速
B. 必须按照规定的最高车速行驶
C. 允许超过表明最高时速的10%
D. 不得超过标明的最高时速

437 驾驶机动车遇到沙尘、冰雹、雨、雾、结冰等气象条件如何行驶？（　　）
A. 按平常速度行驶　B. 保持匀速行驶
C. 适当提高车速　　D. 降低行驶速度

438 驾驶机动车遇到沙尘、冰雹、雨、雾、结冰等气象条件时应降低行驶速度。（　　）

439 这两辆车发生追尾的主要原因是什么？
（　　）

A. 前车采取制动时没看后视镜
B. 前车采取制动过急
C. 后车超车时距离前车太近
D. 后车未与前车保持安全距离

440 如图所示，这两辆车发生追尾的主要原因是后车未与前车保持安全距离。（　　）

441 在行驶过程中，机动车驾驶人要注意与前车保持安全距离。（　　）

442 在这条高速公路上行驶时的最高速度不能超过多少？（　　）

A. 110公里/小时　　B. 120公里/小时
C. 90公里/小时　　 D. 100公里/小时

443 驾驶机动车上道路行驶，不允许超过限速标志标明的最高时速。（　　）

444 在这段路的最高速度为每小时50公里。
（　　）

445 如图所示，在这种情况下，您应该轻踩制动踏板减速。（　　）

446 驾驶机动车在没有中心线的城市道路上，最高速度不能超过每小时50公里。（　　）

447 驾驶机动车在没有中心线的公路上，最高速度不能超过每小时70公里。（　　）

448 驾驶机动车在没有中心线的城市道路上，最高速度不能超过每小时70公里。（　　）

449 在这段城市道路上行驶的最高速度不能超过多少？（　　）

答案 434.× 435.× 436.D 437.D 438.√ 439.D 440.√ 441.√ 442.A 443.√ 444.× 445.√ 446.√ 447.× 448.× 449.B

A. 40 公里/小时　　B. 30 公里/小时
C. 50 公里/小时　　D. 70 公里/小时

450 如图所示，机动车在这样的城市道路上行驶，最高的行驶速度不得超过 50 公里/小时。（　）

451 在这条公路上行驶的最高速度不能超过多少？（　）

A. 70 公里/小时　　B. 50 公里/小时
C. 40 公里/小时　　D. 30 公里/小时

452 在这条城市道路上行驶的最高速度不能超过多少？（　）

A. 30 公里/小时　　B. 40 公里/小时
C. 50 公里/小时　　D. 70 公里/小时

453 在这条公路上行驶的最高速度不能超过多少？（　）

A. 30 公里/小时　　B. 40 公里/小时
C. 50 公里/小时　　D. 70 公里/小时

454 在这个弯道上行驶时的最高速度不能超过多少？（　）

A. 40 公里/小时　　B. 30 公里/小时
C. 50 公里/小时　　D. 70 公里/小时

455 驾驶机动车在进出非机动车道时，最高速度不能超过多少？（　）

A. 40 公里/小时　　B. 50 公里/小时
C. 60 公里/小时　　D. 30 公里/小时

456 驾驶机动车通过铁路道口时，最高速度不能超过多少？（　）

A. 15 公里/小时　　B. 20 公里/小时
C. 30 公里/小时　　D. 40 公里/小时

457 驾驶机动车通过急弯路时，最高速度不能超过多少？（　）

A. 20 公里/小时　　B. 30 公里/小时
C. 40 公里/小时　　D. 50 公里/小时

458 驾驶机动车通过路面条件较好的窄桥怎样控制车速？（　）

A. 不超过 50 公里/小时
B. 不超过 60 公里/小时
C. 不超过 40 公里/小时
D. 不超过 30 公里/小时

459 驾驶机动车通过窄路、窄桥时，最高速度不能超过多少？（　）

A. 50 公里/小时　　B. 40 公里/小时
C. 30 公里/小时　　D. 60 公里/小时

460 驾驶机动车通过窄路、窄桥时的最高速度不能超过每小时 30 公里。（　）

461 驾驶机动车下陡坡、转弯、掉头时，最高速度不能超过多少？（　）

A. 50 公里/小时　　B. 60 公里/小时
C. 30 公里/小时　　D. 40 公里/小时

462 驾驶机动车掉头、转弯、下陡坡时的最高速度不能超过每小时 40 公里。（　）

463 驾驶机动车遇雾、雨、雪等能见度在 50 米以

答案：450.× 451.C 452.C 453.D 454.B 455.D 456.C 457.B 458.D 459.C 460.√ 461.C 462.× 463.D

内时，最高速度不能超过多少？（ ）
A. 70 公里/小时   B. 50 公里/小时
C. 40 公里/小时   D. 30 公里/小时

464 驾驶机动车在冰雪道路行驶时，最高速度不能超过多少？（ ）
A. 50 公里/小时   B. 40 公里/小时
C. 30 公里/小时   D. 20 公里/小时

465 驾驶机动车在泥泞道路行驶时，最高速度不能超过多少？（ ）
A. 15 公里/小时   B. 20 公里/小时
C. 40 公里/小时   D. 30 公里/小时

466 车辆在这种条件的道路上，最高速度不能超过每小时 50 公里。（ ）

467 牵引发生故障的机动车时，最高车速不得超过多少？（ ）
A. 50 公里/小时   B. 40 公里/小时
C. 30 公里/小时   D. 20 公里/小时

468 牵引故障车时，牵引与被牵引的机动车都要开启危险报警闪光灯，最高行驶速度不得超过 60 公里/小时。（ ）

（三）交叉路口通行规定

469 驾驶机动车通过交叉路口要遵守交通信号。（ ）

470 如何通过这种交叉路口？（ ）

A. 保持速度通过   B. 鸣笛催促
C. 减速慢行   D. 加速通过

471 驾驶机动车通过没有交通信号的交叉路口怎样行驶？（ ）
A. 减速慢行   B. 加速通过
C. 大型车先行   D. 左侧车辆先行

472 驾驶机动车在没有交通信号的路口要尽快通过。（ ）

473 在这个路口左转弯选择哪条车道？（ ）

A. 最左侧车道   B. 中间车道
C. 不用变道   D. 最右侧车道

474 进入这个路口如何通行？（ ）

A. 鸣喇叭直接进入路口
B. 让已在路口内的车辆先行
C. 从路口内车辆前迅速插入
D. 开启危险报警闪光灯加速进入

475 在这个路口怎样左转弯？（ ）

A. 靠路口中心点右侧转弯
B. 靠路口中心点左侧转弯
C. 骑路口中心点转弯
D. 不能左转弯

476 驾驶机动车遇前方停止信号时，应该怎么做？（ ）
A. 路口右侧停车
B. 在停止线以内停车
C. 在停止线以外停车
D. 路口中间停车

477 在路口右转弯遇同车道前车等候放行信号时如何行驶？（ ）
A. 依次停车等候
B. 鸣喇叭让前车让路
C. 从右侧占道转弯
D. 从前车左侧转弯

478 如图所示，A 车具有优先通行权。（ ）

答案

464.C 465.D 466.× 467.C 468.× 469.√ 470.C 471.A 472.× 473.× 474.B
475.B 476.C 477.A 478.√

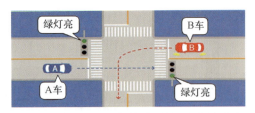

479 在下图所示的交通事故中,有关事故责任认定,正确的说法是什么? ( )

A. B 车闯红灯,所以 B 负全责
B. B 车可以右转,但不得妨碍被放行的直行车辆,所以 B 车负全责
C. 直行车辆不得妨碍右转车辆,所以 A 车负全责
D. 右侧方向的车辆具有优先通行权,所以 A 车负全责

480 在下图所示的交通事故中,有关事故责任认定,正确的说法是什么? ( )

A. B 车违反交通信号,所以 B 负全责
B. B 车不得妨碍被放行的直行车辆,所以 B 车负全责
C. 直行车辆不得妨碍左转车辆,所以 A 车负全责
D. 右侧方向的车辆具有优先通行权,所以 B 车负全责

481 在这个路口右转弯如何通行? ( )

A. 直接向右转弯
B. 抢在对面车前右转弯
C. 鸣喇叭催促
D. 先让对面车左转弯

482 在路口遇这种情形怎样通行? ( )

A. 鸣喇叭告知让行 B. 直接加速转弯
C. 减速缓慢转弯   D. 让左方来车先行

483 在路口直行时,遇这种情形如何通行? ( )

A. 开启危险报警闪光灯通行
B. 直接加速直行通过
C. 让右方道路车辆先行
D. 让左方道路车辆先行

484 如图这种情况下,遇到左侧路口有车辆直行,怎样做是正确的? ( )

A. 如果已经越过停止线就可以加速向右转弯
B. 不用考虑左侧车辆直接向右转弯
C. 只要不影响左侧车辆直行就可以向右转弯
D. 等待左侧车辆直行通过后再向右转弯

485 如图这种情况下,遇到路口对面有车辆直行,怎么做是正确的? ( )

答案 479.B 480.B 481.D 482.D 483.C 484.D 485.D

A. 如果已经越过停止线就可以加速向左转弯
B. 不用考虑对面车辆直接向左转弯
C. 只要不影响对面车辆直行就可以向左转弯
D. 等待对面车辆直行通过后再向左转弯

486 在没有交通信号指示的交叉路口，转弯的机动车让直行的车辆和行人先行。（　　）

487 在这种情况的交叉路口转弯要让直行车先行。（　　）

488 如图所示，驾驶机动车在路口前遇到这种情况时，A车具有优先通行权。（　　）

489 如图这种情况下，遇到对面车辆发出左转信号，怎样做是正确的？（　　）

A. 只要不影响对面车辆左转就可以向右转弯
B. 不要考虑对面车辆直接向右转弯
C. 等待对面车辆向左转后再向右转弯
D. 如果已经越过停止线就可以加速向右转弯

490 在交叉路口遇到这种情况享有优先通行权。（　　）

491 在交叉路口遇到这种情况享有优先通行权。（　　）

492 驾驶机动车通过未设置交通信号灯的交叉路口时，下列说法错误的是什么？（　　）
A. 转弯的机动车让直行的车辆、行人先行
B. 没有交通标志、标线控制时，在进入路口前停车瞭望，让右方道路的来车先行
C. 相对方向行驶的右转弯机动车让左转弯的车辆先行
D. 相对方向行驶的左转弯机动车让右转弯的车辆先行

493 机动车通过没有交通信号灯控制也没有交通警察指挥的交叉路口，相对方向行驶的右转弯的机动车让左转弯的车辆先行。（　　）

494 驾驶机动车遇前方交叉路口交通阻塞时，路口内无网状线的，可停在路口内等候。（　　）

495 在路口遇到这种情形时怎样做？（　　）

A. 停在网状线区域内等待
B. 停在路口以外等待
C. 跟随前车通过路口
D. 停在路口内等待

496 驾驶机动车遇有前方交叉路口交通阻塞时怎么办？（　　）
A. 可借对向车道通过
B. 依次停在路口外等候
C. 从前车两侧穿插通过
D. 进入路口内等候

497 遇到这种情况的路段，可以进入网状线区域内停车等候。（　　）

486.√ 487.√ 488.√ 489.√ 490.× 491.× 492.C 493.× 494.× 495.B 496.B 497.×

498 如图所示，驾驶机动车直行遇前方道路堵塞时，车辆可以在黄色网状线区域临时停车等待，但不得在人行横道停车。（　）

499 遇有这种排队等候的情形怎么做？（　）
   A. 从左侧跨越实线超越
   B. 从两侧随意超越
   C. 依次排队等候
   D. 从右侧借道超越

500 遇到前方车辆缓慢行驶时怎样行驶？（　）

   A. 依次排队行驶　　B. 占对向车道超越
   C. 从右侧借道超越　D. 从两侧随意超越

501 遇到图中所示车辆停车等待的情形，怎样做是正确的？（　）

   A. 穿插到红色小型客车前停车
   B. 依次在红色小型客车后停车等待
   C. 向前直行至不能继续行驶为止
   D. 鸣喇叭催促红色小型客车向前移

502 驾驶机动车遇到前方车辆停车排队等候或缓慢行驶时怎么办？（　）
   A. 可借道超车　　B. 占用对面车道
   C. 依次行驶　　　D. 穿插等候的车辆

503 驾驶机动车在车道减少的路口，遇到前方车辆依次停车或缓慢行驶时怎么办？（　）
   A. 从前车右侧路肩进入路口
   B. 从有空隙一侧进入路口
   C. 每车道一辆依次交替驶入路口
   D. 向左变道穿插进入路口

504 如图所示，驾驶机动车行驶至车道减少的路段时，遇前方机动车排队等候或行驶缓慢时，以下做法正确的是什么？（　）

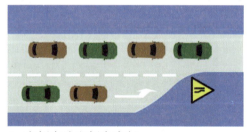

   A. 右侧车让左侧车先行
   B. 每车道一辆依次交替驶入左侧车道
   C. 左侧车让右侧车先行
   D. 右侧车寻找空隙提前进入左侧车道

505 遇前方路段车道减少，车辆行驶缓慢，为保证道路通畅，应借对向车道迅速通过。（　）

506 遇前方路段车道减少行驶缓慢，为了有序、安全，应依次交替通行。（　）

507 驾驶机动车在没有交通信号的路口遇到前方车辆缓慢行驶时要依次交替通行。（　）

508 在没有交通信号灯的路口遇停车等待时，可以临时占用对面车道，避免造成更大的拥堵。（　）

（四）铁路道口通行规定

509 驾驶机动车通过没有交通信号和管理人员的铁路道口怎样通过？（　）
   A. 适当减速通过
   B. 空挡滑行通过
   C. 停车确认安全后通过
   D. 加速尽快通过

答案：498.× 499.C 500.A 501.B 502.C 503.C 504.B 505.× 506.√ 507.√ 508.× 509.C

510 行至这种情况的铁路道口要停车观察。
（　　）

511 怎样通过这样的路口？　　　（　　）

A. 不减速通过　　　B. 加速尽快通过
C. 空挡滑行通过　　D. 减速或停车观察

512 在这种情况的铁路道口要加速通过。（　　）

（五）人行横道通行规定

513 行经这种交通标线的路段要加速行驶。
（　　）

514 驾驶机动车通过学校门口的人行横道，只要没有行人经过，就可以加速通过。（　　）

515 驶近一个设有信号灯的路口，遇到如图所示信号灯亮着，但有行人通过，应该怎么做？（　　）

A. 从行人的前方绕行通过路口
B. 在停止线以外停车等待行人通过
C. 鸣喇叭告知行人停止通过路口
D. 可从两个行人中间低速缓慢穿过

516 遇到这种情形时，应怎么办？（　　）

A. 停车让行人先行　　B. 从行人前方绕行
C. 鸣喇叭提醒行人　　D. 从行人后方绕行

517 如图所示，当越过停在人行横道前的 A 车时，B 车应减速，准备停车让行。（　　）

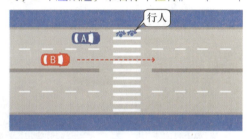

518 如图所示，机动车遇行人正在通过人行横道时，要停车让行，是因为行人享有优先通行权。（　　）

519 如图所示，在这种情况下，驾驶机动车要停车让行。（　　）

520 通过人行横道应减速慢行，遇到行人则需停车让行。（　　）

510.√　511.D　512.×　513.×　514.×　515.B　516.A　517.√　518.√　519.√　520.√

521 夜间驾驶机动车在路口遇前方绿灯亮起时，如果人行横道上仍有行人通过，应开启远光灯催促其尽快通过。（　　）

522 如图所示，驾驶机动车遇到这种情况能够加速通过，是因为人行横道没有行人通过。（　　）

523 遇到这种情形时要停车避让行人。（　　）

（六）漫水路（或漫水桥）通行规定

524 驾驶机动车通过漫水路时要加速行驶。（　　）
525 驾驶机动车遇到这种桥时首先怎样办？（　　）

A. 保持匀速通过　　B. 尽快加速通过
C. 停车察明水情　　D. 低速缓慢通过

526 如图所示，驾驶机动车遇到这种情况时，以下做法正确的是什么？（　　）

A. 应停车察明水情，确认安全后，低速通过
B. 应停车察明水情，确认安全后，快速通过
C. 应减速观察水情，然后加速行驶通过
D. 可随意通行

527 遇到一个图中所示的漫水路段时，要提前减速，谨慎慢行进入水区，在涉水路段行驶，一定要低速缓慢行驶，涉水途中禁止停车。（　　）

528 驾驶机动车行经漫水路或者漫水桥时，应当停车察明水情，快速通过。（　　）

529 行至漫水路时，应当怎样做？（　　）
A. 高速通过，减少涉水时间
B. 空挡滑行
C. 低速通过涉水路段
D. 高挡位低速通过

530 通过漫水路时要谨慎慢行，不得空挡滑行。（　　）

531 如图所示，跟车进入一段漫水路段时，怎样做才正确？（　　）

A. 如果跟车距离太近，可停车等待
B. 增加与前车的距离，谨慎跟车慢行
C. 紧跟前车，沿前车留下的痕迹行驶
D. 如果前车速度太慢，可适当鸣喇叭示意

（七）会车与超车规定

532 驾驶机动车在没有中心线的道路上遇相对方向来车时怎样行驶？（　　）
A. 紧靠路边行驶　　B. 靠路中心行驶
C. 减速靠右行驶　　D. 借非机动车道行驶

533 如图所示，在这种情况下，会车时必须减速靠右通过。（　　）

答案　521.× 522.× 523.√ 524.× 525.C 526.A 527.× 528.× 529.C 530.√ 531.B 532.C 533.√

534 如图所示,驾驶机动车遇到这种情况,不仅要控制车辆留出会车空间,而且要注意与右侧的儿童保持足够的安全距离。（ ）

535 会车中道路一侧有障碍,应该是有障碍的一方让对方先行。（ ）

536 遇到这种情况可以优先通行。（ ）

537 遇到这种情形怎样行驶？（ ）

A. 停车让对方车辆通过
B. 开启左转向灯向左行驶
C. 开前照灯告知对方让行
D. 加速超越障碍后会车

538 如图所示,在这种情形下,对方车辆具有先行权。（ ）

539 如图所示,在这起交通事故中,以下说法正确的是什么？（ ）

A. A车负全部责任　　B. B车负全部责任
C. 各负一半的责任　　D. B车负主要责任

540 山区狭窄坡路会车时,下坡的车辆先行,因为下坡速度不好控制更加危险。（ ）

541 未上坡的车辆遇到这种情况让对向下坡车先行。（ ）

542 驾驶机动车在没有道路中心线的狭窄山路怎样会车？（ ）

A. 不靠山体的一方先行
B. 靠山体的一方先行
C. 重车让空车先行
D. 速度慢的先行

543 在狭窄的山路会车,靠山体的一方视野宽阔,所以要让不靠山体的一方优先行驶。（ ）

544 夜间在道路上会车时,距离对向来车多远将远光灯改用近光灯？（ ）

A. 100 米以内　　B. 50 米以内
C. 200 米以外　　D. 150 米以外

545 夜间道路会车时,距离对向来车 100 米至 150 米时将远光灯改用近光灯？（ ）

546 夜间行驶,与对向车道车辆交会时,以下做法正确的是？（ ）

答案 534.√ 535.√ 536.× 537.A 538.√ 539.√ 540.× 541.√ 542.A 543.× 544.D 545.× 546.C

A. 保持使用远光灯
B. 远光灯与近光灯之间不断来回切换
C. 切换为近光灯
D. 关闭灯光

547 夜间驾驶机动车在窄路、窄桥会车怎样使用灯光？（　）
A. 关闭所有灯光　　B. 开启近光灯
C. 关闭前照灯　　　D. 开启远光灯

548 夜间驾驶机动车在窄路、窄桥会车时正确的做法是使用远光灯。（　）

549 如图所示，红圈中标记车辆使用灯光的方法是正确的。（　）

550 驾驶机动车在夜间超车时怎样使用灯光？（　）
A. 关闭前照灯　　B. 开启远光灯
C. 开启雾灯　　　D. 变换远、近光灯

551 驾驶机动车在道路上超车时可以不使用转向灯。（　）

552 在没有中心线的道路上发现后车发出超车信号时，如果条件许可如何行驶？（　）
A. 保持原状态行驶　B. 加速行驶
C. 降速靠右让路　　D. 迅速停车让行

553 如图，如果想超越前方这辆机动车，怎么做是正确的？（　）

A. 连续鸣喇叭提示前车
B. 从前车的左侧直接超越
C. 在条件具备时从右侧超越
D. 开启左转向灯等待让超

554 驾驶机动车超车后立即开启右转向灯驶回原车道。（　）

555 遇到这种情况下可以从右侧超车。（　）

556 驾驶机动车在道路上超车完毕驶回原车道时开启右转向灯。（　）

557 这种情况超车时，从前车的哪一侧超越？（　）

A. 左右两侧均可超越
B. 从前车的右侧超越
C. 从前车的左侧超越
D. 从无障碍一侧超越

558 驾驶机动车超车应该提前开启左转向灯、变换使用远近光灯或鸣喇叭。（　）

559 驾驶机动车在下列哪种情形下不能超越前车？（　）
A. 前车减速让行　B. 前车正在左转弯
C. 前车靠边停车　D. 前车正在右转弯

560 同车道行驶的车辆遇前车有下列哪种情形时不得超车？（　）
A. 减速让行　　B. 正常行驶
C. 正在超车　　D. 正在停车

561 同车道行驶的车辆遇前车有下列哪种情形时不得超车？（　）
A. 正在停车　　B. 减速让行
C. 正在掉头　　D. 正常行驶

562 遇到这种情况不能超车。（　）

563 驾驶机动车在隧道中超车时，应该提前开启左转向灯。（　）

答案：547.B　548.×　549.×　550.D　551.×　552.C　553.D　554.√　555.×　556.×　557.C　558.√　559.B　560.C　561.C　562.√　563.×

564 如图所示，在这种情况下不能够超车的原因是什么？ （　　）

A. 我方车速不足以超越前车
B. 前车速度过快
C. 路中心为黄线
D. 前车正在超车

565 如图所示，驾驶机动车在这种情况下，当 C 车减速让超车时，A 车应该如何行驶？ （　　）

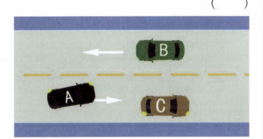

A. 放弃超越 C 车
B. 加速超越 C 车
C. 鸣喇叭示意 B 车让行后超车
D. 直接向左变更车道，迫使 B 车让行

566 预计在超车过程中与对面来车有会车可能时，应提前加速超越。 （　　）

567 同车道行驶的车辆前方遇到下列哪种车辆不得超车？ （　　）
A. 城市公交车　　B. 大型客车
C. 超载大型货车　D. 执行任务的警车

568 同车道行驶的车辆前方遇到下列哪种车辆不得超车？ （　　）
A. 大型客车　　　B. 超载大型货车
C. 执行任务的救护车　D. 小型货车

569 同车道行驶的车辆前方遇到下列哪种车辆不得超车？ （　　）
A. 执行任务的消防车　B. 大型客车
C. 中型客车　　　D. 超载大型货车

570 在道路上遇到这种情况可以从两侧超车。 （　　）

571 同车道行驶的车辆前方遇到下列哪种车辆不得超车？ （　　）
A. 大型客货车　　B. 执行任务的消防车
C. 公共汽车　　　D. 出租汽车

572 同车道行驶的车辆前方遇到下列哪种车辆不得超车？ （　　）
A. 大型客货车　　B. 出租汽车
C. 执行任务的救护车　D. 公共汽车

573 同车道行驶的车辆前方遇到下列哪种车辆不得超车？ （　　）
A. 执行任务的警车　B. 大型客货车
C. 出租汽车　　　D. 城市公交车

574 驾驶机动车行经市区下列哪种道路时不得超车？ （　　）
A. 主要街道
B. 单向行驶路段
C. 交通流量大的路段
D. 单向两条行车道

575 驾驶机动车行经下列哪种路段不得超车？ （　　）
A. 主要街道　　　B. 高架路
C. 人行横道　　　D. 环城高速

576 驾驶机动车行经下列哪种路段时不得超车？ （　　）
A. 高架路　　　　B. 交叉路口
C. 中心街道　　　D. 环城高速

577 驾驶机动车在下列哪种路段不得超车？ （　　）
A. 山区道路　　　B. 城市高架路
C. 城市快速路　　D. 窄桥、弯道

578 驾驶机动车行经城市没有列车通过的铁路道口时允许超车。 （　　）

579 驾驶机动车在隧道、陡坡等特殊路段不得超车。 （　　）

（八）倒车、掉头与停车规定

580 在以下路段不能倒车的是什么路段？ （　　）
A. 交叉路口　　　B. 隧道

答案
564.D　565.A　566.×　567.D　568.C　569.A　570.×　571.B　572.C　573.A　574.C　575.C　576.B　577.D　578.×　579.√　580.D

C. 急弯　　　　　　D. 以上皆是

581 如图所示，在这种情况下只要后方没有来车，可以倒车。（　　）

582 在后方无来车的情况下，在隧道中倒车应靠边行驶。（　　）

583 在交叉路口、隧道内均不能倒车。（　　）

584 遇到这种情况的路口，以下做法正确的是什么？（　　）

A. 沿左侧车道掉头　　B. 该路口不能掉头
C. 选择中间车道掉头　D. 在路口内掉头

585 在这个路口可以掉头。（　　）

586 如图所示，驾驶机动车在这段道路上，在不影响左侧车辆通行的前提下可以变更到左侧车道掉头。（　　）

587 在这段道路上不能掉头。（　　）

588 如图所示，在前方路口可以掉头。（　　）

589 驾驶机动车在铁路道口、桥梁、陡坡、隧道或者容易发生危险的路段不能掉头。（　　）

590 以下准许机动车掉头的地方是：（　　）
A. 铁路道口　　　　B. 人行横道
C. 隧道　　　　　　D. 环岛

591 在这段道路上，只要不影响其他车辆通行的前提下可以掉头。（　　）

592 如图所示，在这起交通事故中，以下说法正确的是什么？（　　）

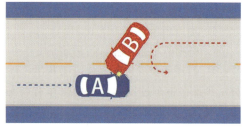

A. A车负全部责任
B. B车负全部责任
C. 都无责任，后果自行承担
D. 各负一半责任

593 驾驶机动车需要在路边停车时怎样选择停车地点？（　　）
A. 靠左侧路边逆向停放
B. 在停车泊位内停放
C. 在路边随意停放
D. 在人行道上停放

594 驾驶机动车找不到停车位时可以借人行道停放。（　　）

595 在道路上临时停车不得妨碍其他车辆和行人通行。（　　）

596 机动车在路边道路临时停车时,可以暂时并列停放。（　）

597 机动车在道路边临时停车时,不得逆向或并列停放。（　）

598 这辆小轿车不能在这个位置停车。（　）

599 这样在路边临时停放机动车有什么违法行为？（　）

A. 停车占用机动车道
B. 距离路边超过 30 厘米
C. 在有禁停标线路段停车
D. 在非机动车道停车

600 在图中所示的道路上需要停车时,怎样选择正确的停放位置？（　）

A. 选择在路边不妨碍通行的地方停放
B. 选择在标志前方安全的位置停车
C. 只要没有禁止停车标线的路段都能停车
D. 在这段道路上的任何地方都不能停车

601 这样在路边临时停放机动车有什么违法行为？（　）

A. 在人行横道上停车
B. 距离路边超过 30 厘米

C. 在有禁停标线路段停车
D. 在非机动车道停车

602 图中深色车辆在该地点临时停车是可以的。（　）

603 这个路段可以在非机动车道上临时停车。（　）

604 驾驶机动车在人行横道上临时停车属于违法行为。（　）

605 距离交叉路口 50 米以内的路段不能停车。（　）

606 驾驶机动车距离铁路道口 50 米内禁止停放车辆。（　）

607 在距这段路多少米以内的路段不能停放机动车？（　）

A. 5 米以内　　B. 10 米以内
C. 50 米以内　D. 30 米以内

608 距离桥梁、陡坡、隧道 50 米以内的路段不能停车。（　）

609 距离宽度不足 4 米的窄路 50 米以内的路段不能停车。（　）

610 驾驶机动车在隧道内行驶时,可以临时停车。（　）

611 如图所示,A 车在此处停车是可以的。（　）

答案 596.× 597.√ 598.√ 599.√ 600.D 601.A 602.× 603.× 604.√ 605.√ 606.√ 607.C 608.√ 609.√ 610.× 611.×

612 这样临时停放红色轿车有什么违法行为？（　　）

A. 距离路边超过 30 厘米
B. 在有禁停标线路段停车
C. 距离加油站不到 30 米
D. 停车占用非机动车道

613 图中标注车辆在该地点停车是可以的。（　　）

614 这样停放机动车有什么违法行为？（　　）

A. 在非机动车道停车
B. 在有禁停标志路段停车
C. 在公共汽车站停车
D. 停车占用人行道

615 如图所示，A 车在此处停车是可以的。（　　）

616 图中小型汽车的停车地点是正确的。（　　）

617 社会车辆距离消防栓或者消防队（站）门前 30 米以内的路段不能停车。（　　）

618 机动车停稳前不能开车门、上下人员。（　　）

619 打开机动车车门时，不得妨碍其他车辆和行人通行。（　　）

620 机动车驾驶人及乘车人下车时，用远离车门一侧的手开门，转头观察车辆侧方和后方通行状况，避免妨碍他人通行。（　　）

（九）车灯与喇叭使用规定

621 驾驶机动车在道路上向左变更车道时如何使用灯光？（　　）

A. 提前开启右转向灯　B. 不用开启转向灯
C. 提前开启左转向灯　D. 提前开启近光灯

622 关于驾驶机动车时转向灯的使用，以下说法正确的是什么？（　　）

A. 靠边停车时应提前开启右转向灯
B. 准备变更车道时可以不开转向灯
C. 驶离停车地点时不必开启转向灯
D. 超车完毕驶回原车道时可不开转向灯

623 下列驾驶情形中，需要使用转向灯的是？
①准备超车②路口转弯③靠边停车④变更车道（　　）

A. ①②③④　　　　　B. 只有①
C. 只有①②③　　　　D. 只有①②

624 驾驶机动车在道路上掉头时，应当提前开启左转向灯。（　　）

625 在这个位置时怎样使用灯光？（　　）

答案　612.C　613.×　614.C　615.√　616.√　617.√　618.×　619.√　620.√　621.C　622.A　623.A　624.√　625.B

A. 开启右转向灯
B. 开启左转向灯
C. 开启危险报警闪光灯
D. 开启前照灯

626 如图，请判断前方小型客车在提示什么？
（　　）

A. 准备向左转弯　　B. 前方有障碍物
C. 准备向左变道　　D. 超越前方车辆

627 进入减速车道时怎样使用灯光？（　　）

A. 开启危险报警闪光灯
B. 开启前照灯
C. 开启左转向灯
D. 开启右转向灯

628 驾驶机动车在道路上靠路边停车过程中如何使用灯光？（　　）

A. 开启危险报警闪光灯
B. 提前开启右转向灯
C. 变换使用远近光灯
D. 不用指示灯提示

629 请判断图中前面这辆小型客车在提示什么？（　　）

A. 准备直行通过路口
B. 准备向右转弯
C. 准备在路口停车
D. 准备向左转弯

630 驾驶机动车在道路上向右变更车道可以不使用转向灯。（　　）

631 驾驶机动车应在变更车道的同时开启转向灯。（　　）

632 驾驶机动车在沙尘天气条件下行车不用开启前照灯、示廓灯和后位灯。（　　）

633 驾驶机动车在雾天行车应开启雾灯、近光灯、示廓灯和后位灯，能见度较低时，还应开启危险报警闪光灯。（　　）

634 图中前方机动车存在什么违法行为？（　　）

A. 没开启信号灯　　B. 没有及时让行
C. 没开启远光灯　　D. 行驶速度缓慢

635 图中车辆存在什么违法行为？（　　）

A. 没开启远光灯　　B. 没有及时让行
C. 占用内侧车道　　D. 没开启信号灯

636 驾驶机动车在雾天行车开启雾灯和危险报警闪光灯。（　　）

637 在这种天气条件下行车如何使用灯光？（　　）

A. 使用远光灯　　B. 使用雾灯
C. 不使用灯光　　D. 开启右转向灯

638 在这种雨天跟车行驶如何使用灯光？（　　）

答案 626.C 627.D 628.B 629.B 630.× 631.× 632.× 633.√ 634.A 635.D 636.√ 637.B 638.B

A. 使用雾灯　　　　B. 不能使用远光灯
C. 不能使用近光灯　D. 使用远光灯

639 夜间尾随前车行驶时，后车可以使用远光灯。（　）

640 在这种环境中行车，应该怎样使用灯光？（　）

A. 变换远近光灯　　B. 关闭前照灯
C. 开启远光灯　　　D. 开启近光灯

641 夜间驾驶机动车在有路灯照明的路段起步，应开启远光灯。（　）

642 在这种急弯道路上行车应交替使用远近光灯。（　）

643 夜间驾驶机动车通过急弯、坡路、拱桥、人行横道时，应当交替使用远近光灯示意。（　）

644 夜间驾驶机动车驶近上坡路段时，应如何使用灯光？（　）
A. 使用危险报警闪光灯
B. 关闭远光灯
C. 交替使用远近光灯
D. 使用远光灯

645 夜间通过无交通信号灯控制的交叉路口时，不得变换远、近光灯。（　）

646 夜间驾驶机动车通过急弯路时，应交替使用远近光灯。（　）

647 夜间驾驶机动车通过人行横道时需要交替使用远近光灯。（　）

648 这种环境下通过路口如何使用灯光？（　）

A. 关闭远光灯
B. 使用危险报警闪光灯
C. 交替使用远近光灯
D. 使用远光灯

649 如图所示，夜间行车遇到这种交叉路口，不管有没有车辆和行人横过路口，都要开启远光灯提示。（　）

650 夜间驾驶机动车驶近上坡坡顶路段时，要使用远光灯。（　）

651 在这种路段如何行驶？（　）

A. 占对方道路转弯　B. 在弯道中心转弯
C. 加速鸣喇叭通过　D. 减速鸣喇叭示意

652 机动车驶进急弯、坡道顶端等影响安全视距的路段时，应当减速慢行，并鸣喇叭示意。（　）

653 驾驶机动车上坡时，在将要到达坡道顶端时要加速并鸣喇叭。（　）

（十）车辆装载牵引规定

654 如图所示，造成事故的原因是货车遗洒货物，货车负全部责任。（　）

655 如图所示，A 车货物掉落，导致 B 车与掉落货物发生碰撞，以下说法正确的是什么？（　）

639.× 640.D 641.× 642.× 643.√ 644.√ 645.× 646.√ 647.√ 648.C 649.×
650.× 651.D 652.√ 653.× 654.√ 655.B

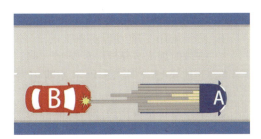

A. B 车自负责任
B. A 车负全部责任
C. 各负一半责任
D. 偶然事件，不可避免

656 机动车在公路上运载超限的不可解体的物品，只要不影响交通安全，就可以随意上路行驶。（　　）

657 使用软连接牵引装置时，牵引车与被牵引车之间应当保持多远距离？（　　）
A. 小于 0.5 米
B. 小于 4 米
C. 大于 4 米小于 10 米
D. 大于 10 米

658 牵引故障车时，牵引与被牵引的机动车，在行驶中都要开启危险报警闪光灯。（　　）

659 机动车在高速公路上发生故障，无法正常行驶，应由救援车或清障车拖曳、牵引，牵引车应开启危险报警闪光灯，被牵引的故障车无需开启灯光。（　　）

660 车辆因故障等原因需被牵引时，以下说法正确的是什么？（　　）

A. 前后车均应打开危险报警闪光灯
B. 所有车辆都应让行
C. 两车尽量快速行驶
D. 不受交通信号限制

661 车辆因故障等原因需被牵引时，以下说法正确的是什么？（　　）

A. 牵引车与被牵引车尽量快速行驶
B. 所有车辆都应让行
C. 牵引车与被牵引车都要开启危险报警闪光灯
D. 行驶过程中不受交通信号限制

（十一）驾车安全保护规定

662 这位驾驶人违反法律规定的行为是什么？（　　）

A. 没按规定握转向盘　B. 座椅角度不对
C. 没系安全带　　　　D. 驾驶姿势不正确

663 驾驶机动车在上道路行驶前驾驶人要按规定系好安全带。（　　）

664 机动车上路行驶时，前排乘车人可不系安全带。（　　）

665 驾驶机动车上路行驶，后排乘车人可不系安全带。（　　）

666 机动车行驶中，车上少年儿童可不使用安全带。（　　）

（十二）驾车安全行为规定

667 在什么情况下不得行车？（　　）
A. 车门没关好
B. 驾乘人员系好安全带
C. 顶窗没关好
D. 车窗没关好

668 在车门、车厢没有关好时不要驾驶机动车起步。（　　）

669 当后排座位没有人乘坐时，后车门未关好就起步也是可以的。（　　）

670 车辆后备箱门未关好，是可以上路行驶的。（　　）

656.× 657.C 658.√ 659.× 660.A 661.C 662.C 663.√ 664.× 665.× 666.× 667.A 668.√ 669.× 670.×

言，下坡时的熄火会使刹车系统失效
B. 对于采用了助力转向系统的车辆而言，下坡时熄火会使转向盘变重，难以控制
C. 下坡道熄火时，车辆不能使用发动机制动
D. 下坡滑行是利用坡道的位能推动汽车前进，发动机不工作，可以节油，应大力提倡

671 行驶过程中发现车门未关好，应及时关闭车门，否则车辆在转弯等激烈运动过程中会造成人员或货物被甩到车外。（　）

672 不要在驾驶室的前后窗范围内悬挂和放置妨碍驾驶人视线的物品。（　）

673 行车中在道路情况良好的条件下可以观看车载视频。（　）

674 对驾驶过程中接打手机的看法正确的是？（　）
A. 开车过程中不主动打电话，但是有重要电话打进来是可以边开车边接听手持电话的
B. 根据驾龄和驾车技术，经验丰富的驾驶人可以在驾驶过程中接打手持电话
C. 在车流量不大的道路上驾驶时，短时接听手持电话是可以的
D. 开车需要接打电话时，应该先找到安全的地方停车再操作

675 驾驶小型汽车下陡坡时允许熄火滑行。（　）

676 驾驶机动车下陡坡时不得有哪些危险行为？（　）
A. 空挡滑行　　　B. 低挡行驶
C. 制动减速　　　D. 提前减挡

677 驾驶机动车在山路行驶时，为了减少油耗，下坡时可以空挡滑行，并使用行车制动器控制速度。（　）

678 驾驶机动车下陡坡时，以下说法正确的是？（　）
A. 可以熄火
B. 可以空挡但不准熄火
C. 可以空挡
D. 不准空挡或熄火

679 下面关于下坡熄火滑行的说法错误的是？（　）
A. 对于采用真空助力刹车系统的车辆而

680 长下坡禁止挂空挡，下列原因错误的是？（　）
A. 长下坡挂低速挡可以借助发动机控制车速
B. 避免因刹车失灵发生危险
C. 长下坡空挡滑行导致车速过高时，难以抢挂低速挡控制车速
D. 下坡挂空挡，油耗容易增多

681 驾驶机动车时可以向道路上抛撒物品。（　）

682 驾驶车辆时在道路上抛撒物品，以下说法不正确的是？（　）
A. 抛撒纸张等轻质物品会阻挡驾驶人视线，分散驾驶人注意力
B. 有可能引起其他驾驶人紧急躲避等应激反应，进而引发事故
C. 破坏环境，影响环境整洁，甚至造成路面的损坏
D. 保持车内整洁，减少燃油消耗

683 驾驶人连续驾驶不得超过多长时间？（　）
A. 6 小时　　　　B. 8 小时
C. 10 小时　　　D. 4 小时

684 驾驶人连续驾驶 4 小时以上，停车休息的时间不得少于多少？（　）
A. 10 分钟　　　B. 15 分钟
C. 20 分钟　　　D. 5 分钟

685 在这段道路上一定要减少鸣喇叭的频率。（　）

答案
671.√　672.√　673.×　674.D　675.×　676.A　677.×　678.D　679.D　680.D　681.×　682.D　683.D　684.C　685.×

（十三）特种车辆通行规定

686 警车、消防车、救护车、工程救险车执行紧急任务时，耽误或影响其通行可能会导致严重后果，所以其他车辆和行人应当主动让行。（ ）

687 在这种情形中前车怎样行驶？（ ）

A. 正常行驶
B. 及时让行
C. 开启危险报警闪光灯行驶
D. 不得变更车道

688 如图所示，当 A 车后方有执行任务的救护车驶来时，以下做法正确的是什么？（ ）

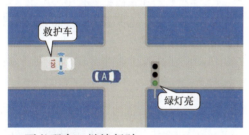

A. 不必理会，继续行驶
B. 靠右减速让路
C. 向左转弯让路
D. 立即停车让路

689 行车中遇到执行紧急任务的消防车、救护车、工程救险车时要及时让行。（ ）

690 驾驶机动车遇到后方有执行紧急任务的特种车辆时，可以借用无人通行的非机动车道让行。（ ）

691 因避让特种车辆而发生违法行为，被电子警察拍到时，可向交管部门复议。（ ）

692 避让特种车辆使其顺利通过后，车辆应有序回到原车道继续行驶，不要尾随特种车辆，以免发生交通事故。（ ）

（十四）道路养护通行规定

693 行车中遇到正在进行作业的道路养护车辆、工程作业车时要注意避让。（ ）

694 如图所示，驾驶机动车遇到这种情况时，A 车应当注意避让。（ ）

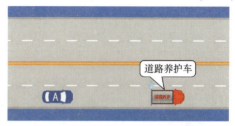

695 如图所示，驾驶过程中遇到这种情况时，A 车可以长鸣喇叭提醒道路养护车辆暂停喷水。（ ）

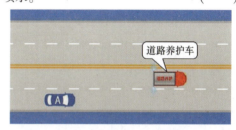

696 驾驶机动车行驶过程中，遇道路养护车辆从本车道逆向驶来时，以下做法正确的是什么？（ ）

A. 靠边减速或停车让行
B. 在原车道继续行驶
C. 占用非机动车道行驶
D. 鸣喇叭示意其让道

697 驾驶机动车遇到前方低速行驶的洒水车作业时，以下做法错误的是什么？（ ）

A. 注意避让
B. 若洒水车有指示箭头，在确保安全的情况下按箭头指示方向变更车道
C. 若洒水车无指示箭头，在确保安全的情况下选择合适的车道变更
D. 通过洒水车时应急加速通过

（十五）车辆故障处置规定

698 机动车在道路上发生故障，需要停车排除时，驾驶人应该怎么办？（ ）

A. 将车停在道路中间
B. 将车停到不妨碍交通的地方

答案 686.√ 687.B 688.B 689.√ 690.√ 691.√ 692.√ 693.√ 694.√ 695.× 696.A 697.D 698.B

C. 开启近光灯或雾灯
D. 就地停车排除故障

699 机动车在道路上发生故障,难以移动时下列做法正确的是什么? ( )
A. 开启危险报警闪光灯
B. 开启车上所有灯光
C. 禁止车上人员下车
D. 在车前方设置警告标志

700 找出这辆故障车有哪种违法行为? ( )

A. 没有开启危险报警闪光灯
B. 没有将车停到路边
C. 没有立即排除故障
D. 没有设置警告标志

701 机动车在道路上发生故障难以移动时要在车后50米以内设置警告标志。 ( )

702 这辆停在路边的机动车没有违法行为。( )

703 车辆发生故障而无法移动时,首先应在车辆后方50～150米处放置危险警告标志,防止后车追尾。 ( )

704 机动车在道路上发生故障难以移动时,要在车后50米以内设置警告标志,以防止发生交通事故。

705 机动车在夜间道路上发生故障难以移动时要开启危险报警闪光灯、示廓灯、后位灯。 ( )

706 驾驶机动车发生故障或事故不能正常行驶时,应立即打开危险报警闪光灯。 ( )

707 这辆在高速公路上临时停放的故障车,警告标志应该设置在车后多远处? ( )

A. 150 米以外   B. 50～150 米
C. 50 米以内   D. 50～100 米

708 如图所示,遇到车辆无法继续行驶的情况时,应该怎样定放置危险警告标志? ( )

A. 在车后 50 米处放置警告标志
B. 在车后 50 米至 100 米处放置警告标志
C. 在车后 150 米以外放置警告标志
D. 根据道路交通情况在适当位置放置警告标志

709 机动车在高速上发生故障时,应当如何设置警告标志? ( )
A. 来车方向   B. 本车车前
C. 不用设置   D. 随意设置

710 机动车在高速公路上发生故障时,在来车方向 50 米至 100 米处设置警告标志。 ( )

711 车辆因故障必须在高速公路停车时,应在车后方多少米以外设置故障警告标志? ( )
A. 25   B. 150   C. 100   D. 50

712 车辆发生故障无法移动时,以下做法是否正确? ( )

713 机动车在高速公路上发生故障时错误的做法是什么? ( )
A. 按规定设置警告标志

答案 699.A 700.D 701.× 702.× 703.× 704.× 705.√ 706.√ 707.A 708.C 709.A 710.× 711.B 712.× 713.B

B. 车上人员不能下车
C. 迅速报警
D. 开启危险报警闪光灯

714 机动车在高速公路上发生故障时，将车上人员迅速转移到右侧路肩上或者应急车道内，并且迅速报警。（　）

715 车辆在高速公路发生故障不能移动时，驾驶人这种尝试排除故障的做法是否正确？（　）

716 高速公路上车辆发生故障后，开启危险报警闪光灯和摆放警告标志是为了向其他车辆求助。（　）

717 高速公路上车辆发生故障后，开启危险报警闪光灯和摆放警告标志的作用是警告后续车辆注意避让。（　）

718 驾驶机动车在高速公路上发生故障，需要停车排除故障时，若能将机动车移至应急车道内，则不需要开启危险报警闪光灯。（　）

719 机动车在高速公路上发生故障或交通事故无法正常行驶时由什么车拖曳或牵引？（　）
A. 过路车　　　　　B. 大客车
C. 同行车　　　　　D. 清障车

720 机动车在高速公路上发生交通事故无法正常行驶时，用救援车、清障车拖曳、牵引。
（　）

三　高速公路通行特殊规定

721 在这条车道行驶的最低车速是多少？（　）

A. 100 公里/小时　　B. 110 公里/小时
C. 60 公里/小时　　D. 90 公里/小时

722 在这条车道行驶的最低车速是多少？（　）

A. 60 公里/小时　　B. 90 公里/小时
C. 100 公里/小时　　D. 110 公里/小时

723 驾驶机动车在高速公路要按照限速标志标明的车速行驶。（　）

724 高速公路上同时有最高和最低速度限制，因为过快或者过慢都容易导致追尾。（　）

725 在这段高速公路上行驶的最高车速是多少？（　）

A. 60 公里/小时　　B. 90 公里/小时
C. 100 公里/小时　　D. 120 公里/小时

726 在这段高速公路上行驶的最低车速是多少？（　）

A. 100 公里/小时　　B. 80 公里/小时
C. 60 公里/小时　　D. 50 公里/小时

727 在这条车道行驶的最高车速是多少？（　）

A. 100 公里/小时　　B. 90 公里/小时
C. 120 公里/小时　　D. 110 公里/小时

728 如图，在这段高速公路上行驶的最高车速是 100 公里/小时？（　）

714.√　715.×　716.×　717.√　718.×　719.D　720.√　721.D　722.C　723.√　724.√　725.D　726.C　727.B　728.×

729 驾驶小型载客汽车在高速公路行驶的最低车速为 90 公里/小时。（　　）

730 如图所示，在高速公路同方向三条机动车道右侧车道行驶，车速不能低于多少？（　　）

A. 100 公里/小时　　B. 60 公里/小时
C. 110 公里/小时　　D. 80 公里/小时

731 如图所示，在高速公路同方向三条机动车道中间车道行驶，车速不能低于多少？（　　）

A. 100 公里/小时　　B. 90 公里/小时
C. 110 公里/小时　　D. 60 公里/小时

732 如图所示，在高速公路同方向两条机动车道左侧车道行驶，应保持什么车速？（　　）

A. 110 公里/小时～130 公里/小时
B. 100 公里/小时～120 公里/小时
C. 90 公里/小时～110 公里/小时
D. 60 公里/小时～120 公里/小时

733 如图所示，在高速公路同方向三条机动车道最左侧道行驶，应保持什么车速？（　　）

A. 110 公里/小时～120 公里/小时
B. 100 公里/小时～120 公里/小时
C. 90 公里/小时～110 公里/小时
D. 60 公里/小时～120 公里/小时

734 驾驶机动车以 70 公里/小时的速度在没有限速标志的同向 3 车道的高速公路上行驶，应该走最右侧车道。（　　）

735 驾驶机动车驶离高速公路时，在这个位置怎样行驶？（　　）

A. 驶入减速车道
B. 继续向前行驶
C. 车速保持 100 公里/小时
D. 车速降到 40 公里/小时以下

736 车辆驶离高速公路时，应当经减速车道减速后进入匝道。（　　）

737 这辆小型载客汽车驶离高速公路行车道的方法是正确的。（　　）

738 驾驶车辆驶离高速公路可以从这个位置直接驶入匝道。（　　）

739 驾驶小型载客汽车在高速公路上时速超过 100 公里时的跟车距离是多少？（　　）

A. 保持 50 米以上　　B. 保持 60 米以上
C. 保持 100 米以上　D. 保持 80 米以上

740 车辆在高速公路以每小时 100 公里的速度行驶时，下列哪项为危险车间距。（　　）
A. 50 米　　　　　　B. 100 米
C. 110 米　　　　　D. 120 米

741 驾驶小型载客汽车在高速公路上时速低于 100 公里时的最小跟车距离是多少？（　　）
A. 不得少于 20 米　B. 不得少于 10 米
C. 不得少于 50 米　D. 不得少于 30 米

742 车辆在高速公路以每小时 100 公里的速度行驶时，距同车道前车 100 米以上为安全距离。（　　）

743 如图所示，在高速公路行车道跟随前车行驶时，最小跟车距离不得少于 100 米。（　　）

744 驾驶机动车在高速公路遇到能见度低于 200 米的气象条件时，最高车速是多少？（　　）
A. 不得超过 100 公里/小时
B. 不得超过 90 公里/小时
C. 不得超过 60 公里/小时
D. 不得超过 80 公里/小时

745 驾驶机动车在高速公路上行驶，遇低能见度气象条件时，能见度在 200 米以下，车速不得超过每小时多少公里，与同车道前车至少保持多少米的距离？（　　）
A. 60，100　　　　B. 70，100
C. 40，80　　　　　D. 30，80

746 如图所示，在能见度小于 200 米的高速公路上以 60 公里/小时速度行驶时，与同车道前车保持的安全距离是多少？（　　）

A. 保持 100 米以上的距离
B. 保持 100 米以内的距离
C. 保持与车速相同数据的距离
D. 保持不小于 50 米的安全距离

747 驾驶机动车在高速公路上行驶，能见度小于 200 米时，车速不得超过每小时 60 公里。（　　）

748 雪天在高速公路上驾驶时，关于安全车距错误的说法是什么？（　　）
A. 雪天路滑，制动距离比干燥柏油路更长
B. 雪天能见度低，应该根据能见度控制安全距离
C. 能见度小于 200 米时，与前车至少保持 50 米的安全距离
D. 能见度小于 50 米时，应该驶离高速公路

749 驾驶机动车在高速公路遇到能见度低于 100 米的气象条件时，最高车速是多少？（　　）
A. 不得超过 40 公里/小时
B. 不得超过 60 公里/小时
C. 不得超过 80 公里/小时
D. 不得超过 90 公里/小时

750 驾驶机动车在高速公路上行驶，遇有雾、雨、雪、沙尘、冰雹等低能见度气象条件下，能见度在 100 米以下时，车速不得超过每小时多少公里，与同车道前车至少保持多少米的距离？（　　）
A. 40，50　　　　　B. 40，40
C. 50，40　　　　　D. 50，30

751 驾驶机动车在高速公路遇到能见度低于 50 米的气象条件时，车速不得超过 20 公里/小时，还应怎么做？（　　）
A. 进入应急车道行驶　B. 尽快驶离高速公路
C. 尽快在路边停车　　D. 在路肩低速行驶

752 在高速公路上长期骑、轧车行道分界线行驶，会同时占用两个车道，导致后方车辆行驶困难，易引发交通事故。（　　）

753 驾驶机动车应尽量骑轧、跨越车道分界线行驶，便于根据前方道路情况选择车道。（　　）

754 如图所示，前车在行驶过程中没有违法行为。（　　）

答案
740.A 741.C 742.√ 743.√ 744.C 745.A 746.A 747.√ 748.C 749.A 750.A
751.B 752.√ 753.× 754.×

第三章 道路交通安全违法行为及处罚

一 道路交通安全违法行政处罚

1. 驾驶机动车在道路上违反道路通行规定应当接受相应的处罚。（ ）
2. 对于情节轻微，未影响道路通行的，交通警察会指出违法行为，给予口头警告后放行。（ ）
3. 对道路交通安全违法行为的处罚种类包括警告、罚款、暂扣或者吊销驾驶证、行政拘留。（ ）
4. 对道路交通安全违法行为的处罚种类不包括？（ ）
   A. 警告　B. 罚款　C. 暂扣　D. 训诫
5. 机动车驾驶人有以下哪种违法行为的，暂扣六个月机动车驾驶证？（ ）
   A. 醉酒后驾驶机动车的
   B. 伪造、变造机动车驾驶证的
   C. 饮酒后驾驶机动车的
   D. 使用伪造、变造机动车驾驶证的
6. 以下哪种行为处十日以下拘留，并处一千元以上二千元以下罚款，吊销机动车驾驶证？（ ）
   A. 醉酒驾驶机动车的
   B. 故意遮挡机动车号牌的
   C. 使用其他车辆保险标志的
   D. 因饮酒后驾驶机动车被处罚，再次饮酒后驾驶机动车的
7. 饮用少量啤酒不影响驾驶操作可以短距离驾驶机动车。（ ）
8. 因饮酒后驾驶机动车被处罚，再次饮酒后驾驶机动车的处十日以下拘留，并处 1000 元以上 2000 元以下罚款，吊销机动车驾驶证。（ ）
9. 醉酒驾驶机动车在道路上行驶会受到以下哪种处罚？（ ）
   A. 处 2 年以下徒刑
   B. 5 年不得重新获取驾照
   C. 处 2 年以上徒刑
   D. 处管制，并处罚金
10. 饮酒后或者醉酒驾驶机动车发生重大交通事故构成犯罪的，依法追究刑事责任，吊销机动车驾驶证，将多少年内不得申请机动车驾驶证？（ ）
    A. 五年　B. 十年　C. 二十年　D. 终生
11. 机动车驾驶人有下列哪种行为，会被吊销驾驶证，终生不得重新取得驾驶证？（ ）
    A. 饮酒后驾驶机动车
    B. 醉酒驾驶机动车
    C. 饮酒后或者醉酒驾驶机动车发生重大交通事故并构成犯罪
    D. 使用伪造、变造的号牌
12. 饮酒后或者醉酒驾驶机动车发生重大交通事故构成犯罪的，依法追究刑事责任，吊销机动车驾驶证，10 年内不得重新取得机动车驾驶证。（ ）
13. 驾驶人未携带哪种证件驾驶机动车上路，交通警察可依法扣留车辆？（ ）
    A. 机动车通行证　　B. 居民身份证
    C. 从业资格证　　　D. 机动车行驶证
14. 上路行驶的机动车未放置检验合格标志的，交通警察可依法扣留机动车。（ ）
15. 上路行驶的机动车未随车携带身份证的，交通警察可依法扣留机动车。（ ）
16. 驾驶机动车上路行驶，驾驶人应当随车携带驾驶证与行驶证，否则会被扣留车辆。（ ）
17. 上道路行驶的机动车驾驶人未携带机动车驾驶证、行驶证的，除扣留机动车外，并受到什么处罚？（ ）
    A. 警告　　　　　　B. 罚款
    C. 拘留　　　　　　D. 吊销驾驶证
18. 以下哪种情形会被扣留车辆？（ ）
    A. 未放置检验合格标志
    B. 车内装饰过多
    C. 驾驶人开车打电话
    D. 未安装防撞装置
19. 以下哪种情形不会被扣留车辆？（ ）
    A. 没有按规定悬挂号牌

答案 1.√　2.√　3.√　4.D　5.C　6.D　7.×　8.√　9.B　10.D　11.C　12.×　13.D　14.√　15.×　16.√　17.B　18.A　19.C

B. 没有放置保险装置

C. 未随车携带灭火器

D. 未随车携带行驶证

20 伪造、变造机动车驾驶证构成犯罪的将被依法追究刑事责任。（　　）

21 非法安装警报器、标志灯具的，由公安机关交通管理部门（　　），予以收缴，并处200元以上2000元以下罚款。

A. 扣留行驶证　　B. 扣留驾驶证
C. 收缴号牌　　　D. 强制拆除

22 非法安装警报器、标志灯具的，公安机关交通管理部门会强制拆除，予以收缴。（　　）

23 非法安装警报器、标志灯具的，将处200元以上2000元以下罚款。（　　）

24 《道路交通安全法》规定：机动车所有人、管理人未按照国家规定投保机动车第三者责任强制保险的，由公安机关交通管理部门扣留车辆至依照规定投保后，并处依照规定如何罚款？（　　）

A. 投保最低责任限额应缴纳的保险费的2倍
B. 投保最低责任限额应缴纳的保险费的3倍
C. 投保最低责任限额应缴纳的保险费的4倍
D. 投保最低责任限额应缴纳的保险费的5倍

25 对未取得驾驶证驾驶机动车的，追究其法律责任。（　　）

26 机动车驾驶证被暂扣期间驾驶机动车的，由公安机关交通管理部门处200元以上2000元以下罚款，可以并处以下哪种处罚？（　　）

A. 扣留车辆
B. 5年不得重新取得新驾驶证
C. 15日以下拘留
D. 吊销驾驶证

27 将机动车交由未取得机动车驾驶证的人驾驶的，由公安机关交通管理部门处200元以上2000元以下罚款，可以并处以下哪种处罚？（　　）

A. 15日以下拘留
B. 吊销驾驶证
C. 扣留车辆
D. 5年不得重新取得新驾驶证

28 造成交通事故后逃逸，尚不构成犯罪的，公安机关交通管理部门会处何种处罚？（　　）

A. 5000元以上10000元以下罚款

B. 200元以上2000元以下罚款
C. 1000元以上3000元以下罚款
D. 一次记6分

29 造成交通事故后逃逸，尚不构成犯罪的，由公安机关交通管理部门处200元以上2000元以下罚款，可以并处15日以下拘留。（　　）

30 下列哪种行为会受到200元以上2000元以下罚款，并处吊销机动车驾驶证？（　　）

A. 违反道路通行规定
B. 超过规定时速50%
C. 造成交通事故后逃逸
D. 驾车没带驾驶证

31 机动车行驶超过规定时速50%的，公安机关交通管理部门处何种处罚？（　　）

A. 200元以上2000元以下罚款
B. 处15日以下拘留
C. 一次记6分
D. 吊销机动车行驶证

32 故意损毁、移动、涂改交通设施，造成危害后果，尚不构成犯罪的，由公安交通管理部门处多少元罚款？（　　）

A. 200元以上500元以下罚款
B. 200元以上1000元以下罚款
C. 200元以上2000元以下罚款
D. 100元以上200元以下罚款

33 非法拦截、扣留机动车辆，不听劝阻，造成交通严重阻塞或者较大财产损失的，交警会处多少元罚款？（　　）

A. 20元以上200元以下
B. 2000元以上5000元以下
C. 1000元以上2000元以下
D. 200元以上2000元以下

34 驾驶拼装的机动车上道路行驶的，公安机关交通管理部门应当予以收缴，强制报废，并吊销机动车驾驶证。（　　）

35 驾驶拼装机动车上路行驶的驾驶人，除按规定接受罚款外，还要受到哪种处理？（　　）

A. 暂扣驾驶证
B. 吊销驾驶证
C. 追究刑事责任
D. 处10日以下拘留

36 驾驶报废机动车上路行驶的驾驶人，除按规定罚款外，还要受到哪种处理？（　　）

20.√ 21.D 22.√ 23.√ 24.A 25.√ 26.C 27.B 28.B 29.√ 30.B 31.A 32.C 33.D 34.√ 35.B 36.D

A. 收缴驾驶证　　　　B. 撤销驾驶许可
C. 强制恢复车况　　　D. 吊销驾驶证

37 驾驶达到报废标准的机动车上道路行驶的，公安交通管理部门将予以收缴，主要原因是不美观，影响城市形象。（　　）

38 对驾驶已达到报废标准的机动车上路行驶的驾驶人，会受到下列哪种处罚？（　　）
A. 处 20 元以上 200 元以下罚款
B. 追究刑事责任
C. 处 15 日以下拘留
D. 吊销机动车驾驶证

39 对驾驶拼装机动车上路行驶的驾驶人，会受到下列哪种处罚？（　　）
A. 依法追究刑事责任
B. 处 200 元以上 2000 元以下罚款
C. 吊销机动车行驶证
D. 处 15 日以下拘留

40 驾驶达到报废标准的机动车上道路行驶的，公安交通管理部门将会予以收缴。以下说法错误的是什么？（　　）
A. 驾驶报废车影响驾驶人行车安全
B. 报废车机械老化、容易发生交通事故
C. 车辆不符合安全技术标准，需要强制报废
D. 不美观，影响城市形象

41 机动车驾驶人违法驾驶造成重大交通事故构成犯罪的，依法追究什么责任？（　　）
A. 刑事责任　　　　B. 民事责任
C. 直接责任　　　　D. 经济责任

42 对违法驾驶发生重大交通事故且构成犯罪的，不追究其刑事责任。（　　）

43 造成交通事故后逃逸且构成犯罪的驾驶人，将吊销驾驶证且终生不得重新取得驾驶证。（　　）

44 机动车驾驶人造成事故后逃逸构成犯罪的，吊销驾驶证且多长时间不得重新取得驾驶证？（　　）
A. 5 年内　　　　B. 10 年内
C. 20 年内　　　　D. 终生

45 驾驶机动车造成重大交通事故后逃逸，构成犯罪的，由公安机关交通管理部门吊销机动车驾驶证，且终生不得重新取得机动车驾驶证。（　　）

46 机动车驾驶人造成事故后逃逸构成犯罪的，吊销驾驶证且五年内不得重新取得驾驶证。（　　）

47 机动车驾驶人造成重大交通事故后逃逸，构成犯罪的，十年内不能申请机动车驾驶证。（　　）

48 驾驶机动车在高速公路或者城市快速路以外的道路上行驶时，未按规定系安全带的，会受到什么处罚？（　　）
A. 6 分　　　　　　B. 3 分
C. 50 元罚款　　　D. 2 分

二　道路交通安全违法刑事处罚

49 驾驶人违反交通运输管理法规发生重大事故致人重伤、死亡，可能会受到什么刑罚？（　　）
A. 处 3 年以下徒刑或者拘役
B. 处 3 年以上 7 年以下徒刑
C. 处 5 年以上徒刑
D. 处 7 年以上徒刑

50 驾驶人违反交通运输管理法规发生重大事故使公私财产遭受重大损失，可能会受到什么刑罚？（　　）
A. 处 5 年以上徒刑
B. 处 3 年以下徒刑或者拘役
C. 处 3 年以上徒刑
D. 处 3 年以上 7 年以下徒刑

51 驾驶人违反交通运输管理法规发生重大事故致人重伤的可能判处 3 年以下徒刑或拘役。（　　）

52 驾驶人违反交通运输管理法规发生重大事故致人死亡的处 3 年以上有期徒刑。（　　）

53 驾驶人违反交通运输管理法规发生重大事故使公私财产遭受重大损失的可能处 3 年以下徒刑或拘役。（　　）

54 驾驶人违反交通运输管理法规发生重大事故致人死亡且逃逸的，处多少年有期徒刑？（　　）
A. 7 年以上　　　　B. 3 年以下
C. 3 年以上 7 年以下　D. 10 年以上

55 驾驶人违反交通运输管理法规发生重大事故后，因逃逸致人死亡的，处多少年有期

37. ✗　38. D　39. B　40. D　41. A　42. ✗　43. ✓　44. D　45. ✓　46. ✗　47. ✗　48. C　49. A　50. B　51. ✓　52. ✗　53. ✓　54. C　55. D

徒刑?　　　　　　　　　　　(　　)
　A. 2年以下　　　B. 3年以下
　C. 7年以下　　　D. 7年以上

56　驾驶人违反交通运输管理法规发生重大事故后，逃逸或者有其他特别恶劣情节的，处7年以上有期徒刑。(　　)

57　驾驶人违反交通运输管理法规发生重大事故后，因逃逸致人死亡的，处3年以上7年以下有期徒刑。(　　)

58　驾驶机动车在道路上追逐竞驶，情节恶劣，会受到什么处罚?(　　)
　A. 处6个月徒刑
　B. 处1年以上徒刑
　C. 处管制，并处罚金
　D. 处拘役，并处罚金

59　驾驶人在道路上驾驶机动车追逐竞驶，情节恶劣的处3年以下有期徒刑。(　　)

60　醉酒驾驶机动车在道路上行驶会受到什么处罚?(　　)
　A. 处管制，并处罚金
　B. 处2年以上徒刑
　C. 处拘役，并处罚金
　D. 处2年以下徒刑

61　驾驶人在道路上醉酒驾驶机动车的处3年以上有期徒刑。(　　)

62　以下哪项行为可构成危险驾驶罪?(　　)
　A. 闯红灯　　　B. 无证驾驶
　C. 疲劳驾驶　　D. 醉驾

63　以下哪项行为可构成危险驾驶罪?(　　)
　A. 无证驾驶
　B. 追逐竞驶，情节恶劣
　C. 疲劳驾驶
　D. 闯红灯

64　驾驶机动车在道路上追逐竞驶，情节恶劣的，可构成危险驾驶罪。(　　)

65　醉驾可构成危险驾驶罪。(　　)

66　当驾驶人血液中酒精含量为50mg/100ml时，属于醉酒驾驶。(　　)

67　机动车驾驶人血液中酒精含量大于或者等于多少可认定为醉驾?(　　)

　A. 20毫克/100毫升
　B. 60毫克/100毫升
　C. 80毫克/100毫升
　D. 50毫克/100毫升

68　无证驾驶可构成危险驾驶罪。(　　)

69　交通肇事致一人以上重伤，负事故全部或者主要责任，并具有下列哪种行为的，构成交通肇事罪。(　　)
　A. 未报警
　B. 未抢救受伤人员
　C. 酒后、吸食毒品后驾驶机动车辆的
　D. 未带驾驶证

70　交通肇事致一人以上重伤，负事故全部或者主要责任，并具有下列哪种行为的，构成交通肇事罪。(　　)
　A. 未带驾驶证
　B. 未报警
　C. 无驾驶资格驾驶机动车辆的
　D. 未抢救受伤人员

71　交通肇事致一人以上重伤，负事故全部或者主要责任，并具有下列哪种行为的，构成交通肇事罪。(　　)
　A. 未带驾驶证
　B. 未报警
　C. 明知是安全装置不全或者安全机件失灵的机动车辆而驾驶的
　D. 未抢救受伤人员的

72　交通肇事致一人以上重伤，负事故全部或者主要责任，并具有下列哪种行为的，构成交通肇事罪。(　　)
　A. 未及时报警
　B. 未抢救受伤人员
　C. 严重超载驾驶的
　D. 未带驾驶证

73　交通肇事致一人以上重伤，负事故全部或者主要责任，并具有下列哪种行为的，构成交通肇事罪。(　　)
　A. 未抢救受伤人员
　B. 未带驾驶证
　C. 未报警
　D. 为逃避法律追究逃离事故现场的

答案　56.×　57.×　58.D　59.×　60.C　61.×　62.D　63.B　64.√　65.√　66.×　67.C　68.×　69.C　70.C　71.C　72.C　73.D

三　道路交通安全违法行为处理程序规定

74 上道路行驶的机动车有哪种情形交通警察可依法扣留车辆？（　）
  A. 未悬挂机动车号牌
  B. 未携带身份证
  C. 未携带保险合同
  D. 未放置城市环保标志

75 上道路行驶的机动车有哪种情形交通警察可依法扣留车辆？（　）
  A. 未放置检验合格标志
  B. 未携带身份证
  C. 未放置城市环保标志
  D. 未携带机动车登记证书

76 上道路行驶的机动车有哪种情形交通警察可依法扣留车辆？（　）
  A. 未携带机动车登记证书
  B. 未携带保险合同
  C. 未放置城市环保标志
  D. 未放置保险标志

77 驾驶人未携带哪种证件驾驶机动车上路，交通警察可依法扣留车辆？（　）
  A. 机动车驾驶证
  B. 居民身份证
  C. 机动车通行证
  D. 从业资格证

78 对未放置检验合格标志上道路行驶的车辆，交通警察可依法予以扣留。（　）

79 交通警察对未放置保险标志上道路行驶的车辆可依法扣留行驶证。（　）

80 对有使用伪造或变造检验合格标志嫌疑的车辆，交通警察只进行罚款处罚。（　）

81 对有伪造或变造号牌、行驶证嫌疑的车辆，交通警察可依法予以扣留。（　）

82 对使用其他车辆号牌、行驶证的车辆，交通警察可依法予以扣留。（　）

83 驾驶人有使用其他车辆号牌、行驶证嫌疑的，交通警察可依法扣留车辆。（　）

84 驾驶人有使用其他车辆检验合格标志嫌疑的，交通警察可依法扣留车辆。（　）

85 驾驶人有使用其他车辆保险标志嫌疑的，交通警察可依法扣留车辆。（　）

86 对未按照国家规定投保交强险的车辆，交通警察可依法予以扣留。（　）

87 驾驶人驾驶有达到报废标准嫌疑机动车上路的，交通警察依法予以拘留。（　）

88 对发生道路交通事故需要收集证据的事故车，交通警察可以依法扣留。（　）

89 公安机关交通管理部门扣留车辆的，不得扣留车辆所载货物。（　）

90 驾驶人有哪种情形，交通警察可依法扣留机动车驾驶证？（　）
  A. 超过规定速度10%
  B. 疲劳后驾驶机动车
  C. 行车中未系安全带
  D. 饮酒后驾驶机动车

91 驾驶人将机动车交由什么样的人驾驶的，交通警察可依法扣留机动车驾驶证？（　）
  A. 实习期驾驶人
  B. 取得驾驶证的人
  C. 驾驶证被吊销的人
  D. 驾驶证记分达到6分的人

92 驾驶人将机动车交给驾驶证被吊销的人驾驶的，交通警察依法扣留驾驶证。（　）

93 驾驶人将机动车交给驾驶证被吊销的人驾驶时，交通警察依法扣留行驶证。（　）

94 驾驶人将机动车交给驾驶证被暂扣的人驾驶的，交通警察给予口头警告。（　）

95 驾驶人将机动车交给驾驶证被暂扣的人驾驶时，交通警察依法扣留驾驶证。（　）

96 驾驶人在一个记分周期内累积记分达到12分的，交通警察依法扣留驾驶证。（　）

答案

74.A 75.A 76.D 77.A 78.√ 79.× 80.× 81.√ 82.√ 83.√ 84.√ 85.√ 86.√ 87.× 88.√ 89.√ 90.D 91.C 92.√ 93.× 94.× 95.√ 96.√

第四章 道路交通事故处理相关规定

一 道路交通事故现场处置规定

1. 在道路上发生交通事故造成人身伤亡时,要立即抢救受伤人员并迅速报警。（　）
2. 驾驶人在发生交通事故后因抢救伤员变动现场时要标明位置。（　）
3. 驾驶机动车在道路上发生交通事故造成人身伤亡的,驾驶人必须报警。（　）
4. 机动车之间发生交通事故,不管是否有人员伤亡,只要双方当事人同意,都可自行协商解决。（　）
5. 交通事故仅造成重伤且驾驶人愿意承担全部责任的,可自行协商处理。（　）
6. 在道路上造成人身伤亡、事故后果非常严重的交通事故,可自行撤离现场。（　）
7. 驾驶机动车在道路上发生交通事故要立即将车移到路边。（　）
8. 驾驶机动车发生以下交通事故,哪种情况适用自行协商解决?（　）
   A. 对方饮酒的
   B. 对事实及成因有争议的
   C. 未造成人身伤亡,对事实及成因无争议的
   D. 造成人身伤亡的
9. 在道路上发生未造成人员伤亡且无争议的轻微交通事故如何处置?（　）
   A. 保护好现场再协商
   B. 不要移动车辆
   C. 疏导其他车辆绕行
   D. 撤离现场自行协商
10. 驾驶机动车发生交通事故未造成人身伤亡的,责任明确双方无争议时,应当如何处置?（　）
    A. 保护好现场再协商
    B. 不要移动车辆
    C. 疏导其他车辆绕行
    D. 撤离现场自行协商
11. 两辆机动车发生轻微碰擦事故后,为保证理赔,必须等保险公司人员到场鉴定后才能撤离现场。（　）
12. 机动车之间发生交通事故造成轻微财产损失,当事人对事实及成因无争议时,在确保安全的原则下,对现场拍照或标划事故车辆现场位置后,可自行撤离现场处理损害赔偿事宜,主要目的是什么?（　）
    A. 双方互有损失
    B. 找现场证人就行了,不必报警
    C. 为了及时恢复交通,避免造成交通拥堵
    D. 事故后果很小,无需赔偿
13. 驾驶机动车在道路上发生事故,未造成人身伤亡或仅造成轻微财产损失,基本事实清楚,当事人对事实及成因无争议的,可以即行撤离现场,恢复交通,自行协商处理损害赔偿事宜。（　）
14. 驾驶机动车与行人之间发生交通事故造成人身伤亡、财产损失的,机动车一方没有过错的,不承担赔偿责任。（　）
15. 机动车与行人之间发生交通事故造成人身伤亡、财产损失的,机动车一方没有过错的,应该由行人承担赔偿责任。（　）
16. 非机动车驾驶人、行人故意碰撞机动车造成交通事故的,机动车一方不承担赔偿责任。（　）
17. 驾驶机动车发生交通事故后当事人故意破坏、伪造现场、毁灭证据的,应当承担什么责任?（　）
    A. 主要责任　　　B. 次要责任
    C. 同等责任　　　D. 全部责任
18. 发生交通事故后,当事人故意破坏、伪造现场、毁灭证据的,承担全部责任。（　）

二 道路交通事故处理程序规定

19. 发生交通事故造成人员受伤时,要保护现场并立即报警。（　）
20. 发生交通事故时,下列哪种情况下当事人应当保护现场并立即报警?（　）

答案 1.√ 2.√ 3.√ 4.× 5.× 6.× 7.× 8.C 9.D 10.D 11.× 12.C 13.√ 14.× 15.× 16.√ 17.D 18.√ 19.√ 20.D

A. 未造成人员伤亡的
B. 未发生财产损失事故
C. 未损害公共设施及建筑物的
D. 驾驶人有酒后驾驶嫌疑的

21 道路交通事故中,驾驶人有饮酒、醉酒嫌疑时,要保护现场并立即报警。（　）

22 驾驶机动车发生以下交通事故,哪种情况不可以自行协商解决?（　）
A. 未造成人身伤亡
B. 车辆可以移动
C. 对事实及成因无争议
D. 其中一方使用伪造、变造的车牌

23 机动车之间发生的造成财产损失、尚未造成人员伤亡,且车辆可以移动的交通事故,双方驾驶人对交通事故无争议,但其中一方使用伪造、变造的车牌,不可以自行协商解决。（　）

24 道路交通事故中,机动车无号牌时,要保护现场并立即报警。（　）

25 驾驶机动车在道路上发生交通事故,当事人不能自行移动车辆的,应当保护现场并立即报警。（　）

26 驾驶机动车发生交通事故,仅造成财产损失的,但是一方当事人离开现场,应当怎么处理?（　）
A. 迅速报警
B. 占道继续和对方争辩
C. 找中间人帮忙解决
D. 自行协商损害赔偿事宜

27 驾驶机动车在道路上发生交通事故,任何情况下都应标明现场位置后,先行撤离现场。（　）

28 驾驶机动车碰撞建筑物、公共设施后,只要没有人员伤亡,可即行撤离现场。（　）

29 遇到这种单方交通事故,应如何处理?

A. 不用报警
B. 报警
C. 直接联系路政部门进行理赔
D. 直接联系绿化部门

30 驾驶机动车碰撞建筑物、公共设施或者其他设施的,应保护现场并立即报警。（　）

31 事故报警时,要向交警提供事故地点、人员伤情、车辆号牌等信息,协助交警快速定位到达现场。（　）

32 当事人未在道路交通事故现场报警,事后请求公安机关交通管理部门处理的,公安机关交通管理部门应当按照相关规定予以记录,并在（　）内作出是否受理的决定。（　）
A. 二日 B. 五日
C. 三日 D. 十日

33 发生无人员伤亡的、财产轻微损失的交通事故后,以下做法正确的是什么?（　）
A. 必须报警,等候警察处理
B. 开车离开现场
C. 确保安全的情况下,对现场拍照,然后将车辆移至路边等不妨碍交通的地点
D. 停在现场保持不动

34 驾驶机动车发生财产损失交通事故后,当事人对事实及成因无争议移动车辆时需要对现场拍照或者标画停车位置。（　）

35 机动车在道路上发生轻微交通事故且妨碍交通时,不需移动。（　）

36 机动车发生财产损失交通事故,对应当自行撤离现场而未撤离的,交通警察不可以责令当事人撤离现场。（　）

37 机动车发生轻微财产损失的交通事故,对应当自行撤离现场而未撤离的,交通警察有权责令当事人撤离现场。（　）

38 机动车发生财产损失交通事故,对应当自行撤离现场而未撤离造成交通堵塞的,可以对驾驶人处以多少元罚款。（　）
A. 50元 B. 100元
C. 200元 D. 500元

39 机动车发生财产损失交通事故,对应当自行撤离现场而未撤离造成交通堵塞的,可以对驾驶人处以100元罚款。（　）

21.√ 22.D 23.√ 24.√ 25.√ 26.A 27.× 28.× 29.B 30.× 31.√ 32.C 33.C 34.√ 35.× 36.× 37.√ 38.× 39.√

40 车辆发生轻微剐蹭事故,双方驾驶人争执不下,坚持在原地等待警察来处理,造成路面堵塞,该行为会受到罚款的处罚。（　　）

41 以下哪类信息显示在机动车交通事故快速处理协议书中的?（　　）
A. 商业保险单号　　B. 性别
C. 损失金额　　　　D. 车牌号码

42 当事人有下列哪种行为,要承担交通事故全部责任?（　　）
A. 在高速公路上撞伤行人的
B. 在路口直行与转弯车辆剐碰的
C. 在快车道与摩托车剐碰的
D. 发生事故后故意损坏、伪造现场、毁灭证据的

三　道路交通事故责任强制保险条例

43 机动车强制险的保险期间为多长时间?（　　）
A. 1 年　　　　　　B. 半年
C. 2 年　　　　　　D. 3 年

44 驾驶人未取得驾驶证或者醉酒驾驶机动车,导致发生道路交通事故,保险公司不承担赔偿责任。（　　）

45 出现下列哪种情形时,保险公司应承担赔偿责任?（　　）
A. 驾驶人未取得驾驶资格证或者醉酒的
B. 被保险人机动车被盗抢期间肇事的
C. 被保险人故意制造道路交通事故的
D. 驾驶人超速行驶的

第五章　机动车基础知识

一　常见操纵装置

1 这是什么踏板?（　　）

A. 离合器踏板　　B. 制动踏板
C. 驻车制动器　　D. 加速踏板

2 这是什么踏板?（　　）

A. 离合器踏板　　B. 加速踏板
C. 制动踏板　　　D. 驻车制动器

3 这是什么踏板?（　　）

A. 加速踏板　　　B. 离合器踏板
C. 驻车制动器　　D. 制动踏板

4 这是什么操纵装置?（　　）

A. 驻车制动器操纵杆
B. 节气门操纵杆
C. 变速器操纵杆
D. 离合器操纵杆

5 这是什么操纵装置?（　　）

答案　40.√　41.D　42.D　43.A　44.√　45.B　1.A　2.C　3.A　4.C　5.D

A. 节气门操纵杆　　B. 变速器操纵杆
C. 离合器操纵杆　　D. 驻车制动器操纵杆

6 这种握转向盘的动作是正确的。　　（　　）

7 湿滑路面制动过程中，发现车辆偏离方向，以下做法正确的是？　　（　　）
　　A. 连续轻踩轻放制动踏板
　　B. 用力踩制动踏板
　　C. 不要踩制动踏板
　　D. 任意踩制动踏板

8 假如你驾车行驶在颠簸路段时，以下做法正确的是什么？　　（　　）
　　A. 稳住加速踏板
　　B. 挂低挡位缓抬加速踏板
　　C. 挂高挡位缓抬加速踏板
　　D. 挂低挡位踏满加速踏板

9 行驶至这种上坡路段时，以下做法正确的是什么？　　（　　）

　　A. 换低挡位，踏加速踏板
　　B. 换低挡位，松开加速踏板
　　C. 换高挡位，踏加速踏板
　　D. 换高挡位，松开加速踏板

10 这是什么操纵装置？　　（　　）

　　A. 空调开关　　B. 点火开关
　　C. 雨刷开关　　D. 灯光开关

11 将点火开关转到 ACC 位置发动机工作。（　　）

12 点火开关在 ON 位置，车用电器不能使用。
　　（　　）

13 点火开关在 LOCK 位置拔出钥匙转向盘会锁住。　　（　　）

14 点火开关在 START 位置起动机起动。（　　）

答案：6.× 7.C 8.B 9.A 10.B 11.× 12.× 13.√ 14.√

15 这是什么操纵装置？ （ ）

A. 倒车灯开关
B. 刮水器开关
C. 危险报警闪光灯开关
D. 灯光、信号组合开关

16 提拉这个开关控制机动车哪个部位？（ ）

A. 左右转向灯　　　B. 倒车灯
C. 示廓灯　　　　　D. 报警闪光灯

17 旋转开关这一档控制机动车哪个部位？
（ ）

A. 近光灯　　　　　B. 前后雾灯
C. 远光灯　　　　　D. 左右转向灯

18 将转向灯开关向上提，左转向灯亮。（ ）

19 将转向灯开关向下拉，右转向灯亮。（ ）

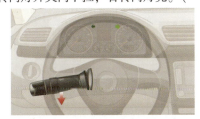

20 灯光开关旋转到这个位置时，全车灯光点亮。
（ ）

21 灯光开关在该位置时，前雾灯点亮。（ ）

22 灯光开关在该位置时，后雾灯点亮。
（ ）

23 这是什么操纵装置？ （ ）

A. 刮水器开关　　　B. 前照灯开关
C. 转向灯开关　　　D. 除雾器开关

24 这个开关控制机动车哪个部位？ （ ）

A. 风窗玻璃除雾器　B. 风窗玻璃刮水器
C. 危险报警闪光灯　D. 照明、信号装置

25 上下搬动这个开关前风窗玻璃刮水器开始工作。
（ ）

答案

15.D　16.A　17.B　18.B　19.×　20.×　21.√　22.√　23.A　24.B　25.√

26 这是什么操作装置？　　　　　（　）
　A. 前挡风除雾键　　B. 后挡风除雾键
　C. 前照灯开关　　　D. 刮水器开关

27 这是什么操作装置？　　　　　（　）
　A. 前挡风除雾键　　B. 后挡风除雾键
　C. 前照灯开关　　　D. 刮水器开关

28 这是什么操纵装置？　　　　　（　）

　A. 转向灯开关　　　B. 前照灯开关
　C. 刮水器开关　　　D. 除雾器开关

29 按下这个开关，后风窗玻璃除霜器开始
　　工作。　　　　　　　　　　　（　）

30 下面哪种做法能帮助您避免被其他车辆从
　　后方追撞？　　　　　　　　　（　）
　A. 在任何时候都打开转向灯
　B. 在转弯前提前打开相应的转向灯
　C. 一直打开双闪
　D. 转弯前鸣笛示意

二　常见安全装置

（一）汽车仪表

31 这个仪表是何含义？　　　　　（　）

　A. 发动机转速表　　B. 行驶速度表
　C. 区间里程表　　　D. 百公里油耗表

32 这个仪表是何含义？　　　　　（　）

　A. 速度和里程表　　B. 发动机转速表
　C. 最高时速值表　　D. 百公里油耗表

33 这个仪表是何含义？　　　　　（　）

　A. 水温表　　　　　B. 燃油表
　C. 电流表　　　　　D. 压力表

34 这个仪表是何含义？　　　　　（　）

　A. 压力表　　　　　B. 电流表
　C. 水温表　　　　　D. 燃油表

35 仪表显示当前车速是20公里/小时。（　）

答案　26.A　27.B　28.D　29.×　30.B　31.A　32.A　33.A　34.D　35.×

36 仪表显示当前发动机转速是6000转/分钟。
（　　）

37 仪表显示当前冷却液的温度是90℃。（　　）

38 仪表显示油箱内存油量已在警告线以内。
（　　）

39 以下哪个仪表表示发动机转速表？（　　）

图1:  图2:

图3:  图4:

A. 图1　　B. 图2　　C. 图3　　D. 图4

40 以下哪个仪表表示速度和里程表？（　　）

图1:  图2:

图3:  图4:

A. 图1　　B. 图2　　C. 图3　　D. 图4

41 以下哪个仪表表示水温表？（　　）

图1:  图2:

图3:  图4:

A. 图1　　B. 图2　　C. 图3　　D. 图4

42 以下哪个仪表表示燃油表？（　　）

图1: 图2:

图3:  图4:

A. 图1　　B. 图2　　C. 图3　　D. 图4

43 图中左侧白色轿车，在这种情况下为了保证安全，应适当降低车速。（　　）

（二）汽车指示灯

44 机动车仪表板上（如图所示）亮表示什么？
（　　）

答案

36. × 　37. √ 　38. √ 　39. A 　40. B 　41. C 　42. D 　43. √ 　44. D

A. 后雾灯打开　　　B. 前照灯近光打开
C. 前照灯远光打开　D. 前雾灯打开

45 机动车仪表板上（如图所示）亮表示什么？
（　　）

A. 后雾灯打开　　　B. 前照灯近光打开
C. 前照灯远光打开　D. 前雾灯打开

46 机动车仪表板上（如图所示）亮表示什么？
（　　）

A. 前后雾灯开启
B. 前后位置灯开启
C. 前照灯开启
D. 危险报警闪光灯开启

47 发动机起动后仪表板上（如图所示）亮表示什么？
（　　）

A. 发动机主油道堵塞
B. 发动机机油压力过低
C. 发动机曲轴箱漏气
D. 发动机机油压力过高

48 机动车仪表板上（如图所示）亮表示什么？
（　　）

A. 驻车制动解除　　B. 行车制动器失效
C. 制动系统出现异常　D. 制动踏板没回位

49 机动车仪表板上（如图所示）亮表示什么？
（　　）

A. 防抱死制动系统故障
B. 驻车制动器处于解除状态

C. 行车制动系统故障
D. 安全气囊处于故障状态

50 机动车仪表板上（如图所示）亮表示什么？
（　　）

A. 防抱死制动系统出现故障
B. 驻车制动器处于解除状态
C. 行车制动系统出现故障
D. 驻车制动器处于制动状态

51 发动机起动后仪表板上（如图所示）亮表示什么？
（　　）

A. 燃油泵出现异常或者故障
B. 发动机点火系统出现故障
C. 发动机供油系统出现异常
D. 油箱内燃油已到最低液面

52 行车中仪表板上（如图所示）亮表示什么？
（　　）

A. 发动机温度过高　B. 发动机冷却系故障
C. 发动机润滑系故障　D. 发动机温度过低

53 机动车仪表板上（如图所示）亮时表示什么？
（　　）

A. 已开启前雾灯　　B. 已开启前照灯近光
C. 已开启前照灯远光　D. 已开启后雾灯

54 机动车仪表板上（如图所示）亮时表示什么？
（　　）

A. 已开启后雾灯　　B. 已开启前照灯近光
C. 已开启前照灯远光　D. 已开启前雾灯

答案　45.A　46.B　47.B　48.C　49.A　50.D　51.D　52.A　53.C　54.B

55 机动车仪表板上（如图所示）亮表示什么？
（　　）

A. 没有系好安全带　B. 安全带出现故障
C. 安全带系得过松　D. 已经系好安全带

56 机动车仪表板上（如图所示）亮表示什么？
（　　）

A. 危险报警闪光灯闪烁
B. 右转向指示灯闪烁
C. 左转向指示灯闪烁
D. 车前后位置灯闪烁

57 机动车仪表板上（如图所示）亮表示什么？
（　　）

A. 车前后位置灯亮起　B. 车前后示廓灯亮起
C. 左转向指示灯闪烁　D. 右转向指示灯闪烁

58 机动车仪表板上（如图所示）亮表示什么？
（　　）

A. 左转向指示灯闪烁　B. 车前后示宽灯亮起
C. 车前后位置灯亮起　D. 右转向指示灯闪烁

59 机动车仪表板上（如图所示）亮表示什么？
（　　）

A. 充电电流过大　　B. 蓄电池损坏
C. 电流表故障　　　D. 充电电路故障

60 机动车仪表板上（如图所示）亮表示什么？
（　　）

A. 发动机舱开启　B. 燃油箱盖开启
C. 两侧车门开启　D. 行李舱开启

61 机动车仪表板上（如图所示）这个符号表示什么？
（　　）

A. 行李舱开启　　B. 一侧车门开启
C. 发动机舱开启　D. 燃油箱盖开启

62 机动车仪表板上（如图所示）这个符号表示什么？
（　　）

A. 行李舱开启　　B. 发动机舱开启
C. 燃油箱盖开启　D. 一侧车门开启

63 机动车仪表板上（如图所示）一直亮表示什么？
（　　）

A. 安全气囊处于工作状态
B. 安全带没有系好
C. 防抱死制动系统故障
D. 安全气囊处于故障状态

64 机动车仪表板上（如图所示）亮表示什么？
（　　）

A. 洗涤液不足　　B. 制动液不足
C. 冷却系故障　　D. 冷却液不足

65 机动车仪表板上（如图所示）这个符号表示什么？
（　　）

A. 远光灯开关　　B. 近光灯开关
C. 车灯总开关　　D. 后雾灯开关

66 机动车仪表板上（如图所示）亮表示什么？
（　　）

答案 55.A　56.A　57.D　58.A　59.D　60.C　61.A　62.B　63.D　64.D　65.C　66.B

A. 空气内循环　　B. 空气外循环
C. 迎面吹风　　　D. 风窗玻璃除霜

67 机动车仪表板上（如图所示）亮表示什么？
（　　）

A. 迎面出风　　　B. 空气外循环
C. 风窗玻璃除霜　D. 空气内循环

68 机动车仪表板上（如图所示）这个符号表示什么？（　　）

A. 雪地起步模式　B. 空气循环
C. 空调制冷　　　D. 冷风暖气风扇

69 机动车仪表板上（如图所示）亮表示什么？
（　　）

A. 地板及迎面出风　B. 空气内循环
C. 空气外循环　　　D. 侧面及地板出风

70 机动车仪表板上（如图所示）亮表示什么？
（　　）

A. 侧面出风　　　B. 空气外循环
C. 迎面出风　　　D. 空气内循环

71 （如图所示）这个符号的开关控制什么装置？（　　）

A. 前风窗玻璃除霜　B. 后风窗玻璃刮水器
C. 后风窗玻璃除霜　D. 前风窗玻璃刮水器

72 （如图所示）这个符号的开关控制什么装置？（　　）

A. 前风窗玻璃除霜或除雾
B. 后风窗玻璃刮水器及洗涤器
C. 前风窗玻璃刮水器及洗涤器
D. 后风窗玻璃除霜或除雾

73 （如图所示）这个符号的开关控制什么装置？（　　）

A. 前风窗玻璃刮水器及洗涤器
B. 后风窗玻璃除霜或除雾
C. 后风窗玻璃刮水器及洗涤器
D. 前风窗玻璃除霜或除雾

74 （如图所示）这个符号的开关控制什么装置？（　　）

A. 两侧车窗玻璃　B. 电动车门
C. 车门锁住开锁　D. 儿童安全锁

75 （如图所示）这个符号的开关控制什么装置？（　　）

A. 儿童安全锁　　B. 两侧车窗玻璃
C. 电动车门　　　D. 车门锁住开锁

76 危险报警闪光灯可用于下列什么场合？（　　）
A. 遇到道路拥堵时
B. 在道路上跟车行驶时
C. 机动车发生故障停车时
D. 引领后车行驶时

77 打开前雾灯开关，（如图所示）亮起。（　　）

78 打开后雾灯开关，（如图所示）亮起。（　　）

答案

67.D　68.D　69.A　70.C　71.D　72.C　73.C　74.C　75.A　76.C　77.X　78.X

79 打开位置灯开关,(如图所示)亮起。（　）

80 机动车仪表板上（如图所示）亮表示发动机可能机油量不足。（　）

81 机动车仪表板上（如图所示）亮表示发动机可能机油压力过高。（　）

82 机动车仪表板上（如图所示）亮,表示驻车制动器操纵杆可能没松到底。（　）

83 机动车仪表板上（如图所示）亮,表示行车制动系统可能出现故障。（　）

84 机动车仪表板上（如图所示）亮时,不影响正常行驶。（　）

85 机动车仪表板上（如图所示）亮时,防抱死制动系统处于打开状态。（　）

86 机动车仪表板上（如图所示）亮时,表示驻车制动器处于制动状态。（　）

87 机动车仪表板上（如图所示）亮时,提醒发动机需要补充机油。（　）

88 机动车仪表板上（如图所示）亮时,提醒发动机冷却液可能不足。（　）

89 机动车仪表板上（如图所示）亮时提醒发动机需要加注机油。（　）

90 开启前照灯远光时仪表板上（如图所示）亮起。（　）

91 开启前照灯近光时仪表板上（如图所示）亮起。（　）

92 机动车仪表板上（如图所示）亮时,提醒驾驶人座椅没调整好。（　）

93 机动车仪表板上（如图所示）亮时,提醒驾驶人安全带插头未插入锁扣。（　）

94 机动车发生故障时,(如图所示)闪烁。（　）

79.√ 80.√ 81.× 82.√ 83.√ 84.× 85.× 86.√ 87.× 88.√ 89.× 90.√ 91.× 92.× 93.√ 94.√

95 开启危险报警闪光灯时，（如图所示）闪烁。（　　）

96 打开左转向灯开关，（如图所示）亮起。（　　）

97 打开右转向灯开关，（如图所示）亮起。（　　）

98 机动车仪表板上（如图所示）亮，提示发电机向蓄电池充电。（　　）

99 机动车仪表板上（如图所示）亮，提示两侧车门未关闭。（　　）

100 机动车仪表板上（如图所示）亮，提示左侧车门未关闭。（　　）

101 机动车仪表板上（如图所示）亮，提示右侧车门未关闭。（　　）

102 机动车仪表板上（如图所示）亮，提示行李舱开启。（　　）

103 机动车仪表板上（如图所示）亮，提示发动机舱开启。（　　）

104 机动车仪表板上（如图所示）一直亮，表示安全气囊处于工作状态。（　　）

105 机动车仪表板上（如图所示）亮表示启用地板及前风窗玻璃吹风。（　　）

106 机动车仪表板上（如图所示）一直亮，表示发动机控制系统故障。（　　）

107 下列哪个指示灯亮表示车辆在使用近光灯。（　　）

A图：

B图：

C图：

D图：

A. D图　B. C图　C. B图　D. A图

108 下列哪个指示灯亮表示车辆在使用远光灯。（　　）

A图：

B图：

答案

95. √　96. ×　97. ×　98. √　99. ×　100. ×　101. ×　102. √　103. ×　104. ×　105. √　106. √　107. B　108. B

A. C图　　B. D图　　C. B图　　D. A图

109 图中哪个报警灯亮，提示充电电路异常或故障？　　　　　　　　　　（　　）

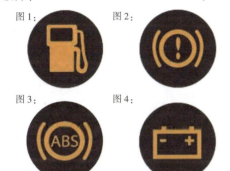

A. 图1　　B. 图2　　C. 图3　　D. 图4

110 哪个报警灯亮，提示发动机控制系统异常或故障？　　　　　　　　　（　　）

A. 图1　　B. 图2　　C. 图3　　D. 图4

111 为提示车辆和行人注意，雾天必须开启哪个灯？　　　　　　　　　　（　　）

A. 图1　　B. 图2　　C. 图3　　D. 图4

112 以下哪个指示灯亮时，表示机油压力过低？　　　　　　　　　　　　（　　）

A. 图1　　B. 图2　　C. 图3　　D. 图4

113 机油压力报警灯持续亮，可边行驶、边观察，等待报警灯自行熄灭。（　　）

114 以下哪个指示灯亮时，表示防抱死制动系统出现故障？　　　　　　　（　　）

A. 图1　　B. 图2　　C. 图3　　D. 图4

115 行车中下列哪个灯亮，提示驾驶人车辆制动系统出现异常？　　　　　（　　）

A. 图1　　B. 图2　　C. 图3　　D. 图4

116 行车中，制动报警灯亮，应试踩一下制动，

答案
109.D　110.C　111.D　112.A　113.×　114.C　115.C　116.×

只要有效可正常行车。　　（　　）

117 以下哪个指示灯亮时，表示油箱内燃油已到最低液面？　　（　　）

图1： 图2： 图3： 图4：

A. 图1　B. 图2　C. 图3　D. 图4

118 行车中，燃油报警灯亮，应及时到附近加油站加油，以免造成车辆乘员滞留公路，发生交通事故。　　（　　）

119 以下哪个指示灯亮时，表示发动机温度过高？　　（　　）

图1： 图2： 图3： 图4：

A. 图1　B. 图2　C. 图3　D. 图4

120 行车中水温报警灯亮，下列可能是其原因的是？　　（　　）
A. 缺少润滑油　　B. 指示灯损坏
C. 缺少冷却液　　D. 冷却液过多

121 以下哪个指示灯亮时，提醒驾驶人安全带插头未插入锁扣？

图1： 图2：

A. 图1　B. 图2　C. 图3　D. 图4

122 车辆发生意外，要及时打开哪个灯？　　（　　）

图1： 图2： 图3： 图4：

A. 图1　B. 图2　C. 图3　D. 图4

123 以下哪个指示灯亮时，表示当前汽车发动机温度过高或冷却液过少？　　（　　）

图1： 图2： 图3： 图4：

A. 图1　B. 图2　C. 图3　D. 图4

124 雾天行车时，应及时打开哪个灯？　　（　　）

A图： B图： C图： D图：

A. C图　B. D图　C. B图　D. A图

答案　117.D　118.V　119.B　120.C　121.A　122.D　123.B　124.C

（三）安全装置

125 安全头枕在发生追尾事故时，能有效保护驾驶人的什么部位？（ ）

A. 腰部 B. 胸部 C. 头部 D. 颈部

126 安全头枕用于在发生追尾事故时保护驾驶人的头部不受伤害。（ ）

127 驾驶机动车前，以下说法错误的是什么？（ ）

A. 调整驾驶座椅，保证踩踏踏板舒适

B. 调整安全带的松紧与高低

C. 调整适合驾驶的转向盘位置

D. 调整安全头枕高度，使头枕正对驾驶人的颈椎

128 驾驶机动车前，需要调整安全头枕的高度，使头枕正对驾驶人的颈椎。（ ）

129 机动车发生碰撞时座椅安全带主要作用是什么？（ ）

A. 保护驾乘人员颈部

B. 保护驾乘人员胸部

C. 减轻驾乘人员伤害

D. 保护驾乘人员腰部

130 设有安全带装置的车辆，应要求车内乘员系安全带。（ ）

131 以下安全带系法正确的是？（ ）

图1：

图2：

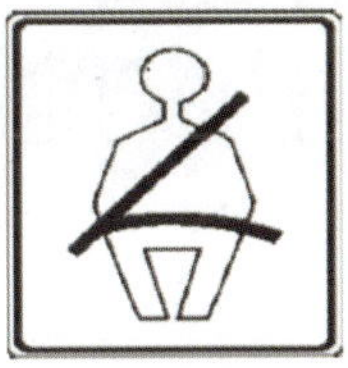

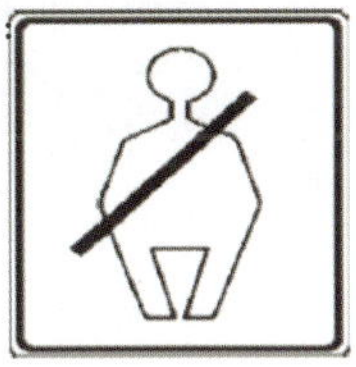

图3：

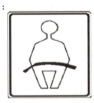

图4：

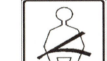

A. 图1 B. 图2 C. 图3 D. 图4

132 机动车发生正面碰撞时，安全气囊加上安全带的双重保护才能充分发挥作用。（ ）

133 机动车在发生碰撞时，安全带可以减轻驾乘人员伤害。（ ）

134 机动车在紧急制动时ABS会起到什么作用？（ ）

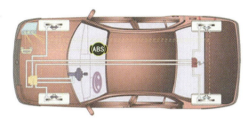

A. 切断动力输出 B. 自动控制方向

C. 减轻制动惯性 D. 防止车轮抱死

135 防抱死制动系统（ABS）在什么情况下可以最大限度发挥制动器效能？（ ）

A. 间歇制动 B. 持续制动

C. 紧急制动 D. 缓踏制动踏板

136 机动车紧急制动时，ABS在提供最大制动力的同时能使车前轮保持转向能力。（ ）

137 装有ABS的机动车在冰雪路面上会最大限度缩短制动距离。（ ）

138 驾驶有ABS的机动车在紧急制动的同时转向可能会发生侧滑。（ ）

139 安装防抱死制动系统（ABS）的机动车紧急制动时，可用力踏制动踏板。（ ）

140 安装防抱死制动系统（ABS）的机动车制动时，制动距离会大大缩短，因此不必保持安全车距。（ ）

141 安全气囊是一种什么装置？（ ）

A. 防抱死制动系统

B. 电子制动力分配系统

C. 辅助驾乘人员保护系统

D. 驾驶人头颈保护系统

142 正面安全气囊与什么配合才能充分发挥保护作用？（ ）

A. 防抱死制动系统 B. 座椅安全带

C. 座椅安全头枕 D. 安全玻璃

答案

125.D 126.× 127.D 128.× 129.C 130.√ 131.A 132.√ 133.√ 134.D 135.C

136.√ 137.× 138.√ 139.√ 140.× 141.C 142.B

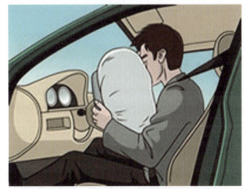

第六章 安全行车、文明驾驶知识

一 一般道路安全行车

（一）安全起步

1. 驾驶人在进入驾驶室前，首先要观察机动车周围情况，确认安全后再上车。（　　）
2. 车辆起步前，驾驶人应对车辆周围交通情况进行观察，确认安全时再开始起步。（　　）
3. 车辆临时靠边停车后准备起步时，应先怎样做？（　　）
   A. 加油起步
   B. 鸣喇叭
   C. 提高发动机转速
   D. 观察周围交通情况
4. 车辆在路边起步后应尽快提速，并向左迅速转向驶入正常行驶道路。（　　）
5. 机动车临时靠边停车后准备起步时，驾驶人应鸣喇叭示意左侧车道机动车让道。（　　）

（二）安全汇入车流

6. 行车中从其他道路汇入车流前，应注意观察侧后方车辆的动态。（　　）
7. 驾驶车辆汇入车流时，应提前开启转向灯，保持直线行驶，通过后视镜观察左右情况，确认安全后汇入合流。（　　）
8. 车辆在主干道上行驶，驶近主支干道交汇处时，为防止与从支路突然驶入的车辆相撞，应怎样做？（　　）
   A. 提前减速、观察，谨慎驾驶
   B. 保持正常速度行驶
   C. 鸣喇叭，迅速通过
   D. 提前加速通过

（三）变更车道

9. 驾驶车辆在交叉路口前变更车道时，应怎样驶入要变更的车道？（　　）
   A. 在路口前实线区内根据需要
   B. 进入路口实线区内
   C. 在路口停止线前
   D. 在虚线区按导向箭头指示
10. 变更车道时只需开启转向灯，并迅速转向驶入相应的车道，以不妨碍同车道机动车正常行驶。（　　）
11. 变更车道时，应开启转向灯，迅速驶入侧方车道。（　　）
12. 变更车道时，提前打开转向灯后，就可以立即变更车道。（　　）
13. 驾驶车辆向右变更车道时，应提前开启右转向灯，注意观察，在确保安全的情况下，驶入要变更的车道。（　　）
14. 驾驶机动车在道路上行驶，欲变更车道时，应提前开启转向灯，在确认安全的前提下，平稳变更车道。（　　）
15. 这辆红色轿车变更车道的方法和路线是正确的。（　　）

16. 驾驶机动车向右变更车道前应仔细观察右侧车道车流情况的原因是什么？（　　）
    A. 判断有无变更车道的条件
    B. 准备抢行
    C. 迅速变更车道
    D. 准备迅速停车
17. 驾驶机动车变更车道前应仔细观察，目的是判断有无变更车道的条件。（　　）
18. 驾驶机动车变更车道为什么要提前开启转向灯？（　　）
    A. 开阔视野，便于观察路面情况
    B. 提示前车让行
    C. 提示行人让行
    D. 提示其他车辆我方准备变更车道

答案 1.√ 2.√ 3.D 4.× 5.× 6.√ 7.√ 8.A 9.D 10.× 11.× 12.× 13.√ 14.√ 15.× 16.A 17.√ 18.D

19 如图所示，A 车在此时进入左侧车道是因为进入实线区不得变更车道。（　　）

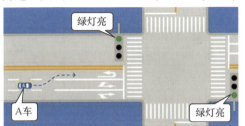

20 如图所示，A 车要在前方掉头行驶，可以在此处变换车道，进入左侧车道准备掉头。（　　）

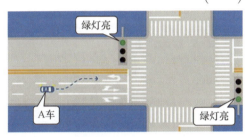

21 如图所示，驾驶机动车行驶至此位置时，以下做法正确的是什么？（　　）

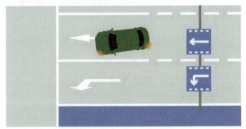

A. 观察左侧无车后，可以左转
B. 从该处直接左转
C. 不得左转，应当直行
D. 倒车退到虚线处换到左转车道

（四）安全跟车

22 如图所示，A 车在这种情况下应适当减速。（　　）

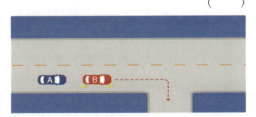

23 驾驶机动车在高速公路上遇前方车流行驶缓慢时，以下做法正确的是什么？（　　）

A. 跟随车流行驶，保持安全车距
B. 进入应急车道行驶
C. 可以倒车
D. 立即停车

24 在涉水路段跟车行驶时，应当怎样做？（　　）

A. 紧跟其后
B. 超越前车，抢先通过
C. 适当增加车距
D. 并行通过

（五）安全会车

25 会车前选择的交会位置不理想时，应怎样做？（　　）

A. 减速、低速会车或停车让行
B. 向左占道，让对方减速让行
C. 打开前照灯，示意对方停车让行
D. 加速选择理想位置

26 在狭窄的路段会车时，应做到礼让三先：先慢、先让、先停。（　　）

27 行车中需要借道绕过前方障碍物，但对向来车已接近障碍物时，应怎样做？（　　）

A. 加速提前抢过
B. 鸣喇叭示意对向车辆让道
C. 迅速占用车道，迫使对向来车停车让道
D. 降低速度或停车，让对向来车优先通行

28 夜间会车规定 150 米以内使用近光灯的原因是什么？（　　）

A. 提示后方车辆
B. 两车之间相互提示
C. 使用远光灯会造成驾驶人出现目眩，易引发危险
D. 驾驶人的操作习惯行为

29 如图所示，在这种环境下会车前，要先与对面来车交替变换远近光灯观察前方道路情况，会车时两车都要关闭远光灯交会。（　　）

30 在画有道路中心线的道路上会车时，应当保持安全车速、不越线行驶。（　　）

答案
19.√ 20.× 21.C 22.√ 23.A 24.C 25.A 26.√ 27.D 28.C 29.√ 30.√

31 在狭窄的山路会车，规定不靠山体的一方优先行驶的原因是什么？（　　）
A. 靠山体的一方相对安全
B. 靠山体的一方视野宽阔
C. 不靠山体的一方车速较快
D. 三项都正确

32 驾驶小型机动车在没有道路中心线狭窄的山路会车时，靠山体的一方视野宽阔，所以要让不靠山体的一方优先行驶。（　　）

33 在道路上驾驶机动车与对向来车会车时，可以不注意两车横向间距。（　　）

（六）安全避让

34 遇后车发出超车信号后，只要具备让超条件应怎样做？（　　）
A. 靠道路右侧加速行驶
B. 主动减速并靠右侧行驶
C. 让出适当空间加速行驶
D. 迅速减速或紧急制动

35 驾驶的车辆正在被其他车辆超越时，应怎样做？（　　）
A. 靠道路中心行驶　B. 加速让路
C. 继续加速行驶　　D. 减速，靠右侧行驶

36 驾驶的车辆正在被其他车辆超越时，若此时后方有跟随行驶的车辆，应怎样做？（　　）
A. 继续加速行驶
B. 稍向右侧行驶，保证横向安全距离
C. 靠道路中心行驶
D. 加速向右侧让路

37 行车中遇到后方车辆要求超车时，应怎样做？（　　）
A. 保持原有车速行驶
B. 及时减速、观察后靠右行驶让行
C. 靠右侧加速行驶
D. 不让行

38 遇后车超车时，在条件许可的情况下应减速靠右让路，是为了后车留出超车空间。（　　）

39 遇到前方车辆停车排队或者缓慢行驶时，强行穿插，以下说法正确的是什么？（　　）
A. 禁止，因为这样不利于省油
B. 禁止，因为这样扰乱车流，加重拥堵
C. 允许，因为可以快速地通过拥堵区
D. 允许，因为可以省油

40 如图所示，在这种情况下遇右侧车辆变更车道，应减速保持间距，注意避让。（　　）

41 如图所示，在辅路上行驶，遇到一辆机动车从主路进入辅路时，应该怎样做？（　　）

A. 减速或停车让主路驶出的车辆先进入辅路
B. 鸣喇叭告知进入辅路的车辆停车让行
C. 只要不影响主路驶出的车辆正常行驶就可加速通过
D. 在辅路行驶的车辆有优先通行权，不用减速行驶

42 为什么规定辅路车让主路车先行？（　　）
A. 辅路车便于观察
B. 主路车流量大、速度快
C. 主路车流量小、速度快
D. 辅路车速度快

43 如图所示，在这段道路上行驶需要注意什么？（　　）

A. 只要有逆向行驶的车辆就不能越线行驶
B. 既不能越中心线也不能轧中心线行驶
C. 如果没有逆向行驶的车辆允许越中心线行驶
D. 只有在超车的时候才能越中心线行驶

答案　31.A　32.×　33.×　34.B　35.D　36.B　37.B　38.√　39.B　40.√　41.A　42.B　43.B

（七）安全超车

44 驾驶人在超车时，前方车辆不减速、不让道，应怎样做？　（　）
A. 紧跟其后，伺机再超
B. 停止继续超车
C. 加速继续超越
D. 连续鸣喇叭加速超越

45 进入左侧道路超车，无法保证与正常行驶前车的横向安全间距时，应怎样做？（　）
A. 谨慎超越
B. 放弃超车
C. 并行一段距离后再超越
D. 加速超越

46 在道路上超车时，应尽量加大横向距离，必要时可越实线超车。　（　）

47 驾驶机动车在同方向画有2条以上机动车道的慢速车道内行驶，需要超越同车道行驶的前车时，可以借用左侧快速车道行驶。
（　）

48 风、雨、雪、雾等复杂气象条件，遇前车速度较低时，应开启前照灯，连续鸣喇叭迅速超越。　（　）

49 行车中超越右侧停放的车辆时，为预防其突然起步或开启车门，应怎样做？（　）
A. 加速通过
B. 长鸣喇叭
C. 保持正常速度行驶
D. 预留出横向安全距离，减速行驶

50 遇机动车超越本车时，不允许向左转向或紧急制动，以免后车反应不及时发生追尾或侧撞事故。　（　）

51 在图中这种环境下超车时，要变换远近光灯告知前车，待前车让行后，再开启远光灯超越。　（　）

52 如图所示，在这种情形超车时，要提前开启左转向灯，连续鸣喇叭或开启远光灯提

示，催促前车让行。　（　）

53 在超越前车时，提前开启左转向灯，变换使用远、近光灯或者鸣喇叭是为了什么？（　）
A. 提醒后车以及前车　B. 提醒行人
C. 仅提醒后车　　　　D. 仅提醒前车

54 驾驶机动车超车时，可以鸣喇叭替代开启转向灯。　（　）

55 驾驶机动车完成超车、驶回原车道时，应该怎样使用灯光？　（　）
A. 开启右转向灯
B. 开启左转向灯
C. 开启近光灯
D. 开启危险报警闪光灯

56 如图所示，A车可以从左侧超越B车。
（　）

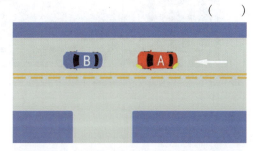

57 如图所示，驾驶机动车遇左侧车道有车辆正在超车时，可以迅速变道，伺机反超。（　）

58 超车时，如果无法保证与被超车辆的安全间距，应主动放弃超车。　（　）

59 驾驶机动车正在被其他车辆超越时，被超车辆减速靠右侧行驶的目的是什么？（　）
A. 给该车让出足够的超车空间
B. 以便随时停车
C. 避让行人与非机动车

答案
44.B 45.B 46.× 47.× 48.× 49.D 50.√ 51.√ 52.× 53.A 54.× 55.A 56.× 57.× 58.√ 59.A

D. 以上选项都不正确

60 如图所示，在超车过程中，遇对向有来车时要放弃超车是因为什么？（ ）

A. 前车车速快

B. 如继续超车，易与对面机动车发生刮擦、相撞

C. 对向来车车速快

D. 我方车辆提速太慢

61 如图所示，当您超越右侧车辆时，应该尽快超越，减少并行时间。（ ）

62 超车需从前车左侧超越，以下说法正确是什么？（ ）

A. 左侧为慢速车道

B. 我国实行左侧通行原则

C. 右侧为快速车道

D. 便于观察，有利于安全

63 超车时应从前车的左侧超越，是因为左侧超车便于观察，有利于安全。（ ）

64 如图所示，以下哪种情况可以超车。（ ）

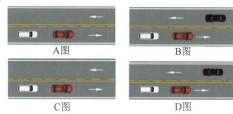

A. C图　　B. D图　　C. B图　　D. A图

65 驾驶机动车超车时，前方车辆不减速让路，应停止超车并适当减速，与前方车辆保持安全距离。（ ）

66 夜间行车，可选择下列哪个地段超车。（ ）

A. 窄路窄桥　　　　B. 交叉路口

C. 路宽车少　　　　D. 弯道陡坡

67 驾驶机动车超车时，被超越车辆未减速让路，应迅速提速超越前方车辆完成超车。（ ）

68 通过铁路道口时，不得超车。（ ）

69 通过急转弯路段时，在车辆较少的情况下可以超车。（ ）

70 通过窄路、窄桥时，不得超车。（ ）

71 驾驶机动车在行经市区交通流量大的道路时不得超车。（ ）

72 通过隧道时，不得超车。（ ）

（八）安全停车

73 机动车在道路边临时停车时，应怎样做？（ ）

A. 不得逆向或并列停放

B. 只要出去方便，可随意停放

C. 可逆向停放

D. 可并列停放

74 机动车在道路上临时停车时，应按顺行方向停车，车身距道路边缘不超过50厘米。（ ）

75 车辆长时间停放时，应选择停车场停车。（ ）

76 机动车停车的错误做法是什么？（ ）

A. 应当在规定地点停放

B. 禁止在人行道上停放

C. 在道路上临时停车时，不得妨碍其他车辆和行人通行

D. 可以停放在非机动车道上

77 停车后，应先观察机动车前后交通环境，确保安全后再打开机动车车门下车。（ ）

78 停车视距不包括以下哪个距离？（ ）

A. 启动距离　　　　B. 制动距离

C. 反应距离　　　　D. 安全距离

（九）安全掉头

79 掉头过程中，应严格控制车速，仔细观察道路前后方情况，确认安全后方可前进或倒车。（ ）

80 人行横道上禁止掉头的原因是什么？（ ）

A. 人行横道禁止车辆通行

答案：60.B　61.√　62.D　63.D　64.√　65.√　66.C　67.X　68.√　69.X　70.√　71.√　72.√　73.A　74.√　75.√　76.D　77.√　78.A　79.√　80.B

B. 避免妨碍行人正常通行，确保行人安全
C. 人行横道禁止停车
D. 路段有监控设备

81 在这个路口不能掉头。（   ）

82 在这种路口怎样进行掉头？（   ）

A. 从中心线虚线处掉头
B. 从右侧车道掉头
C. 进入路口后掉头
D. 在人行横道上掉头

83 如图所示，这种情况下只要后方、对向无来车，可以掉头。（   ）

（十）安全倒车

84 驾驶机动车倒车时，应当察明车后情况，确认安全后倒车。（   ）

85 在一般道路倒车时，若发现有过往车辆通过，应怎样做？（   ）
A. 鸣喇叭示意　　B. 主动停车避让
C. 加速倒车　　　D. 继续倒车

86 倒车过程中要缓慢行驶，注意观察车辆两侧和后方的情况，随时做好停车准备。（   ）

87 如图所示，造成事故的责任是大客车倒车没有避让正常驶来的车辆，小客车看到前车掉头时没有停车等待。（   ）

（十一）其他

88 直线行驶时，车速越快，转向盘操作量应越多，转动转向盘的速度也应越快。（   ）

89 出现晕厥、恶心、乏力、幻象等影响安全驾驶的现象时，驾驶人不能继续驾驶机动车，避免发生交通事故。（   ）

二 复杂路段安全行车

（一）通过交叉路口

90 在堵车的交叉路口绿灯亮时，车辆应怎样做？（   ）
A. 可直接驶入交叉路口
B. 不能驶入交叉路口
C. 可借对向车道通过路口
D. 在保证安全的情况下驶入交叉路口

91 驾驶车辆进入交叉路口前，应降低行驶速度，注意观察，确认安全。（   ）

92 如图所示，机动车行驶至交叉路口时的做法是正确的。（   ）

93 车辆行至交叉路口时，左转弯车辆在任何时段都可以进入左转弯待转区。（   ）

94 在有信号灯的交叉路口，直行是绿灯，左转是红灯时，车辆可以进入左转待转区等待。（   ）

95 在路口遇这种情形要减速让行。（   ）

答案　81.× 82.A 83.√ 84.√ 85.B 86.√ 87.√ 88.× 89.√ 90.B 91.√ 92.√ 93.× 94.√ 95.√

96 如图所示，驶近这种路口时，必须先停车，再重新起步通过路口。（ ）

97 进入这个路口应该怎样做？（ ）
A. 交替变换远近光灯提醒路口内车辆让行
B. 从路口内车辆前迅速插入
C. 让已在路口内的车辆先行
D. 鸣喇叭直接进入路口

98 驾驶机动车在进入环岛路口时应按顺时针方向行驶，必要时减速或停车让行。（ ）

99 驾驶机动车准备驶离环岛时，应如何使用灯光？（ ）
A. 提前开启左转向灯
B. 不用指示灯提示
C. 开启危险报警闪光灯
D. 提前开启右转向灯

100 驾驶机动车驶出环岛时，应先驶入最右侧车道，不用开启转向灯驶离即可。（ ）

101 如图所示，驾驶机动车驶出这个路口时应当怎样使用灯光？（ ）

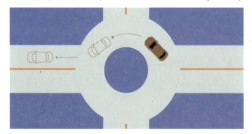

A. 开启右转向灯
B. 开启危险报警闪光灯
C. 不用开启转向灯
D. 开启左转向灯

102 如图所示，A 车具有优先通行权。（ ）

103 车辆在交叉路口有优先通行权的，遇有车辆抢行时，应怎样做？（ ）
A. 抢行通过
B. 提前加速通过
C. 按优先权规定正常行驶不予避让
D. 减速避让，必要时停车让行

104 路口转弯过程中，持续开启转向灯，主要是因为什么？（ ）
A. 让其他驾驶人知道您正在转弯
B. 完成转弯动作前，关闭转向灯会对车辆造成损害
C. 让其他驾驶人知道您正在超车
D. 完成转弯动作前，关闭转向灯是习惯动作

105 如图所示，驾驶机动车在路口遇到这种交通信号时，右转弯的车辆在不妨碍被放行的车辆、行人的情况下，可以通行。（ ）

106 如图所示，红圈标注的深色车辆的做法是违法的。（ ）

答案 96.× 97.C 98.× 99.D 100.× 101.A 102.√ 103.D 104.A 105.√ 106.√

107 驾驶机动车在路口右转弯时，应提前开启右转向灯，不受信号灯限制，不受车速限制，迅速通过，防止路口堵塞。（　　）

108 如图所示，当车辆驶近这样的路口时，以下说法错误的是什么？（　　）

A. 为避免车辆从路口突然冲出引发危险，应适当降低车速
B. 本车有优先通行权，可加速通过
C. 因为视野受阻，应鸣喇叭提醒侧方道路来车
D. 右前方路口视野受阻，如有突然冲出车辆，容易引发事故

109 在交叉路口遇到这种情况时，要在红灯亮以前加速通过路口。（　　）

110 如图所示，直行车辆遇到前方路口堵塞，以下说法正确的是什么？（　　）

A. 等前方道路疏通后，且信号灯为绿灯时方可继续行驶
B. 等有其他机动车进入路口时跟随行驶
C. 只要信号灯为绿灯，就可通过
D. 可以直接驶入路口内等待通行

111 如图所示，在这种情况下通过前方路口，应该怎么行驶？（　　）

A. 加速通过
B. 减速或停车避让行人
C. 赶在行人前通过
D. 靠左侧行驶

112 交叉路口不得倒车的原因是什么？（　　）
A. 交通情况复杂，容易造成交通堵塞甚至引发事故
B. 交通监控设备多
C. 交通警察多
D. 车道数量少

113 如图所示，在环岛交叉路口发生的交通事故中，应由A车负全部责任。（　　）

114 如何驾驶机动车通过无交通信号的交叉路口？（　　）
A. 鸣喇叭，迅速通过
B. 保持正常速度行驶
C. 提前加速通过
D. 提前减速，确认安全后通过

115 如图所示，在这种情况下驶近路口，车辆可以怎么行驶。（　　）

A. 只能直行　　　　B. 左转或者直行
C. 左转或右转　　　D. 直行或右转

116 如图所示，右前方 A 车若想左转，以下做法正确的是什么？　　　　　　　（　　）

A. 直行通过，重新选择行驶路线
B. 从直行车道左转
C. 直接变更到左转车道
D. 向右转弯，重新选择行驶路线

117 当您即将通过交叉路口的时候，才意识到要左转而不是向前，以下说法正确的是什么？　　　　　　　　　　　（　　）

A. 继续向前行驶
B. 停在交叉路口，等待安全时左转
C. 在确保安全的情况下，倒车然后左转
D. 以上说法都不正确

118 如图所示，在这种情况下通过交叉路口时，不得超车的原因是什么？　（　　）

A. 机动车速度慢，不足以超越前车
B. 路口有交通监控设备
C. 路口设有信号灯
D. 路口内交通情况复杂，易发生交通事故

119 如图所示，在这种情况下准备进入环形路口时，为了保证车后车流的通畅，应加速超越红车进入路口。　　　　（　　）

120 如图所示，通过有这个标志的路口时应该减速让行。　　　　　　　（　　）

121 如图所示，通过有这个标志的路口时无需减速。　　　　　　　　　（　　）

122 驾驶机动车在交叉路口前变更车道时，应在进入实线区后，开启转向灯，变更车道。　　　　　　　　　　　（　　）

123 遇前方路段车道减少，车辆行驶缓慢，为保证安全有序应该怎样做？（　　）

A. 穿插到前方排队车辆中通过
B. 依次交替通行
C. 加速从前车左右超越
D. 借对向车道迅速通过

124 驶近一个图中所示的路口时，怎么做是正确的？

A. 如果路口没有车辆和行人，就可以加速通过
B. 只要不影响车辆和行人通行，就可以减

116.A　117.A　118.D　119.×　120.×　121.×　122.×　123.B　124.D

C. 在路口停车后向左转头观察，确认安全后通过

D. 在路口减速后向左转头观察，确认安全后通过

（二）通过铁路道口

125 怎样通过这样的路口？　　（　）

A. 不减速通过　　B. 加速尽快通过
C. 空挡滑行通过　　D. 减速或停车观察

126 驾驶车辆通过无人看守的铁路道口时，应怎样做？　　（　）

A. 减速通过
B. 匀速通过
C. 一停、二看、三通过
D. 加速通过

127 如图，在这种铁路道口，如果没有看到列车驶来就要加速通过道口。（　）

128 驾驶车辆驶入铁路道口前减速降挡，进入道口后应怎样做？　　（　）

A. 不能变换挡位　　B. 可以变换挡位
C. 可换为高挡　　D. 停车观察

129 驾驶车辆驶入铁路道口前减速降挡，进入道口后可以变换挡位。　　（　）

130 车辆通过铁路道口前，换入低速挡，避免中途换挡导致发动机熄火。（　）

131 车辆通过铁道路口时，应用低速挡安全通过，中途不得换挡，以避免发动机熄火。（　）

132 通过有人看守的铁路道口时，服从道口管理人员指挥，不要与火车抢道。（　）

133 通过无人看守的铁路道口时，没有看到火车到来可以加速通过。（　）

134 如图所示，铁路道口禁止掉头的原因是什么？　　（　）

A. 有铁路道口标志
B. 容易引发事故
C. 铁路道口车流量大
D. 有铁路道口信号灯

135 驶近一个铁路道口，遇到图中所示信号灯亮着，但栏杆还没落下的情况，怎么做才正确？　　（　）

A. 只要栏杆还没落下就继续行驶
B. 如果没有看到列车驶来，可以快速横过道口
C. 在道口的停止线以外停车等待
D. 如果已过道口停止线，就可以急速通过

136 如图所示，驶近一个铁路道口时，只要看到栏杆还没放下来，就可以加速通过道口。（　）

137 如图所示，驶近这种铁道路口，怎样做才正确？　　（　）

答案

125.D 126.C 127.× 128.A 129.× 130.√ 131.√ 132.√ 133.× 134.B 135.C
136.× 137.B

A. 如果没有看到列车驶来，可以快速横过道口
B. 通过铁路道口要做到"一看、二慢、三通过"
C. 只要路口的红色信号灯不亮，就可以加速通过
D. 没有看到铁路管理人员指挥，说明可以迅速通过

138 驾驶车辆驶入铁路道口前减速降挡，进入道口后不可以变换挡位。（ ）

（三）通过人行横道

139 车辆驶近人行横道时，应怎样做？（ ）
A. 加速通过
B. 立即停车
C. 先减速注意观察行人、非机动车动态，确认安全后再通过
D. 鸣喇叭示意行人让道

140 行驶车道绿灯亮时，但车辆前方人行横道仍有行人行走，应怎样做？（ ）
A. 直接起步通过
B. 起步后从行人后方绕过
C. 等行人通过后再起步
D. 起步后从行人前方绕过

141 驶近一个没有信号灯的路口，遇到图中这种情况，怎么做正确？（ ）

A. 停车让行人先通过
B. 减速缓慢行驶通过
C. 连续鸣喇叭告知行人
D. 加速从行人的前方通过

142 驶近没有人行横道的交叉路口时，发现有人横穿道路，应怎样做？（ ）
A. 减速或停车让行
B. 鸣喇叭示意其让道
C. 立即变道绕过行人
D. 抢在行人之前通过

143 在绿灯亮的路口右转，遇到图中所示的情

况，应该怎么做？（ ）

A. 加速在第一个行人的前方右转弯
B. 绕道第一个行人的后方向右转弯
C. 等待两个行人都通过路口再右转弯
D. 鸣喇叭让行人停止通行后向右转弯

144 驾驶车辆通过人行横道线时，应注意礼让行人。（ ）

145 在这种情况下可以加速通过人行横道。（ ）

146 如图所示，驾驶机动车遇到没有行人通过的人行横道时不用减速慢行。（ ）

147 如图所示，驶近这种路段时，只要没有车辆和行人在人行横道上通过，就可以加速通过。（ ）

（四）通过弯道、桥梁、涵洞、隧道

148 机动车驶近急弯、坡道顶端等影响安全视距的路段时，减速慢行并鸣喇叭示意是为了什么？（ ）
A. 测试喇叭是否能正常使用

138.√ 139.C 140.C 141.A 142.A 143.C 144.√ 145.× 146.× 147.× 148.C

B. 提示前车后方车辆准备超车
C. 提示对向交通参与者我方有来车
D. 避免行至坡道顶端车辆动力不足

149 驾驶机动车驶近有视线盲区的弯道,应鸣喇叭。（　　）

150 如图所示,驾驶机动车遇到这种情况,以下做法正确的是什么?（　　）

A. 减速慢行、鸣喇叭示意
B. 为拓宽视野,临时占用左侧车道行驶
C. 加速行驶
D. 停车观察

151 如图所示,驾驶机动车行驶至桥梁涵洞时,以下做法正确的是什么?（　　）

A. 加速,在对向车到达前通过
B. 减速靠右通过
C. 保持原速继续正常行驶
D. 鸣喇叭后加速通过

152 如图所示,驾驶机动车行经该路段时,应减速慢行,避免因目眩导致的交通事故。（　　）

153 车辆驶入双向行驶隧道前,应开启什么灯?（　　）

A. 远光灯　　　　B. 危险报警闪光灯

C. 雾灯　　　　D. 示廓灯或近光灯

154 车辆驶入双向行驶隧道前,要开启远光灯。（　　）

（五）通过泥泞路和凹凸路

155 泥泞道路对安全行车的主要影响是什么?（　　）

A. 行驶阻力变小
B. 车轮极易滑转和侧滑
C. 能见度低,视野模糊
D. 路面附着力增大

156 在泥泞路上制动时,车轮易发生侧滑或甩尾,导致交通事故。（　　）

157 车辆在泥泞路上发生侧滑时,以下做法正确的是?（　　）

A. 向侧滑的另一侧转动转向盘适量修正
B. 迅速制动减速
C. 向侧滑的一侧转动转向盘适量修正
D. 迅速制动停车

158 车辆行至泥泞或翻浆路段时,应停车观察,选择平整、坚实的路段缓慢通过。（　　）

159 车辆通过凹凸路面时,应怎样做?（　　）

A. 低速缓慢平稳通过
B. 依靠惯性加速冲过
C. 挂空挡滑行驶过
D. 保持原速通过

（六）通过学校区域、居民小区和公共汽车站

160 车辆通过学校和小区应注意观察标志标线,低速行驶,不要鸣喇叭。（　　）

161 行车中遇列队横过道路的学生时,应怎样做?（　　）

A. 提前加速抢行
B. 停车让行
C. 降低车速、缓慢通过
D. 连续鸣喇叭催促

162 车辆驶近停在车站的公交车时,为预防公交车突然起步或行人从车前穿出,应怎样做?（　　）

A. 减速,保持足够间距,随时准备停车
B. 保持正常车速行驶

答案 149.√　150.A　151.B　152.√　153.D　154.×　155.B　156.√　157.C　158.√　159.A　160.√　161.B　162.A

C. 鸣喇叭提醒，加速通过
D. 随时准备紧急制动

163 蓝色车辆遇到图中的情形时，下列做法正确的是？　　　　　　　　（　　）

A. 按照前方交通信号灯指示直接通行
B. 鸣喇叭提醒，让学生队伍中空出一个缺口，从缺口中穿行过去
C. 停车等待，直到学生队伍完全通过
D. 鸣喇叭，催促还未通过的学生加快速度通过

164 遇到图中所示的情景，怎样做才正确？（　　）

A. 借左侧车道超越校车
B. 变换远近光灯催促校车离开
C. 停在校车后面等待
D. 鸣喇叭催促校车离开

165 如图所示，行车中遇到停在路边的校车时，怎么做才正确？　　　　（　　）

A. 提前变更到中间车道超越
B. 提前变更到最左侧车道超越
C. 停在校车后方使用灯光催促
D. 适当鸣喇叭低速从左侧超越

166 驾驶机动车驶出地下车库时，应按照导向箭头的方向行驶，不得逆行。（　　）

三　山区道路安全行车

（一）山区一般道路安全行车

167 山区道路对安全行车的主要影响是什么？
　　　　　　　　　　　　　　（　　）
A. 交通情况单一
B. 坡长弯急，视距不足
C. 车流密度大
D. 道路标志少

168 车辆在山区道路跟车行驶时，应怎样做？
　　　　　　　　　　　　　　（　　）
A. 适当加大安全距离
B. 紧随前车之后
C. 适当减小安全距离
D. 尽可能寻找超车机会

169 在山区道路超车时，应怎样超越？（　　）
A. 尽量抓住任何机会
B. 选择宽阔的缓上坡路段
C. 选择较长的下坡路
D. 选择较缓的下坡路

170 在山区道路遇对向来车时，应怎样会车？
　　　　　　　　　　　　　　（　　）
A. 紧靠道路中心　　B. 不减速
C. 加速　　　　　　D. 减速或停车让行

（二）山区坡道安全行车

171 下长坡时，控制车速除了刹车制动以外还有什么有效的辅助方法？（　　）
A. 挂入空挡滑行
B. 利用发动机制动
C. 关闭发动机熄火滑行
D. 踏下离合器滑行

172 下长坡连续使用行车制动会导致什么？（　　）
A. 会缩短发动机寿命
B. 增加驾驶人的劳动强度
C. 容易造成车辆倾翻
D. 会使制动器温度升高而使制动效果急剧下降

173 车辆上坡行驶，要提前观察路况、坡道长度，及时减挡使车辆保持充足的动力。（　　）

174 车辆下坡行驶，要适当控制车速，充分利用发动机进行制动。（　　）

163.C　164.C　165.B　166.√　167.B　168.A　169.B　170.D　171.B　172.D　173.√　174.√

175 车辆下长坡时要减挡行驶,以充分利用发动机的制动作用。（　　）

176 车辆在山区道路行车下陡坡时,不得超车。（　　）

177 驾驶机动车下长坡时,利用惯性滑行可以减少燃油消耗,值得提倡。（　　）

178 驾驶机动车下长坡时,空挡滑行会导致再次挂挡困难。（　　）

179 车辆在山区上坡路驾驶,减挡要及时、准确、迅速,避免拖挡行驶导致发动机动力不足。（　　）

180 驾驶机动车下长坡时,仅靠行车制动器制动,容易引起行车制动器失灵。（　　）

（三）山区弯道安全行车

181 山区道路车辆在通过弯道时,要做到"减速、鸣喇叭、靠右行"。（　　）

182 山区道路车辆进入弯道前,在对面没有来车的情况下,应怎样做？（　　）
A. 可靠弯道外侧行驶
B. 可短时间借用对方的车道
C. 可加速沿弯道切线方向通过
D. 应"减速、鸣喇叭、靠右行"

183 驾驶车辆行至道路急转弯处,应怎样做？（　　）
A. 急剧制动低速通过
B. 靠弯道外侧行驶
C. 充分减速并靠右侧行驶
D. 借对向车道行驶

184 车辆转弯时应沿道路右侧行驶,不要侵占对方的车道,做到"左转转大弯,右转转小弯"。（　　）

185 车辆行至急转弯处时,应减速并靠右侧行驶,防止与越过弯道中心线的对方车辆相撞。（　　）

186 车辆进入山区道路后,要特别注意"连续转弯"标志,并主动避让车辆及行人,适时减速和提前鸣喇叭。（　　）

（四）山区窄道安全行车

187 车辆在较窄的山路上行驶时,如果靠山体的一方不让行,应怎样做？（　　）
A. 鸣喇叭催其让行
B. 保持正常车速行驶
C. 提前减速或停车避让
D. 向左占道,谨慎驶过

（五）山区险道安全行车

188 通过山区危险路段,尤其是通过经常发生塌方、泥石流的山区地段,应谨慎驾驶,避免停车。（　　）

189 通过经常发生塌方、泥石流的山区地段,避免停车。（　　）

四　高速公路安全行车

（一）高速公路驶入与驶离

190 驶入高速公路的收费口时,应选择怎样的入口？（　　）
A. 车辆多　　　　B. 红灯亮
C. 绿灯亮　　　　D. 暂停服务

191 如图所示,驾驶机动车驶出车道后可以直接驶入行车道。（　　）

192 驾驶机动车由加速车道进入高速公路行驶,以下做法错误的是什么？（　　）
A. 在加速车道上加速,同时要开启左转向灯
B. 密切注意左侧行车道的车流状态,同时用后视镜观察后方的情况
C. 充分利用加速车道的长度加速,确认安全后,平顺地进入行车道
D. 经加速车道充分加速后,可直接驶入最左侧车道

193 机动车从匝道驶入高速公路,应当开启什么灯？（　　）
A. 前照灯　　　　B. 右转向灯

175.√　176.√　177.×　178.√　179.√　180.√　181.√　182.D　183.C　184.√　185.√　186.√　187.C　188.√　189.√　190.C　191.×　192.D　193.C

C. 左转向灯　　　　D. 危险报警闪光灯

194 高速公路上行车，如果因疏忽驶过出口，应怎样做？（　）
　A. 立即停车
　B. 在原地掉头
　C. 在原地倒车驶回
　D. 继续向前行驶，寻找下一个出口

195 假如您在高速公路上不小心错过了准备驶出的路口，正确的操作应该是？（　）
　A. 紧急刹车，倒车至想要驶出的路口
　B. 继续前行，到下一出口驶离高速公路掉头
　C. 在应急停车道上停车，等待车辆较少的时候再伺机倒车
　D. 借用应急停车道进行掉头，逆向行驶

196 驾驶机动车在高速公路上行驶，错过出口时，如果确认后方无来车，可以倒回出口驶离高速公路。（　）

197 如图所示，A 车的行为是正确的。（　）

（二）高速公路匝道和加速车道安全行驶

198 车辆在高速公路匝道上可以停车。（　）

199 车辆不得在高速公路匝道上掉头。（　）

200 车辆在高速公路匝道上掉头时，应确保后方无来车。（　）

201 车辆不得在高速公路匝道上倒车。（　）

202 车辆驶入匝道后，迅速将车速提高到每小时 60 公里以上。（　）

203 驾驶车辆进入高速公路加速车道后，应尽快将车速提高到每小时多少公里以上？（　）
　A. 50　　B. 60　　C. 30　　D. 40

204 驾驶车辆进入高速公路加速车道后，须尽快将车速提高到每小时 60 公里以上的原因是什么？（　）
　A. 以防被其他车辆超过
　B. 以防后方车辆发生追尾事故
　C. 以防汇入车流时影响主线车道上行驶的车辆
　D. 以防违反最低限速要求受到处罚

205 车辆在高速公路匝道提速到每小时 60 公里以上时，可直接驶入行车道。（　）

206 驾驶车辆可以从这个位置直接驶入高速公路行车道。（　）

207 这辆小型载客汽车进入高速公路行车道的行为是正确的。（　）

（三）高速公路车道选择

208 在标志、标线齐全的高速公路上行车，应当按照什么规定的车道和车速行驶？（　）
　A. 标志或标线
　B.《道路交通安全法》
　C. 车辆说明书
　D. 地方法规

209 在同向 4 车道高速公路上行车，车速高于每小时 110 公里的车辆应在哪条车道上行驶？（　）
　A. 最左侧　　　　B. 第二条
　C. 最右侧　　　　D. 第三条

210 机动车在高速公路行驶，下列做法正确的是？（　）
　A. 非紧急情况时不得在应急车道行驶或者停车
　B. 可在减速车道或加速车道上超车、停车
　C. 可在紧急停车带停车装卸货物
　D. 可在路肩停车上下人员

答案　194.D　195.B　196.×　197.×　198.×　199.√　200.×　201.√　202.×　203.B　204.C　205.×　206.×　207.×　208.A　209.A　210.A

211 车辆应靠高速公路右侧的路肩上行驶。（　）
212 高速公路因发生事故造成堵塞时，可在右侧紧急停车带或路肩行驶。（　）
213 机动车在高速公路行驶，如有人员需要上下车，必须将车停在紧急停车带才能进行。（　）
214 遇到前方道路发生交通事故时，在交通警察的指挥下可以从应急车道绕行。（　）
215 下列做法是否正确？（　）

216 如图所示，在高速公路最左侧车道行驶，想驶离高速公路，以下说法正确的是什么？（　）

A. 每次变更一条车道，直到最右侧车道
B. 为了快速变更车道，可以加速超越右侧车辆后变更车道
C. 找准机会一次变更到最右侧车道
D. 立即减速后向右变更车道

217 驾驶机动车在高速公路上行驶，遇到图中所示的情形，怎么做才正确？（　）
A. 可以借右侧应急车道行驶
B. 与前车保持安全距离跟车行驶
C. 紧跟左侧车道红色小客车行驶
D. 鸣喇叭或变换远近光灯催促

（四）高速公路行车道安全行驶

218 《道路交通安全法实施条例》规定，高速公路上最高时速不得超过120公里。因此在高速公路上行驶只要时速不超过120公里就不违法。（　）
219 车辆在高速公路行驶时，可以仅凭感觉确认车速。（　）
220 车辆在高速公路上行车，可以频繁地变更车道。（　）
221 在高速公路变更车道时，应提前开启转向灯，观察情况，确认安全后，驶入需要变更的车道。（　）
222 行驶在高速公路上遇大雾视线受阻时，应当立即紧急制动停车。（　）
223 机动车在高速公路上遇前方交通受阻时，应当跟随前车顺序排队，并立即开启危险报警闪光灯，防止追尾。（　）
224 驾驶机动车在高速公路上行驶遇前方车流行驶缓慢时，应该怎么做？（　）
A. 进入应急车道行驶
B. 立即停车
C. 可以倒车
D. 跟随车流行驶，保持安全车距
225 小型客车行驶在平坦的高速公路上，突然有颠簸感觉时，应迅速降低车速，防止爆胎。（　）
226 在高速公路上遇分流交通管制时，可不驶出高速公路，就地靠边停靠等待管制结束后继续前行。（　）
227 在高速公路上行驶感觉疲劳时，正确的做法是什么。（　）
A. 立即停车休息
B. 打开音响提神，继续行驶
C. 用风油精提神，继续行驶
D. 到最近的服务区停车休息
228 在高速公路上行驶感觉疲劳时，应立即停车休息，以保证行车安全，避免因疲劳驾驶而导致的交通事故。（　）
229 在高速公路上行驶感觉疲劳时，应在下一个服务区停车休息。（　）
230 车辆因故障必须在高速公路停车时，应在车

后方至少多少米处设置故障警告标志,夜间还需开启示廓灯和后位灯?（　　）
A. 150　　B. 200　　C. 100　　D. 50

231 驾驶机动车在高速公路上遇到雨雪天气时,需要降低车速、保持安全距离的原因,以下说法错误的是什么?（　　）
A. 能见度下降,驾驶人难以及时发现前方车辆
B. 此类天气条件下的道路上,车辆的制动距离变长
C. 为车辆安全行驶提供足够的安全距离
D. 降低恶劣天气对车辆造成的损害

232 驾驶机动车在高速公路上行驶时,应尽可能避免与其他车辆长时间并行。（　　）

233 在高速公路上开车遇到图中所示的情况时,以下操作不正确的是什么?（　　）

A. 应该打开雾灯、近光灯、示廓灯、前后位灯,危险报警灯光
B. 能见度低,应该与同车道前车间距保持一定距离
C. 降低车速,防止紧急情况下无法及时制动
D. 继续维持高速行驶,防止后面车辆堵塞

234 驾驶机动车在高速公路上车辆发生故障时,为获得其他车辆的帮助,可将警告标志放置在其他车道。（　　）

235 驾驶机动车在高速公路发生故障,需要停车排除故障时,以下做法先后顺序正确的是?①放置警告标志,转移乘车人员至安全处,迅速报警;②开启危险报警闪光灯;③将车辆移至不妨碍交通的位置;④等待救援。（　　）
A. ④③①②　　B. ①②③④
C. ③②①④　　D. ②③①④

236 驾驶机动车在高速公路上发生车辆故障或事故时,应做到"车靠边、人撤离、即报警",避免发生二次事故。（　　）

237 驾驶机动车在高速公路上车辆发生故障时,若车辆可以移动至应急车道内,只需开启危险报警闪光灯,警告标志可根据交通流情况选择是否放置。（　　）

238 在高速公路上驾驶机动车,车辆发生故障后的处置方法,以下说法错误的是什么?（　　）
A. 打开危险报警闪光灯,夜间还应开启示廓灯、后位灯
B. 在车后150米以外设置安全警告标志
C. 车内乘员应下车辅助将故障车辆推移到紧急停车带上
D. 所有人员需离开故障车辆,在紧急停车带或护栏以外安全位置报警并等候救援

239 如图所示,当您车速为95km/h时,您可以在哪条车道内行驶?（　　）

A. 车道A　　　　B. 车道B
C. 车道C　　　　D. 车道D

240 如图所示,在同向三车道高速公路上行车,车速每小时115公里应在哪条行车道上行驶?（　　）

A. 最右侧行车道　　B. 最左侧行车道
C. 中间行车道　　　D. 哪条都行

241 驾驶机动车在高速公路上行驶,能见度小于200米时,与同车道前车应保持100米以上的距离。（　　）

242 驾驶机动车在高速公路上行驶,当能见度

答案 231.D 232.√ 233.D 234.× 235.D 236.√ 237.× 238.C 239.B 240.B 241.√ 242.×

小于 200 米时，与同车车道前车应保持 50 米以上的距离。（　）

243 驾驶机动车在高速公路上行驶，遇有雾、雨、雪、沙尘、冰雹等低能见度气象条件下，能见度在 100 米以下时，车速不得超过每小时 40 公里，与同车道前车至少保持 50 米的距离。（　）

244 驾驶机动车在高速公路上行驶，遇有雾、雨、雪、沙尘、冰雹等低能见度气象条件时，能见度在 50 米以下时，以下做法正确的是什么？（　）
A. 加速驶离高速公路
B. 在应急车道上停车等待
C. 可以继续行驶，但车速不得超过每小时 40 公里
D. 以不超过每小时 20 公里的车速从最近的出口尽快驶离高速公路

五　恶劣气候条件下安全行车

（一）雨天安全行车

245 雨天对安全行车的主要影响是什么？（　）
A. 路面湿滑，视线受阻
B. 发动机易熄火
C. 行驶阻力增大
D. 电器设备易受潮短路

246 下雨后路面湿滑，车辆行驶中紧急制动时，容易导致什么？（　）
A. 发生侧滑、引发交通事故
B. 因视线模糊而撞车
C. 不被其他车辆驾驶人发现
D. 引起发动机熄火

247 雨天路面湿滑，车辆制动距离增大，行车中尽量使用紧急制动减速。（　）

248 车辆在雨天临时停车时，应开启什么灯？（　）
A. 前后雾灯　　B. 危险报警闪光灯
C. 前照灯　　　D. 倒车灯

249 在暴雨天气驾车，刮水器无法刮净雨水时，应怎样做？（　）
A. 集中注意力谨慎驾驶
B. 立即减速靠边停车
C. 以正常速度行驶
D. 减速行驶

250 在大暴雨的天气驾车，刮水器无法正常工作时，应立即减速行驶？（　）

251 连续降雨天气，山区公路可能会出现路肩疏松和堤坡坍塌现象，行车时应选择道路中间坚实的路面，避免靠近路边行驶。（　）

252 在大雨天行车，为避免发生"水滑"而造成危险，要控制速度行驶。（　）

253 在这种雨天跟车行驶使用灯光，以下做法正确的是？（　）

A. 使用远光灯　　B. 不能使用近光灯
C. 不能使用远光灯　D. 使用雾灯

254 雨天行车视线受阻，开启远光灯会提高能见度。（　）

255 如图所示，在这种天气行车，由于能见度较低，需要提前开启远光灯告知对向来车。（　）

256 水淹路面影响行车安全，不易通行的原因是什么？（　）
A. 路面附着力增大
B. 无法观察到暗坑和凸起的路面
C. 能见度低，视野模糊
D. 日光反射阻挡视线

257 漫水道路行车时，应挂高速挡，快速通过。（　）

258 驾驶人在行车中经过积水路面时，应怎样做？（　）
A. 减速慢行　　B. 保持正常车速通过

243.√　244.D　245.A　246.A　247.×　248.B　249.B　250.×　251.√　252.√　253.C　254.×　255.×　256.B　257.×　258.A

C. 空挡滑行通过　　D. 加速通过

259 在如图所示的道路跟车行驶时，为什么要保持较大的安全距离？（　　）
A. 因为不能正确判断水的深度
B. 因为路面积水的反光会影响距离的判断
C. 因为前车驾驶人的反应会变得迟缓
D. 因为溅起来的水会影响视线

260 车辆涉水后，应保持低速行驶，怎样操作制动踏板，以恢复制动效果？（　　）
A. 持续重踏　　B. 间断重踏
C. 持续轻踏　　D. 间断轻踏

（二）雾天安全行车

261 雾天对安全行车的主要影响是什么？
（　　）
A. 发动机易熄火
B. 易发生侧滑
C. 能见度低，视线不清
D. 行驶阻力增大

262 雾天行车时，应及时开启什么灯？（　　）
A. 倒车灯　　B. 近光灯
C. 雾灯　　　D. 远光灯

263 遇有浓雾或特大雾天能见度过低，行车困难时，应怎样做？（　　）
A. 开启前照灯，继续行驶
B. 开启示廓灯、雾灯，靠右行驶
C. 开启危险报警闪光灯，继续行驶
D. 开启危险报警闪光灯和雾灯，选择安全地点停车

264 浓雾天气能见度低，开启远光灯会提高能见度。（　　）

265 大雾天行车，多鸣喇叭是为了引起对方注意，避免发生危险。（　　）

266 雾天行车多使用喇叭可引起对方注意；听到对方车辆鸣喇叭，也应鸣喇叭回应。
（　　）

267 如图所示，在这种雾天情况下，通过交叉路口时必须开灯、鸣喇叭，加速通过，以免造成交通拥堵。（　　）

268 大雾天行车，多鸣喇叭是为了什么？
（　　）
A. 催促前车让行
B. 准备超越前车
C. 催促前车提速，避免发生追尾
D. 引起对方注意，避免发生危险

269 雾天行车为了提高能见度，应该开启远光灯。（　　）

270 雾天行车听到对方鸣喇叭，也应该鸣喇叭回应，以提示对方车辆。（　　）

271 雾天行车时，可多鸣按喇叭催促前车提速，避免发生追尾事故。（　　）

（三）雪天安全行车

272 冰雪道路对安全行车的主要影响是什么？
（　　）
A. 电器设备易受潮短路
B. 能见度降低，视野模糊
C. 行驶阻力增大
D. 制动性能差，方向易跑偏

273 冰雪路行车时应注意什么？（　　）
A. 制动距离延长
B. 抗滑能力变大
C. 制动性能没有变化
D. 路面附着力增大

274 驾驶机动车在能见度低的雪天起步时，要开启近光灯。（　　）

275 在这种天气条件下行车如何使用灯光？
（　　）

259.D　260.D　261.C　262.C　263.D　264.×　265.√　266.√　267.×　268.D　269.×　270.√　271.×　272.D　273.A　274.√　275.A

附录1 科目一考题及答案 149

A. 使用近光灯　　　B. 不使用灯光
C. 使用远光灯　　　D. 使用雾灯

276 雪天行车时，应该开启近光灯和雾灯。（　）
277 车辆在雪天临时停车时，应开启什么灯？
（　）
　　A. 前后雾灯　　　B. 倒车灯
　　C. 前照灯　　　　D. 危险报警闪光灯
278 雪天行车中，在有车辙的路段应循车辙行驶。（　）
279 冰雪道路行车，由于积雪对光线的反射，极易造成驾驶人目眩而产生错觉。（　）
280 在冰雪道路上行车时，车辆的稳定性降低，加速过急时车轮极易空转或溜滑。（　）
281 在山区冰雪道路上行车，遇有前车正在爬坡时，后车应怎样做？（　）
　　A. 低速爬坡
　　B. 紧随其后爬坡
　　C. 选择适当地点停车，等前车通过后再爬坡
　　D. 迅速超越前车
282 在冰雪路面上行车，必须降低车速、加大安全距离。（　）
283 车辆在冰雪路面紧急制动易产生侧滑，应低速行驶，可利用发动机制动进行减速。
（　）
284 驾驶机动车遇到沙尘、冰雹、雨、雾、结冰等气候条件时应降低行驶速度。（　）
285 机动车在山区冰雪覆盖的道路上行驶，应当采取在（　）上安装防滑链等安全防范措施。
　　A. 驱动轮　　　　B. 被动轮
　　C. 备胎　　　　　D. 驱动轮和被动轮

（四）夜间安全行车

286 夜间道路环境对安全行车的主要影响是什么？（　）
　　A. 驾驶人体力下降
　　B. 驾驶人易产生冲动、幻觉

C. 能见度低、不利于观察道路交通情况
D. 路面复杂多变

287 夜间驾驶人对物体的观察明显比白天差，视距会有什么变化？（　）
　　A. 不变　　　　　B. 无规律
　　C. 变长　　　　　D. 变短
288 夜间行车，驾驶人视距变短，影响观察，同时注意力高度集中，易产生疲劳。（　）
289 夜间行车，驾驶人的视野受限，很难观察到灯光照射区域以外的交通情况，因此要减速行驶。（　）
290 夜间驾驶人对事物的观察能力明显比白天差，视距变短。（　）
291 夜间起步前，应当先开启近光灯。（　）
292 夜间车辆通过照明条件良好的路段时，应使用什么灯？（　）
　　A. 危险报警闪光灯　B. 远光灯
　　C. 近光灯　　　　　D. 雾灯
293 夜间行车中，前方出现弯道时，灯光照射会发生怎样的变化？（　）
　　A. 离开路面　　　B. 由路中移到路侧
　　C. 距离不变　　　D. 由高变低
294 夜间在道路上会车时，距离对向来车多远将远光灯改用近光灯？（　）
　　A. 不必变换灯光　B. 150 米以外
　　C. 100 米以内　　D. 50 米以内
295 夜间在道路上会车时，应在距离对向来车100米以内将远光灯改用近光灯。（　）
296 夜间会车时，若对方车辆不关闭远光灯，可变换灯光提示对向车辆，同时减速靠右侧行驶或停车。（　）
297 夜间行车，遇对面来车未关闭远光灯时，应减速行驶，以防两车灯光的交汇处有行人通过时发生事故。（　）
298 夜间通过没有路灯或路灯照明不良的路段时，应将近光灯转换为远光灯，但同向行驶的后车不得使用远光灯。（　）
299 夜间行车，要尽量避免超车，确需超车时，可变换远近光灯向前车示意。（　）
300 夜间行车，需要超车时，变换远近光灯示意是为了提示前车。（　）
301 如图所示，夜间驾驶机动车与同方向行驶

答案
276.× 277.D 278.√ 279.√ 280.√ 281.C 282.√ 283.√ 284.√ 285.A 286.C 287.D 288.√ 289.√ 290.√ 291.√ 292.C 293.B 294.B 295.√ 296.√ 297.√ 298.× 299.√ 300.√ 301.B

的前车距离较近时，以下做法正确的是什么？　　　　　　　　　　（　　）

A. 使用远光灯，有利于观察路面情况
B. 禁止使用远光灯，避免灯光照射至前车后视镜造成前车驾驶人目眩
C. 使用远光灯，有利于告知前方驾驶人后方有来车
D. 禁止使用远光灯，避免灯光照射至前车后视镜造成自己目眩

302 如图所示，夜间驾驶机动车遇对方使用远光灯，无法看清前方路况时，以下做法正确的是什么？　　　　　　　（　　）

A. 保持行驶方向和车速不变
B. 自己也打开远光灯行驶
C. 降低车速，谨慎会车
D. 加速通过，尽快摆脱目眩光线

303 夜间驾驶机动车在没有中心隔离设施或者没有中心线的道路上行驶，以下哪种情况下应当改用近光灯？　　（　　）

A. 接近没有交通信号灯控制的交叉路口时
B. 与对向机动车会车时
C. 接近人行横道时
D. 城市道路照明条件不良时

304 机动车向左转弯、向左变更车道、驶离停车地点或者掉头时，提前开启左转向灯是为了什么？　　　　　　（　　）

A. 提示前车，将要向左变更行驶路线
B. 提示后车，将要向右变更行驶路线
C. 提示后车，将要向左变更行驶路线
D. 提示前车，将要向右变更行驶路线

305 如图所示，在这种情况下跟车行驶，不能使用远光灯的原因是什么？　　　　　（　　）

A. 不利于看清远方的路况
B. 会影响自己的视线
C. 会影响前车驾驶人的视线
D. 不利于看清车前的路况

306 关于机动车灯光的使用，以下说法正确的是什么？　　　　　　　　　　　　　（　　）

A. 夜间驾驶机动车在照明条件良好的路段必须使用远光灯
B. 夜间驾驶机动车在照明条件良好的路段可以不使用灯光
C. 机动车灯光一个重要的作用是提示其他机动车驾驶人和行人
D. 机动车灯光的作用仅仅是为了在夜间照明

六　轮胎爆裂避险知识

（一）轮胎漏气

307 驾驶人发现轮胎漏气，将车辆驶离主车道时，不要采用紧急制动，以免造成翻车或后车采取制动不及时导致追尾事故。（　　）

308 轮胎气压过低时，高速行驶轮胎会出现波浪变形温度升高而导致什么？　　（　　）

A. 气压更低　　　B. 行驶阻力增大
C. 爆胎　　　　　D. 气压不稳

309 避免爆胎的错误的做法是什么？　　（　　）

A. 定期检查轮胎
B. 更换有裂纹或有很深损伤的轮胎
C. 降低轮胎气压
D. 及时清理轮胎沟槽里的异物

310 降低轮胎气压可有效防止爆胎？（　　）

302.C　303.B　304.A　305.C　306.C　307.√　308.C　309.C　310.×

（二）爆胎

311 车辆前轮胎爆裂，危险较大，方向会立刻向爆胎车轮一侧跑偏，直接影响驾驶人对转向盘的控制。（ ）

312 行车中当车辆前轮爆胎已发生转向时，驾驶人应双手紧握转向盘，尽力控制车辆直线行驶。（ ）

313 前轮胎爆裂已出现转向时，驾驶人不要过度矫正，应在控制住方向的情况下，应怎样做，使车辆缓慢减速？（ ）
A. 采取紧急制动 　B. 使用驻车制动
C. 轻踏制动踏板 　D. 迅速踏下制动踏板

314 车辆后轮胎爆裂，车尾会摇摆不定，驾驶人应双手紧握转向盘，控制车辆保持直线行驶，减速停车。（ ）

315 行车中当驾驶人意识到爆胎时，应在控制住方向的情况下，轻踏制动踏板，使车辆缓慢减速，逐渐平稳地停靠于路边。（ ）

316 行车中当车辆突然爆胎时，驾驶人切忌慌乱中急踏制动踏板，尽量采用"抢挡"的方法，利用发动机制动使车辆减速。（ ）

317 车辆发生爆胎后，驾驶人在尚未控制住车速前，不要冒险使用行车制动器停车，以避免车辆横甩发生更大的险情。（ ）

318 行车中当驾驶人意识到车辆爆胎时，应在控制住方向的情况下采取紧急制动，迫使车辆迅速停住。（ ）

七　文明驾驶

（一）文明行为

319 安全文明行车是机动车驾驶人应当具备的基本素质要求。（ ）

320 一个合格的驾驶人，不仅表现在技术的娴熟上，更重要的是应该具有良好的驾驶行为习惯和道德修养。（ ）

321 对驾驶人开展日常教育是增强（ ）意识，提高安全文明素质的重要手段。
A. 驾驶人社会责任　B. 文明礼貌
C. 得与失　　　　　D. 优先发展交通

322 对驾驶人开展日常教育是增强驾驶人社会责任意识，提高安全文明素质的重要手段。（ ）

323 女驾驶人穿高跟鞋驾驶车辆，不利于安全行车。（ ）

324 驾驶车辆时，长时间左臂搭在车门窗上，或者长时间右手抓住变速器操纵杆，是一种驾驶陋习。（ ）

325 驾驶人一边驾车，一边吸烟对安全行车无影响。（ ）

326 谨慎驾驶的三原则是集中注意力、仔细观察和提前预防。（ ）

327 驾驶人在观察后方无来车的情况下，未开转向灯就变更车道也是合理的。（ ）

328 雨天行车，遇撑雨伞和穿雨衣的行人在公路上行走时，应怎样做？（ ）
A. 持续鸣喇叭示意其让道
B. 加速绕行
C. 提前鸣喇叭，并适当降低车速
D. 以正常速度行驶

329 驾驶人在行车中经过积水路面时，应怎样做？（ ）
A. 保持正常车速通过　B. 低挡加速通过
C. 特别注意减速慢行　D. 迅速加速通过

330 当驾驶车辆行经两侧有行人且有积水的路面时，应怎样做？（ ）
A. 加速通过　　　　B. 正常行驶
C. 连续鸣喇叭　　　D. 减速慢行

331 当驾驶车辆行经两侧有非机动车行驶且有积水的路面时，应怎样做？（ ）
A. 减速慢行　　　　B. 正常行驶
C. 加速通过　　　　D. 连续鸣喇叭

332 驾驶车辆在道路上行驶时，应当按照规定的速度安全行驶。（ ）

333 如图所示，驾驶机动车时，前风窗玻璃处悬挂放置干扰视线的物品是错误的。（ ）

答案

311.√　312.√　313.C　314.√　315.√　316.√　317.√　318.×　319.√　320.√　321.A　322.√　323.√　324.√　325.×　326.√　327.×　328.C　329.C　330.D　331.A　332.√　333.√

334 驾驶人一边驾车，一边打手持电话是违法行为。（   ）

335 如图所示，驾驶机动车接打电话容易导致发生交通事故。（   ）

336 驾驶机动车遇紧急事务，可以边开车边接打电话。（   ）

337 驾驶机动车时接打电话容易引发事故，以下原因错误的是什么？（   ）
   A. 单手握转向盘，对机动车控制力下降
   B. 驾驶人注意力不集中，不能及时判断危险
   C. 电话的信号会对汽车电子设备的运行造成干扰
   D. 驾驶人对路况观察不到位，容易导致操作失误

338 如图所示，驾驶机动车遇到这种情况，要减速慢行，同时持续鸣喇叭提醒行人注意查看路况。（   ）

339 驾驶机动车遇到非机动车违法在机动车道上行驶，并阻碍机动车前进时，以下做法错误的是什么？（   ）
   A. 注意非机动车辆的动向，减速行驶
   B. 谨慎驾驶低速通过
   C. 持续鸣喇叭警告非机动车避让
   D. 保持与非机动车安全车距

（二）文明礼让

340 机动车在环形路口内行驶，遇有其他车辆强行驶入时，只要有优先权就可以不避让。（   ）

341 车辆行至交叉路口，遇有转弯的车辆抢行，应怎样做？
   A. 提高车速抢先通过 B. 鸣喇叭抢先通过
   C. 停车避让   D. 保持正常车速行驶

342 车辆在交叉路口绿灯亮后，遇非机动车抢道行驶时，可以不让行。（   ）

343 会车中遇到对方来车行进有困难需借道时，应怎样做？（   ）
   A. 靠右侧加速行驶
   B. 尽量礼让对方先行
   C. 不侵占对方道路，正常行驶
   D. 示意对方停车让行

344 行车中遇到对向来车占道行驶，应怎样做？（   ）
   A. 逼对方靠右行驶   B. 用前照灯警示对方
   C. 主动给对方让行   D. 紧靠道路中心行驶

345 遇到路口情况复杂时，应做到"宁停三分，不抢一秒"。（   ）

346 行车中要文明驾驶，礼让行车，做到不开英雄车、冒险车、赌气车和带病车。（   ）

347 行车中遇抢救伤员的救护车从本车道逆向驶来时，应怎样做？（   ）
   A. 靠边减速或停车让行
   B. 占用其他车道行驶
   C. 加速变更车道避让
   D. 在原车道内继续行驶

348 行车中发现前方道路拥堵时，应怎样做？（   ）
   A. 寻找机会超越前车
   B. 从车辆空间穿插通过
   C. 减速停车，依次排队等候
   D. 鸣喇叭催促

349 发现前方道路堵塞，正确的做法是什么？（   ）
   A. 按顺序停车等候
   B. 鸣喇叭示意前方车辆快速行驶
   C. 选择空当逐车超越
   D. 继续穿插绕行

350 车辆在拥挤路段低速行驶时，遇其他车辆强行插队，应怎样做？（   ）
   A. 鸣喇叭警告，不得进入
   B. 加速行驶，紧跟前车，不让其进入

答案 334.√ 335.√ 336.× 337.C 338.× 339.C 340.× 341.C 342.× 343.B 344.C 345.√ 346.√ 347.A 348.C 349.A 350.D

C. 挤靠"加塞"车辆，逼其离开
D. 主动礼让，确保行车安全

351 行车中突遇对方车辆强行超车，占据自己车道，正确的做法是什么？（ ）
A. 挡住其去路
B. 保持原车速行驶
C. 尽可能减速避让直至停车
D. 加速行驶

352 行车中突遇对向车辆强行超车，占据自己车道时，可不予避让，迫使对方让路。（ ）

353 如图所示，车辆在拥挤路段排队行驶时，遇到其他车辆强行穿插行驶，以下说法正确的是什么？（ ）

A. 迅速左转躲避
B. 减速或停车让行
C. 持续鸣喇叭警告
D. 迅速提高车速不让其穿插

354 如图所示，驾驶机动车遇到右侧车辆强行变道，应减速慢行，让右前方车辆顺利变道。（ ）

355 行人参与道路交通的主要特点是什么？（ ）
A. 喜欢聚集、围观
B. 稳定性差
C. 行走随意性大，方向多变
D. 行动迟缓

356 行人参与道路交通的主要特点除了行走随意性大、方向多变以外，还喜欢聚集、围观。（ ）

357 行车中遇儿童时，应怎样做？（ ）
A. 减速慢行，必要时停车避让

B. 长鸣喇叭催促
C. 迅速从一侧通过
D. 加速绕行

358 驾驶人行车中看到注意儿童标志的时候，应怎样做？（ ）
A. 加速行驶   B. 绕道行驶
C. 保持正常车速行驶 D. 谨慎选择行车速度

359 行车中遇儿童在路边玩耍，应长鸣喇叭，迅速从一侧通过？（ ）

360 行车中遇残疾人影响通行时，应主动减速礼让。（ ）

361 行车中，发现行人突然横过道路时，应迅速减速避让。（ ）

362 如图所示，驾驶机动车遇到这种情况，以下做法正确的是什么？（ ）

A. 长鸣喇叭催促行人快速通过
B. 开启远光灯警示行人有车辆驶近
C. 降低行驶速度，避让行人
D. 适当加速从行人前方绕行

363 如图所示，驾驶机动车经过这种道路时，应降低车速在道路中间通行。（ ）

364 如图所示，驾驶机动车遇到这种情况，可以轻按喇叭提醒前方非机动车和行人后方有来车。（ ）

351.C 352.× 353.B 354.√ 355.C 356.√ 357.A 358.D 359.× 360.√ 361.√ 362.C 363.√ 364.√

365 如图所示，机动车在这种道路上行驶，在道路中间通行的原因是什么？（ ）

A. 在道路中间通行视线好
B. 防止车辆冲出路外
C. 给两侧的非机动车和行人留有充足的通行空间
D. 在道路中间通行速度快

366 如图所示，在这种道路上行驶，应在道路中间通行的主要原因是在道路中间通行速度快。（ ）

367 当行人出现交通安全违法行为时，车辆可以不给行人让行。（ ）

368 行车中遇有非机动车准备绕过停放的车辆时，应怎样做？（ ）
A. 鸣喇叭示意其让道
B. 让其先行
C. 紧随其后鸣喇叭
D. 加速绕过

369 行车中，遇非机动车抢行时，应怎样做？（ ）
A. 加速通过   B. 鸣喇叭警告
C. 减速让行   D. 临近时突然加速

370 行车中超越同向行驶的自行车时，应怎样做？（ ）
A. 连续鸣喇叭提醒其让路
B. 持续鸣喇叭并加速超越
C. 让自行车先行
D. 注意观察动态，减速慢行，留有足够的安全距离

371 夜间驾驶车辆遇自行车对向驶来时，应怎样做？（ ）
A. 连续变换远、近光灯
B. 不断鸣喇叭
C. 使用近光灯，减速或停车避让
D. 使用远光灯

372 行车中前方遇自行车影响通行时，可鸣喇叭提示，加速绕行。（ ）

（三）助人为乐

373 行车中遇有前方发生交通事故，需要帮助时，应怎样做？（ ）
A. 尽量绕道躲避
B. 立即报警，停车观望
C. 协助保护现场，并立即报警
D. 加速通过，不予理睬

374 行车中遇交通事故受伤者需要抢救时，应怎样做？（ ）
A. 及时将伤者送医院抢救或拨打急救电话
B. 尽量避开，少惹麻烦
C. 绕过现场行驶
D. 借故避开现场

第七章　交通事故救护

一　伤员急救基本原则

1 在事故现场抢救伤员的基本要求是什么？（ ）
A. 先治伤，后救命　B. 先救命，后治伤
C. 先帮助轻伤员　　D. 后救助重伤员

2 遇伤者被压于车轮或货物下时，要立即拉拽伤者的肢体将其拖出。（ ）

3 受伤者在车内无法自行下车时，可设法将其从车内移出，尽量避免二次受伤。（ ）

365.C 366.× 367.× 368.B 369.C 370.D 371.C 372.× 373.C 374.A
1.B 2.× 3.√

二 昏迷不醒的伤员急救

4 抢救昏迷失去知觉的伤员需注意什么？（　）
A. 马上实施心肺复苏
B. 使劲掐伤员的人中
C. 连续拍打伤员面部
D. 抢救前先检查呼吸

5 搬运昏迷失去知觉的伤员首先要采取仰卧位。（　）

6 抢救昏迷失去知觉的伤员要在抢救前先检查呼吸。（　）

7 在成人心肺复苏时，胸外按压频率是多少？（　）
A. 80～100次/分　B. 60～80次/分
C. 100～120次/分　D. 120～140次/分

三 失血伤员的急救

8 抢救失血伤员时，要先采取什么措施？（　）
A. 观察　B. 包扎　C. 止血　D. 询问

9 在没有绷带急救伤员的情况下，以下救护行为中错误的是什么？（　）
A. 用手帕包扎　　B. 用毛巾包扎
C. 用棉质衣服包扎　D. 用细绳缠绕包扎

10 采用指压止血法为动脉出血伤员止血时，拇指压住伤口的什么位置？（　）
A. 近心端动脉　　B. 血管下方动脉
C. 远心端动脉　　D. 血管中部

11 包扎止血不能用的物品是什么？（　）
A. 绷带　　　B. 三角巾
C. 止血带　　D. 麻绳

12 在没有绷带急救伤员的情况下，可用毛巾、手帕、床单、长筒尼龙袜等代替绷带包扎。（　）

13 在紧急情况下为伤员止血时，须先用压迫法止血后再根据出血情况改用其他止血法。（　）

14 救助失血过多出现休克的伤员要采取保暖措施。（　）

四 烧伤伤员的急救

15 救助全身燃烧伤员采取哪种应急措施？（　）
A. 用沙土覆盖火焰灭火
B. 向身上喷冷水灭火
C. 用灭火器进行灭火
D. 帮助脱掉燃烧的衣服

16 烧伤伤员口渴时，可喝少量的淡盐水。（　）

17 烧伤伤员口渴时，只能喝白开水。（　）

18 救助全身燃烧伤员可以采取向身上喷冷水灭火的措施。（　）

19 救助烧伤伤员时，当伤口已经起泡的情况下，可用什么覆盖在水泡上进行保护？（　）
A. 手帕　　　　B. 围巾
C. 塑料袋或保鲜膜　D. 卫生纸

20 对于烫伤进行处理时，应首先考虑用常温清水持续冲洗烫伤部位。（　）

五 中毒伤员的急救

21 救助有害气体中毒伤员，首先采取的措施是什么？（　）
A. 采取保暖措施
B. 将伤员转移到有新鲜空气的地方
C. 进行人工呼吸
D. 进行胸外心脏按压

22 为防止有害气体中毒伤员继续中毒，首先将伤员转移到空气新鲜的地方。（　）

23 抢救有害气体中毒伤员时，应第一时间将伤员移送到有新鲜空气的地方，脱离危险环境，防止吸入更多有害气体。（　）

24 交通事故中急救中毒伤员，以下做法错误的是什么？（　）
A. 尽快将中毒人员移出毒区
B. 脱去接触有毒空气的衣服
C. 用清水清洗暴露部位
D. 原地等待救援

答案：4.D 5.× 6.√ 7.C 8.C 9.D 10.A 11.D 12.√ 13.√ 14.√ 15.D 16.√ 17.× 18.× 19.C 20.√ 21.B 22.√ 23.√ 24.D

25 驾驶机动车遇车辆出现燃烧现象，应迅速离开车内，以免对呼吸道造成伤害或发生窒息。（　）

六　骨折伤员的处置

26 抢救骨折伤员时注意什么？（　）
　A. 迅速抬上担架送往医院
　B. 适当调整损伤时的姿势
　C. 用绷带对骨折部位进行包扎
　D. 不要移动身体骨折部位

27 怎样抢救脊柱骨折的伤员？（　）
　A. 采取保暖措施
　B. 用软板担架运送
　C. 用三角巾固定
　D. 扶持伤者移动

28 伤员骨折处出血时，要先固定，然后止血和包扎伤口。（　）

29 移动脊柱骨折的伤员，切勿扶持伤者走动，可用软担架运送。（　）

30 移动脊柱骨折的伤员，要有两名以上人员扶持移动。（　）

31 伤员大腿、小腿和脊椎骨折时，一般不要随便移动伤者。（　）

32 对无骨端外露的骨折伤员肢体固定时，要超过伤口上下关节。（　）

33 伤员骨折处出血时，先固定好肢体再进行止血和包扎。（　）

七　常见危化品处置常识

34 驾驶机动车发生交通事故后，应注意是否有燃油泄漏、管路破裂的情况，避免意外情况出现。（　）

35 在交通事故现场，一旦遇到有毒有害物质泄漏，一定要第一时间疏散人员，并立即报警。（　）

36 因交通事故造成有害气体泄漏后，进入现场抢救伤员时，抢救人员须佩戴空气呼吸器或用湿毛巾捂住口鼻。（　）

答案　25.√　26.D　27.C　28.×　29.×　30.×　31.√　32.√　33.×　34.√　35.√　36.√

附录 2 科目四考题及答案

第一章 安全行车常识

一 日常检查与维护

1. 驾驶人进入驾驶室前，首先要做什么？（　　）
   A. 观察机动车周围情况
   B. 不用观察周围情况
   C. 开启车门直接上车
   D. 注意观察天气情况

2. 上车前绕车检查时，要以顺时针方向绕车检查车辆，确认安全后方可上车。（　　）

3. 行车前应对机动车驾驶室、发动机舱、车外部、轮胎进行检查。（　　）

4. 出车前检查冷却液、发动机机油、燃油等是否有渗漏现象。（　　）

5. 出车前对轮胎进行哪些方面的检查？（　　）
   A. 什么也不用检查
   B. 轮胎有没有清洗
   C. 备胎在什么位置
   D. 轮胎的紧固和气压

6. 出车前，应该做的准备工作是什么？（　　）
   A. 仔细巡视车辆四周的状况，观察车底和车身周围是否有障碍物
   B. 上车后关好车门，调整好座位，系好安全带
   C. 起动车辆，观察仪表，检查车辆工作是否正常
   D. 调整好后视镜

7. 水温表是用来指示哪个部件的温度？（　　）
   A. 行驶系　　　　B. 转向系
   C. 发动机　　　　D. 变速器

8. 检查机油时，以下做法正确是什么？（　　）
   A. 停在平坦的地方，在启动前检查
   B. 停在平坦的地方，在急速状态下检查
   C. 无需停在平坦的地方，在启动前检查
   D. 无需停在平坦的地方，在急速状态下检查

9. 出车前检查刮水器时，应尽量在干燥状态下进行。（　　）

10. 出车前检查的目的是什么？（　　）
    A. 确认机动车车胎是否损毁
    B. 确认周围是否有障碍物
    C. 确认在车辆附近是否存在安全隐患
    D. 确认出车方向的安全性

11. 行车前检查轮胎，遇到以下哪些情况，需要及时修理或更换轮胎？（　　）
    A. 轮胎上有鼓包或脱皮
    B. 胎压过低
    C. 轮胎花纹厚度过浅
    D. 轮胎侧壁有裂痕

12. 合理使用灯光能够保证行车安全。因此，驾驶人在出行前应该确保车辆灯光完好齐备，工作状态正常。（　　）

答案

1.A 2.× 3.√ 4.√ 5.D 6.ABCD 7.C 8.A 9.× 10.ABCD 11.ABCD 12.√

二　一般道路安全行车

（一）安全起步

13 机动车在路边起步后，应随时注意机动车两侧道路情况，向左缓慢转向，逐渐驶入正常行驶道路。（　　）

14 机动车在路边起步后应尽快提速，并向左迅速转向驶入正常行驶道路。（　　）

15 在这种气象条件下起步要注意哪些方面？

A. 开启远光灯　　B. 开启前后雾灯
C. 只能开启左转向灯　D. 长时间鸣喇叭

16 在这种环境中安全起步怎样使用灯光？（　　）

A. 开启远光灯
B. 只能开启左转向灯
C. 开启左转向灯、近光灯
D. 开启危险报警闪光灯

17 驾驶汽车在雨天起步前要使用刮水器。（　　）

18 在这种能见度的情况下起步要开启近光灯。（　　）

19 驾驶机动车在这种环境条件下起步前要开启远光灯。（　　）

20 驾驶机动车在雨天起步前要使用刮水器。（　　）

21 驾驶机动车起步前，驾驶人对乘车人需要提出什么要求？（　　）
A. 系好安全带
B. 调整好后视镜
C. 不要把身体伸出车外
D. 不要向车外抛洒物品

22 如图所示，起步时此灯亮起表示驻车制动杆（手刹）放下。（　　）

23 车辆起步前，驾驶人应对车辆周围交通情况进行观察，确认安全时再开始起步。（　　）

24 车辆临时靠边停车后准备起步时，应先怎样做？（　　）
A. 加油起步　　B. 鸣喇叭
C. 提高发动机转速　D. 观察周围交通情况

25 机动车临时靠边停车后准备起步时，驾驶人应鸣喇叭示意左侧车道机动车让道。（　　）

（二）安全汇入车流

26 行车中从其他道路汇入车流前，应注意观察侧后方车辆的动态。（　　）

27 车辆在主干道上行驶，驶近主支干道交汇处时，为防止与从支路突然驶入的车辆相撞，应怎样做？（　　）
A. 提前减速、观察，谨慎驾驶
B. 保持正常速度行驶
C. 鸣喇叭，迅速通过
D. 提前加速通过

28 在这种情况下驾驶人需要注意什么？（　　）

答案　13.√　14.×　15.C　16.C　17.√　18.√　19.×　20.√　21.ACD　22.√　23.√　24.D　25.×　26.√　27.A　28.A

A. 左侧机动车　　B. 右侧机动车
C. 后方机动车　　D. 前方机动车

29 驾驶机动车在这种情况下怎样汇入主路车流？（　　）

A. 加速直接汇入车流
B. 从主路内灰色车后汇入车流
C. 从主路内红色车前汇入车流
D. 开启转向灯直接汇入车流

30 驾驶机动车汇入车流时不能影响其他机动车通行。（　　）

31 驾驶机动车从辅路汇入主路车流时要迅速。（　　）

32 这种情况下怎样安全驾驶？（　　）

A. 提前减速行驶　　B. 观察交汇处车辆
C. 提前加速通过　　D. 谨慎驾驶通过

33 驾驶汽车从支线道路怎样安全汇入主干道车流？（　　）

A. 提前开启左转向灯
B. 仔细观察主干道内情况
C. 确认安全后汇入车流
D. 加速直接汇入车流

34 在这种情况下从主路进入辅路怎样汇入车流？（　　）

A. 注意观察减速慢行　B. 加速进入辅路行驶
C. 从红车后汇入车流　D. 从红车前汇入车流

35 机动车从高速公路加速车道汇入行车道车流时，以下做法正确的是什么？（　　）

A. 从正常行驶车辆后驶入行车道
B. 从正常行驶车辆前驶入行车道
C. 停车等待正常行驶车辆通过
D. 加速直接驶入行车道

36 驾驶机动车应当怎样汇入主路车流？（　　）

A. 加速直接汇入车流
B. 开启转向灯观察主路情况确保安全汇入车流
C. 开启转向灯直接汇入车流
D. 不用开启转向灯加速汇入车流

37 关于驾驶机动车汇入主路车流，以下说法正确的是什么？（　　）

A. 不得妨碍主路车辆正常行驶
B. 只要不发生事故可随意行驶
C. 可以碾压实线及导流线
D. 在不发生事故的前提下干扰主路车流也是可以的

38 如图所示，驾驶机动车遇这种情况应如何安全汇入车流？（　　）

A. 加速直接汇入车流
B. 认真观察主路车流情况
C. 提前开启转向灯并降低车速
D. 不得妨碍主路正常行驶车辆

39 驾驶机动车驶离停车场进入主路时，驾驶人应当鸣喇叭示意主路车辆让行。（　　）

40 如图所示，驾驶机动车驶离停车场进主路时，以下做法正确的是什么？（　　）

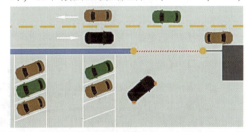

29.B　30.√　31.×　32.ABD　33.ABC　34.A　35.A　36.B　37.A　38.BCD　39.×　40.D

A. 加速汇入主路车流
B. 可以不避让主路车辆
C. 无需观察，鸣喇叭示意后汇入车流
D. 减速慢行，在不妨碍主路车辆行驶的前提下汇入车流

41 驾驶机动车汇入车流时应当开启转向灯，认真观察主路上车辆的行驶情况，在不妨碍主路车辆正常行驶的前提下汇入车流。（　　）

42 驾驶机动车驶出小区上道路行驶，以下做法错误的是什么？（　　）
A. 直接汇入主路车流
B. 无需避让主路车辆
C. 在不妨碍主路车辆正常行驶的前提下汇入车流
D. 鸣喇叭示意主路车避让

（三）安全车速

43 驾驶机动车遇下列哪种情形，最高行驶速度不得超过30公里/小时？（　　）
A. 掉头、转弯　　B. 窄路、窄桥
C. 下坡路　　　　D. 泥泞道路

44 汽车的制动距离，会随着车速的升高而变短。（　　）

45 关于超速行驶，以下哪种说法是错误的？（　　）
A. 易发生交通事故　B. 视野变窄
C. 制动距离变短　　D. 反应距离变短

（四）变更车道

46 驾驶机动车向左变更车道遇到这种情况要注意让行。（　　）

47 驾驶机动车遇到这种情况要迅速向左变更车道。（　　）

48 驾驶机动车在该位置不能变更车道。（　　）

49 驾驶机动车可在该路口处向右变更车道。（　　）

50 下列关于驾驶汽车突然变道加塞说法正确的是什么？（　　）
A. 缓解交通拥堵　　B. 易引发交通事故
C. 提高通行效率　　D. 造成道路拥堵

51 驾驶汽车频繁变更车道有哪些危害？（　　）
A. 扰乱交通秩序　　B. 易导致爆胎
C. 影响正常通行　　D. 易引发交通事故

52 驾驶汽车怎样向左安全变更车道？（　　）
A. 观察左侧道路情况
B. 打开左转向灯
C. 不得影响正常通行车辆
D. 迅速向左变道

53 在前方交叉路口直行时，要提前在虚线区按导向箭头指示向右变更车道。（　　）

54 行车中变更车道不需要提前开启转向灯。（　　）

55 如图所示，若车后50米范围内无其他车辆，可以不打转向灯变更车道。（　　）

答案：41.√ 42.ABD 43.ABCD 44.× 45.CD 46.√ 47.× 48.√ 49.× 50.BD 51.ACD 52.ABC 53.√ 54.× 55.×

56 驾驶机动车在向左变更车道前,通过左后视镜看到图中情形时,以下做法正确的是什么? ( )

A. 开启左转向灯后直接变更车道
B. 在确认左侧无其他车辆后,变更车道
C. 开启左转向灯稍向左行驶,后车让行后再变更车道
D. 开启左转向灯,让后方车辆通过后变更车道

57 驾驶汽车频繁变更车道有哪些危害,以下说法错误的是? ( )
A. 扰乱交通秩序　B. 易导致爆胎
C. 影响正常通行　D. 易引发交通事故

58 行车中变更车道时,不可一次连续变更两条以上机动车道。 ( )

59 左右两侧车道的车辆向同一车道变更时,右侧车道车辆让左侧车道车辆先行。 ( )

60 变更车道时,从后视镜中看到后方来车快速变大,说明后方来车没有减速。 ( )

61 变更车道时,从后视镜中看到的后方来车变小,说明后方来车已经减速。 ( )

62 驾驶机动车安全变更车道时,以下做法先后顺序正确的是?①通过车内后视镜观察后方情况;②通过左侧或右侧外后视镜观察后方车辆行驶情况;③扭头观察后视镜盲区的情况;④确认安全后变更车道。 ( )
A. ①②③④　　B. ②③①④
C. ①③②④　　D. ②①③④

63 驾驶车辆在交叉路口前变更车道时,应怎样驶入要变更的车道? ( )
A. 在路口前实线区内根据需要
B. 进入路口实线区内
C. 在路口停止线前
D. 在虚线区按导向箭头指示

64 变更车道时只需开启转向灯,并迅速转向驶入相应的车道,以不妨碍同车道机动车正常行驶。 ( )

65 变更车道时,应开启转向灯,迅速驶入侧方车道。 ( )

66 驾驶车辆向右变更车道时,应提前开启右转向灯,注意观察,在确保安全的情况下,驶入要变更的车道。 ( )

67 驾驶机动车变更车道,提前开启转向灯是为了提示其他车辆我方准备变更车道。 ( )

68 驾驶机动车向右变更车道前应仔细观察右侧车道车流情况的原因是什么? ( )
A. 判断有无变更车道的条件
B. 准备抢行
C. 迅速变更车道
D. 准备迅速停车

69 驾驶人在观察后方无来车的情况下,未开转向灯就变更车道也是合理的。 ( )

70 驾驶机动车频繁变更车道易导致爆胎。 ( )

71 机动车在道路上变更车道时需要注意什么? ( )
A. 提前开启转向灯
B. 仔细观察后变更车道
C. 不能影响其他车辆正常行驶
D. 随意并线

72 下列说法正确的什么? ( )
A. 白色虚线不允许随意变更车道
B. 白色虚线不能变更车道
C. 白色实线可以变更车道
D. 白色实线不能变更车道

(五)安全跟车

73 在道路上怎样安全跟车行驶? ( )
A. 注意观察前车动态
B. 随时做好减速准备
C. 尽量靠道路左侧行驶
D. 保持安全距离

74 在行驶中,驾驶人在注意与前车保持安全距离的同时,也要谨慎制动,防止被后车追尾。 ( )

75 在道路上跟车行驶时,跟车距离不是主要的,只需保持与前车相等的速度,即可防止发生追尾事故。 ( )

答案：56.D 57.B 58.√ 59.√ 60.√ 61.√ 62.A 63.D 64.× 65.× 66.√ 67.√ 68.A 69.× 70.× 71.ABC 72.AD 73.ABD 74.√ 75.×

76 在道路上行车时,安全跟车距离无需随着速度变化而变化。( )

77 关于驾驶机动车跟车行驶,以下做法正确的是什么? ( )
A. 与前车保持足以采取紧急制动措施的安全距离
B. 与前车保持较近距离,以防加塞
C. 将注意力全部集中在所跟随的车辆上
D. 将注意力全部集中在后方的车辆上

78 跟车行驶时,要留有足够的安全距离,为什么? ( )
A. 遇到紧急情况时,能有足够的避让空间
B. 跟车越近,越不容易掌握前车前方的情况
C. 防止因前车尾灯损坏,不能及时发现前车制动
D. 跟车太近,容易发生追尾

79 多车跟车行驶,为避免追尾事故发生应至少观察前方两三辆车,从而能对减速或停车具有预见性。( )

80 如图所示,驾驶机动车遇到前方车辆正在停车时,以下做法正确的是什么? ( )

A. 提前减速并停车等待
B. 借对向车道超越前车
C. 鸣喇叭催促前车让路
D. 继续行驶,靠近前车

81 如图所示,驾驶机动车跟车行驶遇到出租车正在接送乘客时,以下做法正确的是什么? ( )

A. 停车等待
B. 从对向车道加速超越
C. 连续鸣喇叭催促
D. 从非机动车道通过

82 驾驶小型汽车跟随装满货物的大货车行驶时,应当注意以下哪些方面? ( )
A. 大货车制动距离相对较长
B. 大货车可能抛洒货物
C. 大货车盲区较大
D. 大货车遮挡小型机动车视线

83 跟随大型汽车行驶时,应当加大跟车距离。( )

84 如图所示,驾驶机动车发现前车向后溜车,以下做法正确的是什么? ( )

A. 迅速向右方倒车躲避
B. 停车鸣喇叭提示
C. 迅速向左方倒车躲避
D. 直接倒车躲避

85 如图所示,驾驶机动车跟车行驶遇到前方大货车行驶缓慢时,以下做法正确的是什么? ( )

A. 连续鸣喇叭示意其让道
B. 加大安全车距,适时超车
C. 加速行驶,伺机超车
D. 紧跟前方大货车

86 驾驶机动车在上坡道路跟车行驶,遇到前车停车时,为防止前车起步时溜车,应适当加大安全距离。( )

87 以下跟车情况中,应当注意的情形有哪些? ( )
A. 跟随出租汽车行驶时,要预防其随时可能靠边停车上下乘客
B. 当前方汽车贴有实习标志时,应该增大

答案
76.× 77.A 78.ABCD 79.√ 80.A 81.A 82.ABCD 83.√ 84.B 85.B 86.√ 87.ABCD

跟车距离，预防前车紧急制动
C. 前方为装满货物的大货车时，应增大跟车距离并避免长时间跟随，以预防货物抛洒和车后盲区带来的危险
D. 雾天跟车行驶，注意前车紧急制动

88 驾驶机动车遇到前方车辆停车，等待行人通过人行横道时，以下做法正确的是什么？（　　）

A. 从左侧超越前车
B. 鸣喇叭催促前车向前行驶
C. 从右侧超越前车
D. 与前车保持安全距离，排队等待

89 驾驶机动车行驶过程中，驾驶人要随时注意与前车的安全距离，安全距离应随着车速的提高而增加。（　　）

90 如图所示，驾驶机动车遇到这种情况，B车做法正确的是什么？（　　）

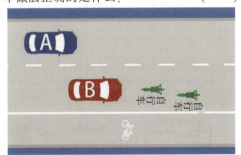

A. 适当鸣喇叭加速通过
B. 长鸣喇叭催促
C. 挤靠自行车
D. 减速让行

91 驾驶机动车与前车距离过近时，容易发生追尾事故。（　　）

92 在潮湿路面，机动车制动时，制动距离会延长，因此要拉开与前车的安全距离。（　　）

93 如遇交通流量较大的路段，跟车距离不重要，只需要保持低速行驶即可。（　　）

94 如图所示，驾驶机动车跟车行驶遇到前车遮挡路口交通信号灯时，以下做法正确的是什么？（　　）

A. 紧跟前车通过交叉口
B. 减速做好停车准备
C. 立即变更车道
D. 立即停车

95 驾驶机动车在坡道路段跟车行驶时，应保留比平路跟车时更大的安全距离。（　　）

96 如图所示，驾驶机动车遇到前方道路中间有停驶车辆时，以下可能出现的危险情形有哪些？（　　）

A. 前车左侧车门可能突然打开
B. 前车前方可能有行人横穿马路
C. 前车可能突然掉头
D. 前车可能突然倒车

97 车辆行驶中发现后车未保持安全跟车距离时，可以采用轻踩制动踏板的方式提醒后车，不需用力踩踏，只要能使制动灯亮起即可。（　　）

98 行车中看到前方车辆行驶线路左右摆动，以下说法错误的是什么？（　　）

A. 车内驾驶人可能为酒后驾车，应当保持距离
B. 车内驾驶人可能为酒后驾车，可以加速超过
C. 车内驾驶人可能为吸毒后驾车，可以加速超过
D. 此情况较为安全，可以紧密跟随

99 保持安全跟车距离是避免发生追尾、剐碰等事故的前提。（　　）

100 行车中看到前方车辆行驶线路左右摆动，以下说法错误的是什么？（　　）

A. 车内驾驶人可能为酒后驾车，可以加速超过
B. 此情况较为安全，可以紧密跟随
C. 车内驾驶人可能为吸毒后驾车，可以加速超过
D. 车内驾驶人可能为酒后驾车，应当保持距离

答案 88.D 89.√ 90.D 91.√ 92.√ 93.× 94.B 95.√ 96.ABCD 97.√ 98.BCD 99.√ 100.ABC

（六）安全会车

101 驾驶机动车在这种道路上怎样会车最安全？（   ）

A. 靠路中心行驶　　B. 靠路右侧行驶
C. 在路中间行驶　　D. 靠路左侧行驶

102 在这种情况下怎样会车最安全？（   ）

A. 靠中心线行驶　　B. 开前照灯行驶
C. 向路右侧避让　　D. 向车左侧避让

103 会车中道路一侧有障碍，双方机动车应如何做？（   ）
A. 无障碍一方让对向先行
B. 速度慢的让速度快的先行
C. 有障碍的一方让对向先行
D. 速度快的让速度慢的先行

104 机动车在狭窄的坡路会车时，正确的会车方法是什么？（   ）
A. 下坡车让上坡车
B. 坡顶交会时距离坡顶远的一方让行
C. 上坡车让下坡车
D. 下坡车已行至中途而上坡车未上坡时，让上坡车

105 会车遇到这种情况要低速会车或停车让行。（   ）

106 驾驶汽车遇雨、雪、雾等视线不清或路面较滑时怎样安全会车？（   ）
A. 降低车速行驶　　B. 加大横向间距
C. 应当加速行驶　　D. 必要时停车避让

107 在这种没有中心线的弯道上怎样安全会车？（   ）

A. 紧靠道路中心　　B. 紧靠道路右侧
C. 保持安全间距　　D. 降低车速行驶

108 在这种情况下怎样安全会车？（   ）

A. 加速缩短会车时间
B. 减速靠右行驶
C. 保持安全间距
D. 注意避让非机动车

109 在这种情况下怎样安全会车？（   ）

A. 加速绕过障碍物　　B. 向左占道行驶
C. 停车让对方先行　　D. 提前减速让行

110 如图所示，行车中遇到这种情况应当如何安全会车？（   ）

A. 鸣喇叭，加速通过
B. 减速靠右，让其先行
C. 靠道路左侧停靠让其先行
D. 抢在对方前先行通过

111 夜间会车时，如遇对方持续开启远光灯，

答案　101.B　102.C　103.C　104.A　105.√　106.ABD　107.BCD　108.BCD　109.CD　110.B　111.C

应当如何安全会车？ (　　)
A. 鸣喇叭，加速通过
B. 及时开启远光灯
C. 使用近光灯，低速会车或停车让行
D. 使用远光灯，低速会车

112 如图所示，驾驶机动车在会车过程中遇到这种情况，应当持续鸣喇叭并提高车速迫使其驶回车道。 (　　)

113 当感觉与对向驶来的车辆会有会车困难的时候，应及时减速靠边行驶，或停车让行。 (　　)

114 如图所示，驾驶机动车在这样的狭窄路段会车，驾驶人应当减速靠右并保持安全横向距离。 (　　)

115 在狭窄的坡路会车，如遇下坡车不减速、不让行，应持续鸣喇叭迫使其停车让行。 (　　)

116 如图所示，驾驶机动车遇到这种情况时，应减速或停车，待前方车辆通过后再通行。 (　　)

117 如图所示，驾驶机动车遇到这种情况时，驾驶人应注意的是什么？ (　　)

A. 道路左侧儿童可能突然跑进路中
B. 前方行人可能未察觉有机动车驶近
C. 迎面来车可能造成会车困难
D. 右侧停放的机动车可能会突然起步

118 驾驶机动车行驶中侵占对向车辆行驶路线，会使会车时的横向距离变小，容易发生刮碰事故。 (　　)

119 在狭窄的路段会车时，应做到礼让三先：先慢、先让、先停。 (　　)

120 行车中需要借道绕过前方障碍物，但对向来车已接近障碍物时，应怎样做？ (　　)
A. 加速提前抢过
B. 鸣喇叭示意对向车辆让道
C. 迅速占用车道，迫使对向来车停车让道
D. 降低速度或停车，让对向来车优先通行

121 会车前选择的交会位置不理想时，错误的做法是？ (　　)
A. 减速、低速会车或停车让行
B. 向左占道，让对方减速让行
C. 加速选择理想位置
D. 打开前照灯，示意对方停车让行

122 驾驶机动车在窄路直线行驶时，下列做法正确的是什么？ (　　)
A. 注意观察车辆前方的路况
B. 会车时要迅速交会
C. 注意观察前方是否有对向车辆
D. 有对向车辆时注意礼让

（七）安全避让

123 如动画所示，驾驶机动车遇到这种情况要如何处置？ (　　)

答案 112.× 113.√ 114.√ 115.× 116.√ 117.ABCD 118.√ 119.√ 120.D 121.BCD 122.ACD 123.D

[动画显示：机动车行驶中，本车道前方出现路障，且左侧车道有行驶的车辆]

A．紧急制动
B．急转向迅速绕过
C．迅速躲避不发生碰撞
D．平稳停车

124 驾驶机动车在这种情况下怎样安全行驶？（　　）

A．加速抢先绕过障碍物
B．占对向车道迫使对向让道
C．停车让对向来车优先通行
D．鸣喇叭或开启前照灯

125 驾驶机动车在这样的路面如何安全行驶？
（　　）

A．空挡滑行通过　　B．保持高速通过
C．适当加速通过　　D．低速缓慢通过

126 驾驶机动车遇到这种情况时对向机动车优先通过。（　　）

127 驾驶机动车遇到这种情况不要减速。（　　）

128 如图所示，行驶过程中遇前方有障碍物的情况怎么办？（　　）

A．减速靠右行驶
B．抢在绿车前绕过障碍
C．开启左转向灯
D．借对向车道绕过障碍

129 如动画所示，驾驶机动车遇到这种情况要如何处置？（　　）

[动画显示：机动车行经路边有停车的路段，停放车辆突然打开车门]

A．预留出横向安全距离，减速行驶
B．保持正常速度行驶
C．临近时紧急制动
D．加速通过

130 驾驶机动车遇到这种情况怎样行驶最安全？
（　　）

A．减速或停车让行
B．紧靠路中心行驶
C．保持正常车速
D．占对向车道会车

124.C　125.D　126.√　127.×　128.A　129.A　130.A

131 驾驶机动车遇到这种情况时要向左占道行驶。（　　）

132 前方遇有大型拉土（石）货车，应当尽量远离，避让。（　　）

133 如图所示，机动车遇到这种情况，A车应当主动减速让行的原因是什么？（　　）

A. 靠近山体一侧的车危险性更高
B. 靠近山体一侧的车更加容易减速
C. 临崖一侧的车危险性更高
D. 临崖一侧的车更容易通过

134 如图所示，驾驶机动车遇到这种主路左侧来车的情况，以下说法正确的是什么？（　　）

A. 左侧来车应该给己车让行
B. 己车应该给左侧来车让行
C. 不需让行，谁车速快谁先过
D. 不需让行，己车有优先通行权

135 驾驶机动车行驶到路口绿灯亮时，拥有优先通行权，可以不给行人或非机动车让行。（　　）

136 如图所示，在这种无信号灯控制情况下，A车、B车、C车的通行权顺序是什么？（　　）

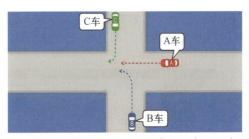

A. B车、A车、C车　B. C车、A车、B车
C. A车、B车、C车　D. A车、C车、B车

137 如图所示，驾驶机动车遇到这种情况时，我方车辆享有优先通行权。（　　）

138 如图所示，在这种情况下，A车应该让路口内的B车先行。（　　）

139 如图所示，图中车辆如何通行符合安全文明行车要求？（　　）

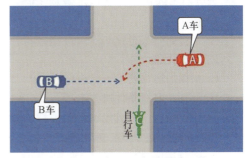

A. 按照B车、C车、A车的顺序通行
B. 按照A车、B车、C车的顺序通行
C. 按照C车、A车、B车的顺序通行
D. 按照C车、B车、A车的顺序通行

131.✕ 132.✓ 133.C 134.B 135.✕ 136.C 137.✓ 138.✓ 139.D

140 如图所示，驾驶机动车遇到左侧支路白色汽车不减速让行时，以下做法正确的是什么？（　　）

A. 加速，并超越白色汽车通过路口
B. 减速，注意避让
C. 持续鸣喇叭，并保持原有车速
D. 用车灯闪烁，示意对方让行

141 如何为特种车辆让路？（　　）
A. 向左减速让路，直到紧急车辆过去
B. 向右减速让路，直到紧急车辆过去
C. 立即停车，即使你在交叉口也是如此
D. 向前车鸣喇叭，自己在特种车辆前开路

142 行车中遇鸣警笛的警车从本车道逆向驶来时，要怎样做？（　　）
A. 在原车道内继续行驶
B. 靠边减速或停车让行
C. 加速变更车道避让
D. 临时占用其他车道行驶

143 遇后车发出超车信号后，只要具备让超条件应怎样做？（　　）
A. 靠道路右侧加速行驶
B. 主动减速并靠右侧行驶
C. 让出适当空间加速行驶
D. 迅速减速或紧急制动

144 驾驶的车辆正在被其他车辆超越时，应怎样做？（　　）
A. 靠道路中心行驶
B. 加速让路
C. 继续加速行驶
D. 减速，靠右侧行驶

145 驾驶的车辆正在被其他车辆超越时，若此时后方有跟随行驶的车辆，应怎样做？（　　）
A. 继续加速行驶
B. 稍向右侧行驶，保证横向安全距离
C. 靠道路中心行驶
D. 加速向右侧让路

146 行车中遇到后方车辆要求超车时，应怎样做？（　　）
A. 保持原有车速行驶
B. 及时减速、观察后靠右行驶让行
C. 靠右侧加速行驶
D. 不让行

147 行车中突遇对方车辆强行超车，占据自己车道，应尽可能减速避让直至停车，避免交通事故的发生。（　　）

148 行车中突遇对方车辆强行超车，占据自己车道，不利于安全行车的做法是什么？（　　）
A. 尽可能减速避让直至停车
B. 挡住其去路
C. 保持原车速行驶
D. 加速行驶

（八）安全超车

149 驾驶汽车行车中怎样选择超车路段？（　　）
A. 视线良好　　B. 对面无来车
C. 路面无障碍物　　D. 道路宽直

150 驾驶机动车在这个路段允许超车。（　　）

151 驾驶机动车在这种情况下可以越过中心实线超车。（　　）

152 驾驶机动车在这种道路上超车可借对向车道行驶。（　　）

153 如动画所示，在道路上超车时，应尽量加大横向距离，必要时可越实线超车。（　　）

答案 140.B 141.B 142.B 143.B 144.D 145.B 146.B 147.√ 148.BCD 149.ABCD 150.× 151.× 152.× 153.×

[动画显示：黄色车辆在行经交叉路口前跨越黄色实线超越蓝色车辆]

154 道路划设专用车道的，在专用车道内，其他机动车可以借道超车。（　　）

155 超车时前方机动车不减速、不让道，驾驶人怎么办？（　　）
　　A. 连续鸣喇叭加速超越
　　B. 加速继续超越
　　C. 停止继续超车
　　D. 紧跟其后，伺机再超

156 驾驶机动车在这种道路上从前车右侧超越最安全。（　　）

157 驾驶机动车在这样的道路上只能从左侧超越。（　　）

158 超车时，发现前方机动车正在超车，驾驶人怎么办？（　　）
　　A. 紧跟其后，伺机超越
　　B. 加速强行超越
　　C. 连续鸣喇叭催前车让路
　　D. 停止超车，让前方机动车先超车

159 驾驶机动车遇到这种情况怎样行驶？（　　）

　　A. 减速让非机动车先行
　　B. 连续鸣喇叭告知让道
　　C. 从非机动车左侧绕过
　　D. 占对向车道加速超越

160 驾驶机动车遇到这种情况怎样做最安全？（　　）

　　A. 尽快加速超越前车
　　B. 主动减速放弃超车
　　C. 鸣喇叭让前车让路
　　D. 开前照灯让对向让速

161 驾驶机动车在这种道路上怎样行驶最安全？（　　）

A. 尽快加速超越前车　B. 鸣喇叭让前车让路
C. 保持距离跟车行驶　D. 从前车的右侧超越

162 驾驶机动车在这种情况下怎样做？（　　）

答案：154.× 155.C 156.× 157.√ 158.D 159.A 160.B 161.C 162.D

A. 从前车左侧超越　　B. 占对向车道超越
C. 从前车右侧超越　　D. 跟在前车后行驶

163 机动车在这种情况下可以超车。（　　）

164 驾驶机动车在这种情况下不能超车。（　　）

165 预计在超车过程中与对面来车有会车可能时，应提前加速超越。（　　）

166 机动车通过急转弯路段时，在机动车较少的情况下可以超车。（　　）

167 机动车行经交叉路口，不得超车。（　　）

168 通过铁路道口时，不得超车。（　　）

169 通过窄路、窄桥时，不得超车。（　　）

170 驾驶机动车在行经市区交通流量大的道路时不得超车。（　　）

171 驾驶机动车超车时遇到这样的情况怎样保证安全？（　　）

A. 减速保持安全距离　B. 连续鸣喇叭提示
C. 保持距离加速通过　D. 占用对向车道超越

172 如动画所示，前车遇到这种情况要如何处置？（　　）

［动画显示：黄色车辆准备超越红色车辆］

A. 迅速减速或紧急制动
B. 让出适当空间加速行驶

C. 减速靠道路右侧让行
D. 靠道路右侧加速行驶

173 驾驶机动车遇到这种情况怎样礼让？（　　）

A. 迅速加速行驶　　B. 紧跟前车行驶
C. 靠右加速行驶　　D. 靠右减速让行

174 驾驶机动车遇到这种情况要主动减速让后车超越。（　　）

175 在这种情况下被超机动车驾驶人怎样应对？（　　）

A. 鸣喇叭进行警告　B. 减速或靠右停车
C. 开远光灯抗议　　D. 加速反超后告诫

176 可以选择下坡路段超车。（　　）

177 如图所示，在这种情况下可以借用快速车道超车。（　　）

178 如图所示，当与对向车辆有会车可能时，不得超车。（　　）

答案　163.× 164.√ 165.× 166.× 167.√ 168.√ 169.√ 170.√ 171.A 172.C 173.D 174.√ 175.B 176.× 177.× 178.√

179 关于超车，以下说法正确的是什么？（　　）
　A. 提前开启左转向灯
　B. 夜间交替使用远近光灯
　C. 鸣喇叭提示
　D. 加速从右侧超越

180 关于超车，以下说法正确的是什么？（　　）
　A. 超车时从前车左侧超越
　B. 超车时从前车右侧超越
　C. 超车完毕，立即开启右转向灯驶回原车道
　D. 超车完毕，与被超车拉开必要的安全距离后开启右转向灯驶回原车道

181 驾驶机动车发现后车开启左转向灯发出超车信号时，以下做法正确的是什么？（　　）
　A. 在有让超车条件，保证安全的情况下，减速靠右让路
　B. 加速行驶，使他不能超越
　C. 开启危险报警闪光灯，暗示他不要超越
　D. 向左行驶，阻止他超越

182 驾驶机动车不得超越正在超车的车辆。（　　）

183 关于超车，以下说法正确的是什么？（　　）
　A. 超车前提前开启左转向灯，提醒前方被超车辆驾驶人
　B. 切换远、近光灯提醒前方被超车辆驾驶人
　C. 长时间鸣喇叭警示被超车辆驾驶人
　D. 完成超车后并回行车道要开启右转向灯

184 驾驶机动车超车时，前方车辆不减速让路，应停止超车并适当减速，与前方车辆保持安全距离。（　　）

185 超车时应从前车的左侧超越，是因为左侧超车便于观察，有利于安全。（　　）

186 超车时遇到"三点一线"，即本车、被超车与对面来车在一条横向的直线上时，应放弃超车，切勿争道抢行。（　　）

187 如图所示，造成事故的原因是 B 车掉头行驶，B 车负全部责任。（　　）

188 进入左侧道路超车，无法保证与正常行驶前车的横向安全间距时，应怎样做？（　　）
　A. 谨慎超越
　B. 放弃超车
　C. 并行一段距离后再超越
　D. 加速超越

189 在道路上超车时，应尽量加大横向距离，必要时可越实线超车。（　　）

190 行车中超越右侧停放的车辆时，为预防其突然起步或开启车门，应怎样做？（　　）
　A. 加速通过
　B. 长鸣喇叭
　C. 保持正常速度行驶
　D. 预留出横向安全距离，减速行驶

191 驾驶机动车超车时，被超越车辆未减速让路，应迅速提速超越前方车辆完成超车。（　　）

（九）安全停车

192 停车后，应先放松行车制动踏板，再拉紧驻车制动器操纵杆，将发动机熄火。（　　）

193 驾乘人员下车时要怎样做以保证安全？（　　）
　A. 停车后立即开门下车
　B. 观察前方交通情况
　C. 先开车门再观察侧后情况
　D. 先观察侧后情况，再缓开车门

194 机动车在雨天临时停车时，应开启什么灯？（　　）
　A. 前后防雾灯　　B. 危险报警闪光灯
　C. 前照灯　　　　D. 倒车灯

195 机动车在雾天临时停车时，应开启什么灯？（　　）
　A. 危险报警闪光灯、示廓灯和后位灯
　B. 左转向灯、示廓灯和后位灯
　C. 前照灯、示廓灯和后位灯
　D. 倒车灯、示廓灯和后位灯

196 机动车在夜间临时停车时，应开启什么灯？（　　）
　A. 前后防雾灯、示廓灯和后位灯
　B. 前照灯、示廓灯和后位灯
　C. 危险报警闪光灯、示廓灯和后位灯
　D. 倒车灯、示廓灯和后位灯

179.ABC　180.AD　181.A　182.√　183.ABD　184.√　185.√　186.√　187.×　188.B　189.×　190.D　191.×　192.×　193.D　194.B　195.A　196.C

197 机动车在雪天临时停车时，应开启什么灯？
（　　）
A. 前后防雾灯、示廓灯和后位灯
B. 倒车灯、示廓灯和后位灯
C. 前照灯、示廓灯和后位灯
D. 危险报警闪光灯、示廓灯和后位灯

198 机动车停车的错误做法是什么？（　　）
A. 应当在规定地点停放
B. 禁止在人行道上停放
C. 在道路上临时停车时，不得妨碍其他机动车和行人通行
D. 可以停放在非机动车道上

199 在这个区域内可以临时停车。（　　）

200 在这个区域内不允许长时间停放机动车。
（　　）

201 驾驶人在下车前应注意是什么？（　　）
A. 车门开的幅度不要过大
B. 开门下车动作要迅速
C. 仔细观察左后方情况
D. 开车门的动作要缓慢

202 这辆小型汽车驾驶人错在哪里？（　　）

A. 没有开启转向灯　　B. 没有鸣喇叭警示
C. 未观察左后方情况　D. 驾驶人没有错误

203 在道路上停车时要尽量避开坡道、积水、结冰或松软路面。（　　）

204 驾驶人下车前要观察后视镜和侧头观察左后侧情况。（　　）

205 驾驶汽车在道路上临时停车怎样选择停车路段和地点？（　　）
A. 路面平坦坚实　　B. 可以随意停放
C. 无禁止停车标志　D. 不妨碍交通

206 夜间临时停车时，只要有路灯就可以不开危险报警闪光灯。（　　）

207 在立交桥上可以临时停车。（　　）

208 隧道中可以临时停车休息一会儿，避免疲劳驾驶。（　　）

209 如图所示，只要没有警察在场就可以在此地点停车。（　　）

210 如图所示，红色汽车在此地点停车等候是违法行为。（　　）

211 关于停车，以下说法正确的是什么？（　　）
A. 应靠道路右侧
B. 开关车门不得妨碍其他车辆和行人通行
C. 交叉路口 50 米以内不得停车
D. 开左转向灯

212 应该选择什么地点停车？（　　）
A. 停车场
B. 道路施画的停车泊位内
C. 人行横道
D. 施工路段

213 以下什么地点不能停车？（　　）
A. 人行横道
B. 停车场
C. 山区容易塌方、泥石流路段
D. 道路施画的停车泊位内

答案：197.D 198.D 199.× 200.× 201.ACD 202.C 203.√ 204.√ 205.ACD 206.× 207.× 208.× 209.× 210.√ 211.ABC 212.AB 213.AC

214 夜间路边临时停车，以下做法错误的是什么？　　　　　　（　　）
  A. 不开启灯光
  B. 开远光灯
  C. 开危险报警闪光灯
  D. 开启示廓灯、后位灯

215 关于停车，以下做法错误的是什么？（　　）
  A. 在交叉路口停车
  B. 在铁路道口停车
  C. 在山区易落石路段停车
  D. 在停车场停车

216 停车时，以下做法正确的是什么？（　　）
  A. 按顺行方向停放
  B. 车身不得超出停车泊位
  C. 关闭电路
  D. 锁好车门

217 如图所示，固定停车位停车时，以下停放方式不正确的车辆是？　　　（　　）
  A. A车　　B. B车　　C. C车　　D. D车

218 如图所示，D车的停放方式是正确的。（　　）

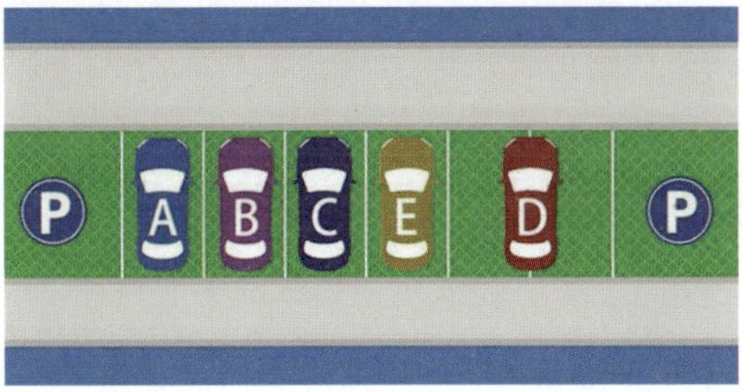

219 出租车为了方便乘客上下车，可以在交叉路口临时停车。（　　）

220 机动车可以在人行横道上临时停放，但不得长时间停放。（　　）

221 社会车辆可以在出租车停车位临时停车。（　　）

222 停车后，驾驶人应当提醒乘车人开启车门前注意观察后方来车。（　　）

223 临时停车，要注意什么？（　　）
  A. 紧靠道路右侧
  B. 开关车门不得妨碍其他车辆和行人通行
  C. 交叉路口50米以内不得停车
  D. 开左转向灯

224 停车时，以下做法不正确是？（　　）
  A. 在交叉路口停车　B. 在铁道路口停车
  C. 在停车泊位内停车　D. 在停车场内停车

225 驾驶机动车行经下列哪种路段不得临时停车？（　　）
  A. 在设有禁停标志的路段
  B. 施工路段
  C. 人行横道
  D. 在设有禁停标线的路段

226 机动车在道路边临时停车时，应怎样做？（　　）
  A. 不得逆向或并列停放
  B. 只要出去方便，可随意停放
  C. 可逆向停放
  D. 可并列停放

227 车辆长时间停放时，应选择停车场停车。（　　）

228 机动车在道路上临时停车时，车身右侧距道路边缘不得超过多少厘米？（　　）
  A. 10　　B. 50　　C. 20　　D. 30

229 驾驶机动车在距离急弯路前多少米内不得停车？（　　）
  A. 50米　B. 80米　C. 100米　D. 30米

230 驾驶机动车在距离加油站、消防栓前多少米以内的路段不得停车？（　　）
  A. 80米　B. 30米　C. 50米　D. 100米

231 驾驶机动车距离窄桥多少米内不得停车？（　　）
  A. 30米　　B. 100米　C. 80米　D. 50米

（十）安全掉头

232 驾驶机动车在前方路口怎样掉头？（　　）

  A. 经左弯待转区进行掉头
  B. 在路口虚线处进行掉头

答案
214.ABC　215.ABC　216.ABCD　217.D　218.√　219.×　220.×　221.×　222.√　223.ABC　224.AB　225.ABCD　226.A　227.√　228.D　229.A　230.B　231.D　232.B

C. 左转信号灯亮时方可掉头
D. 直行信号灯亮时方可掉头

233 驾驶机动车在前方路口掉头前先进入左转直行车道。（ ）

234 驾驶机动车在这个路口允许掉头。（ ）

235 驾驶机动车进入左侧车道可以掉头。（ ）

236 驾驶机动车需要掉头时，只要不影响正常交通可以在虚线处掉头。（ ）

237 驾驶机动车在该处不影响行人正常通行的情况下可以掉头。（ ）

238 驾驶机动车在这个路口可以沿掉头车道直接掉头。（ ）

239 在路口掉头时，应提前开启左转向灯进入导向车道，不得妨碍行人和其他车辆正常通行。（ ）

240 在路口掉头时，为了保证通畅，应加速迅速完成掉头。（ ）

241 在路口掉头时，可以不避让直行车辆。（ ）

242 掉头时，以下做法正确的是什么？（ ）
A. 不开转向灯
B. 提前开启左转向灯
C. 在掉头车道掉头
D. 在直行车道掉头

243 如图所示，驾驶机动车在这个路段想要掉头时，以下做法正确的是什么？（ ）

A. 鸣喇叭提示行人后掉头
B. 对面黄色车辆通过后掉头
C. 行人通过后掉头
D. 继续直行，寻找可掉头路段

244 驾驶机动车掉头时，最高时速不得超过40公里。（ ）

245 在路口掉头时，只要不妨碍行人通行可以在人行横道完成掉头。（ ）

246 掉头过程中，应严格控制车速，仔细观察道路前后方情况，确认安全后方可前进或倒车。（ ）

247 如图所示，这种情况下只要后方、对向无来车，可以掉头。（ ）

（十一）安全倒车

248 机动车倒车时遇到这种情况怎样做以保证安全？　（　）

A. 低速缓慢倒车　　B. 主动停车避让
C. 连续鸣喇叭示意　D. 向右转向倒车

249 发生该事故的主要原因是驾驶人倒车前没有进行安全确认。　（　）

250 机动车倒车时，后方道路条件较好的，应加速倒车，迅速完成操作。　（　）

251 机动车可以选择交叉路口进行倒车。（　）

252 机动车不得在隧道中倒车。　（　）

253 驾驶机动车倒车时，正确的做法是什么？
　（　）
A. 要留意倒车雷达也有盲区，谨慎倒车
B. 在他人指导倒车时，要留意他人的位置
C. 留意车后跟进的行人或车辆
D. 要留意倒车时身体不要伸出车外

254 驾驶机动车在以下哪些路段不能倒车？
　（　）
A. 交叉路口　　B. 隧道
C. 急弯　　　　D. 陡坡

255 倒车时转向盘的转动方向与倒车方向一致。
　（　）

256 在一般道路倒车时，若发现有过往车辆通过，应怎样做？　（　）
A. 鸣喇叭示意　　B. 主动停车避让
C. 加速倒车　　　D. 继续倒车

257 倒车过程中要缓慢行驶，注意观察车辆两侧和后方的情况，随时做好停车准备。
　（　）

（十二）灯光使用

258 夜间驾驶机动车在窄路或者窄桥遇自行车对向驶来时，要怎样使用灯光？　（　）
A. 连续变换远、近光灯
B. 使用示廓灯
C. 使用远光灯
D. 使用近光灯

259 机动车在夜间通过没有交通信号灯控制的交叉路口时，要怎样使用灯光？　（　）
A. 使用远光灯
B. 使用近光灯
C. 使用危险报警闪光灯
D. 交替使用远近光灯示意

260 夜间机动车通过照明条件良好的路段时，要怎样使用灯光？　（　）
A. 前后雾灯　　B. 近光灯
C. 远光灯　　　D. 危险报警闪光灯

261 夜间驾驶机动车遇到这种情况怎样使用灯光？　（　）

A. 临近时关闭前照灯　B. 使用近光灯
C. 使用远光灯　　　　D. 提前关闭所有灯光

262 夜间驾驶机动车在照明条件良好的路段跟车行驶怎样使用灯光？　（　）
A. 关闭前照灯　　B. 使用远光灯
C. 关闭所有车灯　D. 使用近光灯

263 驾驶机动车在夜间有照明的路段跟车行驶时，不能使用远光灯的原因是什么？（　）
A. 不利于看清车前的路况
B. 不利于看清远方的路况
C. 会影响前车驾驶人的视线
D. 会影响自己的视线

264 机动车驶入双向行驶隧道前，要如何使用灯光？　（　）
A. 开启危险报警闪光灯
B. 开启远光灯
C. 开启雾灯
D. 开启近光灯

答案　248.B　249.√　250.×　251.×　252.√　253.ABCD　254.ABCD　255.√　256.B　257.√　258.D　259.D　260.B　261.B　262.D　263.C　264.D

265 夜间驾驶机动车在照明条件良好的路段可以不使用灯光。（　）

266 夜间驾驶汽车通过十字交叉路口交替使用远近光灯的目的是什么？（　）
A. 使其他交通参与者更容易发现自己
B. 更容易看清路面情况
C. 提醒其他车辆我在让行
D. 以上说法都不对

267 驾驶机动车遇到沙尘、冰雹、雾、雨、雪等低能见度条件时，应该怎样做？（　）
A. 开启前照灯、示廓灯和后位灯
B. 高频率鸣喇叭使其他交通参与者知道自己的位置
C. 同向跟车较近时，应使用远光灯
D. 适当提高车速，尽快到达目的地，结束行车

268 黄昏时分，光线若明若暗，容易产生视觉误差，驾驶机动车应提前打开什么灯以便被其他驾驶人发现？（　）
A. 远光灯　　　　B. 前雾灯
C. 近光灯　　　　D. 示廓灯

269 夜间行车时，车灯突然熄灭，应怎么办。（　）
A. 观察前后车辆，减速靠边停车
B. 利用惯性慢慢停车
C. 紧急制动，原地停车
D. 特别注意减速慢行

270 夜间行车时，全车灯光突然熄灭，应当立即迅速制动，靠边停车。（　）

271 机动车在隧道内因故障无法继续行驶时，应开启什么灯光？（　）
A. 交替使用远光灯　B. 危险报警闪光灯
C. 远光灯　　　　　D. 近光灯

272 夜间机动车灯光照距离由远及近可能是什么原因？（　）
A. 由弯道进入直线道　B. 进入连续弯道
C. 前方出现大坑　　　D. 前方出现弯道

273 夜间驾驶机动车在没有中心隔离设施或者没有中心线的道路上行驶，以下哪种情况下应当改用近光灯？（　）
A. 城市道路照明条件不良时
B. 接近没有交通信号灯控制的交叉路口时
C. 接近人行横道时
D. 与对向机动车会车时

274 驾驶机动车在路口转弯过程中，应当持续开启转向灯，以提醒周围车辆和行人。（　）

275 驾驶机动车向左转弯、向左变更车道、驶离停车地点时，提前开启左转向灯是为了什么？（　）
A. 提示后车，将要向右变更行驶路线
B. 提示后车，将要向左变更行驶路线
C. 提示前车，将要向左变更行驶路线
D. 提示前车，将要向右变更行驶路线

276 驾驶机动车需改变车辆行驶轨迹时，如变更车道、掉头、靠边停车等，在车流量较少的路段，可以不提前开启转向灯提示其他交通参与者。（　）

277 关于驾驶机动车时转向灯的使用，以下说法正确的是什么？（　）
A. 超车完毕驶回原车道时可不开转向灯
B. 靠边停车时应提前开启右转向灯
C. 准备变更车道时可以不开转向灯
D. 驶离停车地点时不必开启转向灯

278 夜间驾驶机动车会车时，若对方车辆不关闭远光灯，可变换灯光提示对向车辆，同时减速靠右侧行驶或停车。（　）

279 关于机动车灯光的使用，以下说法正确的是什么？（　）
A. 夜间驾驶机动车在照明条件良好的路段必须使用远光灯
B. 夜间驾驶机动车在照明条件良好的路段可以不使用灯光
C. 机动车灯光的作用仅仅是为了在夜间的照明
D. 机动车灯光一个重要的作用是提示其他机动车驾驶人和行人

280 夜间驾驶机动车距离前车较近时，应使用近光灯，避免远光灯发出的灯光经过前车后视镜反射后造成前车驾驶人目眩，影响安全。（　）

281 驾驶机动车应使用转向灯的情形有哪些？（　）
A. 准备变更车道　　B. 靠路边停车
C. 路口转弯　　　　D. 驶离停车地点

282 当你在夜间驾驶机动车时，不得在下列哪种情况下使用远光灯？（　）
A. 没有路灯或照明差的道路上

答案
265.× 266.A 267.A 268.D 269.A 270.√ 271.B 272.A 273.D 274.√ 275.B 276.× 277.B 278.√ 279.D 280.√ 281.ABCD 282.BCD

B. 与其他车辆交会时
C. 尾随其他车辆时
D. 通过有交通信号控制的交叉路口

（十三）防御性驾驶

283 防御性驾驶又称预见性驾驶，下列哪些属于预见性方法？　（　）
A. 保持安全距离，预留缓冲空间
B. 注意观察周围环境
C. 开车前检查车辆性能
D. 遵守法规，文明礼貌让行

284 下列关于防御性驾驶方法，做法正确的是什么？　（　）
A. 熟悉车辆性能，做好预防性自检
B. 遵守交通法规，文明礼让出行
C. 保持安全距离，预留缓冲空间
D. 环顾周围环境，提前预测险情

285 按照防御性驾驶技术要求，驾驶机动车在道路上行驶，在下列哪种情形下应当提前开启右转向灯？　（　）
A. 向右变更车道
B. 靠路边停车
C. 向右转弯
D. 超车完毕驶回原车道

286 驾驶车辆汇入车流时，按照防御性驾驶技术要求，要环回视野、留有余地，应提前开启转向灯，保持直线行驶，通过后视镜观察左右情况，确认安全后汇入合流。（　）

287 驾驶人分心驾驶的危害是什么？（　）
A. 视线离开路面，无法提前观察道路交通信息
B. 会引起操作动作的变化
C. 驾驶人注意力分散
D. 会引起驾驶姿势的变化

288 行车时应随时观察各种机动车的动向，尤其注意周围车辆转向灯、制动灯等信号灯的变化，及时调整行车路线和行驶速度。（　）

（十四）其他

289 夜间驾驶机动车在普通道路上发生故障后，应如何放置警告标志？　（　）
A. 到达车后40米处，打开警告标志后放置好

B. 迎着来车方向在车道内行走，放在车后50米的位置
C. 手持警告标志并将反光面面向来车方向，靠路边行走，放在车后50米外的位置
D. 放在车后20米的位置

三　复杂路段安全行车

（一）通过桥梁安全驾驶

290 驾驶机动车怎样经过公路跨线桥？　（　）

A. 加速行驶，尽快通过
B. 车速控制在15公里/小时以内
C. 按照标志限定速度行驶
D. 尽量靠桥中心行驶

291 立交桥上一般都是单向行驶，车辆不必减速行驶。　（　）

292 驾驶机动车通过立交桥左转弯时，应如何行驶？　（　）
A. 先观察标线，后按照交通标志行驶
B. 先观察交通标志，后按标线的引导行驶
C. 不观察标志标线，上桥后寻找出口
D. 不观察标志标线，过桥前先右转弯

293 通过这种路面条件较好的窄桥怎样控制车速？　（　）

A. 不超过60公里/小时
B. 不超过50公里/小时
C. 不超过40公里/小时
D. 不超过30公里/小时

294 遇窄桥时，要注意观察对向来车并提前做好停让准备，避免在桥面上会车。（　）

283.ABCD　284.ABCD　285.ABCD　286.√　287.ABCD　288.√　289.C　290.C　291.×　292.B　293.D　294.√

295 车辆通过桥梁时，一般要减速慢行。（　　）

296 车辆通过桥梁时，只要空间足够，尽可能超车提高通行效率。（　　）

297 驾驶机动车行经此路段多少米内不得停车？（　　）

A. 30 米　　　　B. 50 米
C. 80 米　　　　D. 100 米

298 驾驶机动车夜间通过拱桥时应当交替使用远近光灯示意。（　　）

299 驾驶机动车通过立交桥时，应该怎样右转弯？（　　）
A. 过桥前向右转弯　B. 过桥后向右转弯
C. 过桥前向左转弯　D. 过桥后向左转弯

300 驾驶机动车通过立交桥时，应该怎样左转弯？（　　）
A. 过桥前向右转弯　B. 过桥后向右转弯
C. 过桥前向左转弯　D. 过桥后向左转弯

301 驾驶机动车通过立交桥时，如发现选择路线错误，应该如何行驶？（　　）
A. 在原地倒车驶回
B. 继续向前行驶，寻找下一个允许掉头的路口
C. 在原地掉头
D. 立即停车

（二）通过隧道安全驾驶

302 驾驶机动车遇到这种情况怎样安全通过？

A. 靠右侧正常通过
B. 鸣喇叭，加速通过隧道

C. 停车礼让对面车先通过
D. 开前照灯告知对面车让行

303 驾驶机动车遇到这种情况要靠右侧停车等待。（　　）

304 驾驶机动车在这种隧道内要尽量靠左侧行驶。（　　）

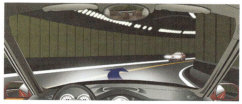

305 驾驶机动车在隧道行驶时，眼睛的明暗适应过程不会影响行车安全。（　　）

306 驾驶机动车在这个时候要减速慢行。（　　）

307 当车辆驶出隧道时，驾驶人易出现图中所示的"明适应"现象，以下做法正确的是什么？（　　）

A. 加速驶出隧道
B. 减少与前车距离，利用前车挡住强光
C. 与前车保持安全距离，降低行驶车速，驶出隧道
D. 变更至车辆较少的车道，迅速驶出隧道

295.√　296.×　297.B　298.√　299.A　300.B　301.B　302.C　303.√　304.×　305.×　306.√　307.C

308 驾驶人通过仅能单车通行且无信号灯控制的窄隧道时，要注意什么？（　　）
A. 提前减速，开启前照灯，确认安全后再通过
B. 开启危险报警闪光灯
C. 加速通过
D. 开启远光灯

309 机动车通过隧道时，禁止以下哪些行为？（　　）
A. 超车　B. 停车　C. 掉头　D. 倒车

310 在隧道内通行时哪些行为是不正确的？（　　）
A. 会车使用远光灯　B. 在隧道内超车
C. 会车保持安全间距　D. 开启近光灯行驶

311 驾驶汽车进入双向通行的隧道时应注意什么？（　　）
A. 开启近光灯　　B. 靠右侧行驶
C. 开启远光灯　　D. 注意对向来车

312 驾驶汽车在进出隧道时应注意什么？（　　）
A. 开启远光灯　　B. 适当提高车速
C. 关闭近光灯　　D. 提前降低车速

313 驾驶机动车在隧道内行驶，车辆出现故障时，应该立刻靠边停车，拦截过往车辆，帮助检修。（　　）

314 驾驶机动车在双向行驶的隧道内行驶，如对向无来车，可借道超车。（　　）

315 驾驶机动车驶出隧道时，应注意明暗视力的变化，控制车速。（　　）

316 驾驶机动车在距离隧道前多少米内不得停车？（　　）
A. 30米　B. 50米　C. 80米　D. 100米

317 驾驶机动车在隧道中超车时应该注意观察、谨慎驾驶。（　　）

318 通过隧道时，不得超车。（　　）

319 驾驶机动车在长距离隧道群路段行驶时，由于驾驶环境单一，长时间行车易出现视觉疲劳，影响安全驾驶。（　　）

320 遇到图中这种情况，不用减速靠右行驶。（　　）

321 驾驶机动车在隧道中行驶，以下做法不正确的是什么？（　　）
A. 注意和前车保持安全距离
B. 按照规定限速行驶
C. 提高车速，尽快驶离
D. 在隧道内紧急停车带停车休息

322 驾驶机动车进入隧道前，为防止进入后暗适应过程中与前车发生事故，应降低行驶速度，与前车保持充足的安全距离。（　　）

323 冬季隧道出口路面可能结冰，此时应降低车速行驶，但不得紧急制动。（　　）

324 驾驶机动车进入隧道前，为防止进入后暗适应过程中与前车发生事故，应降低行驶速度，与前车保持充足的安全距离。（　　）

325 通过仅能单车通行的窄隧道时，如发现对向有来车，要加速通过，避免造成拥堵。（　　）

326 在双向通行的隧道内会车时要开启远光灯。（　　）

327 隧道内行车，下列说法正确的是什么？（　　）
A. 隧道内减速行驶
B. 隧道内附着力减小
C. 进入隧道开启近光灯
D. 进入隧道提前减速

（三）通过弯道安全驾驶

328 如动画所示，驾驶机动车遇到这种情况要如何处置？（　　）

[动画显示：机动车在山区道路行驶，前方道路向左急转弯]

A. 借对向车道行驶
B. 急剧制动低速通过
C. 靠弯道外侧行驶
D. 充分减速并靠右侧行驶

329 驾驶机动车遇到这种情况怎样做行驶最安全？（　　）

答案

308.A　309.ABCD　310.AB　311.ABD　312.CD　313.×　314.×　315.√　316.B　317.√　318.√　319.√　320.×　321.CD　322.√　323.√　324.√　325.×　326.×　327.ABCD　328.D　329.B

A. 鸣喇叭或开前照灯　B. 减速靠右侧行驶
C. 尽量靠路中心行驶　D. 沿道路左侧行驶

330 在这种条件的道路上怎样行驶才安全？（　）

A. 靠路左侧转大弯　B. 靠弯路中心转弯
C. 靠路右侧转小弯　D. 借对向车道转弯

331 在这种条件的道路上怎样安全行驶？（　）

A. 靠路右侧转小弯　B. 靠弯路中心转弯
C. 借对向车道转弯　D. 靠路左侧转大弯

332 驾驶机动车在这种条件的弯道处怎样转弯最安全？（　）

A. 减速靠右侧行驶　B. 骑轧路中心行驶
C. 靠弯道外侧行驶　D. 借对向车道行驶

333 机动车遇有急弯路时要在进入弯路后减速。（　）

334 机动车行驶至转弯路段时，易引发事故的驾驶行为有什么？（　）
A. 机动车占对向道行驶
B. 在弯道内急转转向盘
C. 在驶入弯道前不减速
D. 机动车靠路右侧行驶

335 驾驶汽车在转弯路段易引发事故的驾驶行为有哪些？（　）
A. 占道行驶　　　B. 急转转向盘
C. 弯道前不减速　D. 靠路右侧行驶

336 驾驶汽车在道路急转弯处怎样行驶？（　）
A. 减速靠路右侧行驶
B. 不能占用方车道
C. 注意对面来车
D. 鸣喇叭示意

337 驾驶汽车通过连续弯道时，尽量靠弯道右侧行驶。（　）

338 机动车行经视线受阻的急弯路段时，如遇对方车辆鸣喇叭示意，也应当及时鸣喇叭进行回应。（　）

339 如图所示，在这种情况下要充分减速靠右行驶。（　）

340 如图所示，驾驶机动车行驶至此路段时，应当减速靠右侧行驶。（　）

341 如图所示，驾驶机动车遇到这种情况，可以借对向车道超越前车。（　）

342 如图所示，驾驶机动车遇弯道会车时，以下做法正确的是什么？（　）

答案　330.C　331.D　332.A　333.×　334.ABC　335.ABC　336.ABCD　337.√　338.×　339.√　340.√　341.×　342.D

A. 加速通过　　　　B. 占用对向车道
C. 靠边停车　　　　D. 减速靠右通过

343 车辆行驶在拱形路面的右侧，转向盘自由行程偏向左边。（　）

344 山区道路车辆进入弯道前，在对面没有来车的情况下，应怎样做？（　）
A. 可靠弯道外侧行驶
B. 可短时间借用对方的车道
C. 可加速沿弯道切线方向通过
D. 应"减速、鸣喇叭、靠右行"

345 驾驶车辆行至道路急转弯处，应怎样做？（　）
A. 急剧制动低速通过　B. 靠弯道外侧行驶
C. 充分减速靠右行驶　D. 借对向车道行驶

346 车辆转弯时应沿道路右侧行驶，不要侵占对方的车道，做到"左转转大弯，右转转小弯"。（　）

347 车辆行至急转弯处时，应减速并靠右侧行驶，防止与越过弯道中心线的对方车辆相撞。（　）

348 驾驶机动车在对向没有来车的情况下可以超车。（　）

349 在这种路面较窄的急弯处行车时要注意什么？（　）

A. 集中注意力　　　B. 降低车速
C. 注意鸣喇叭　　　D. 做好停车准备

350 驾驶汽车可以在这种急弯处超车。（　）

351 怎样安全通过这种较窄的弯道？（　）

A. 沿道路右侧行驶　B. 挂低速挡减速通过
C. 沿道路左侧行驶　D. 挂高速挡加速通过

352 机动车要连续转弯时应控制车速，尽可能避免紧急制动，以防引起车辆发生侧滑和甩尾。（　）

353 夜间通过连续弯道时，应持续使用远、近光灯示意，并且注意观察弯道的尽头，适时调整行驶方向，确保安全。（　）

354 机动车驶进急弯、坡道顶端等影响安全视距的路段时，要减速慢行鸣喇叭提醒其他交通参与者我方有来车。（　）

（四）通过坡道安全驾驶

355 下长坡时，控制车速的正确方法是什么？（　）
A. 空挡滑行　　　　B. 挂低速挡
C. 踏离合器踏板滑行 D. 使用驻车制动器

356 下长坡连续使用行车制动会造成什么不良后果？（　）
A. 缩短发动机使用寿命
B. 驾驶人容易疲劳
C. 容易造成机动车倾翻
D. 制动器制动效果下降

357 驾驶机动车通过短而陡的上坡坡道时，采用加速冲坡的方法，在接近坡顶时应提前松开加速踏板，利用惯性冲坡顶。（　）

358 驾驶机动车在下坡路段停车怎样使用行车制动？（　）
A. 比在平路时提前　B. 比在平路时推迟
C. 和平路时一样　　D. 要轻踏制动踏板

359 上坡路段停车怎样使用行车制动？（　　）
A. 比在平路时提前　B. 比在平路时推迟
C. 和平路时一样　　D. 要重踏制动踏板

360 下长坡控制车速最安全的方法是什么？
（　　）
A. 挂入空挡滑行　　B. 踏下离合器滑行
C. 利用发动机制动　D. 持续踏制动踏板

361 驾驶机动车上坡行驶如何保持充足动力？
（　　）
A. 在车速下降前减挡　B. 在车速下降后减挡
C. 在车速过低时减挡　D. 尽量使用越级减挡

362 驾驶机动车在这种情况下临时停车后，为避免机动车后溜可将转向盘向左转。（　　）

363 驾驶机动车在这种情况下临时停车后，为避免机动车前溜可将转向盘向右转。（　　）

364 驾驶机动车遇到这种道路要提前减挡，以保持充足动力。（　　）

365 驾驶机动车遇到这种道路要提前减速减挡，利用发动机制动控制速度。（　　）

366 驾驶机动车遇到这种道路，可充分利用空挡滑行。（　　）

367 驾驶机动车在这种情况下要加速冲过坡顶。
（　　）

368 驾驶机动车下长坡时，车速会因为重力作用越来越快，以下控制车速方法正确的是什么？（　　）
A. 空挡滑行
B. 减挡，充分利用发动机制动
C. 踏下离合器滑行
D. 长时间使用驻车制动器制动

369 驾驶机动车在下坡行驶过程中行车制动器失效，以下做法正确的是什么？（　　）
A. 驶入紧急避险车道
B. 使用发动机制动
C. 使用驻车制动器制动
D. 必要时，可用车体刮擦路边障碍物减速

370 驾驶汽车下长坡，发现制动器效能减弱时，驾驶人应该怎么办？（　　）
A. 继续重踩制动踏板
B. 挂空挡继续行驶
C. 及时停车降温
D. 使用驻车制动继续行驶

371 驾驶机动车下长坡时，连续使用行车制动器，以下说法正确的是什么？（　　）
A. 会缩短发动机寿命
B. 增加车辆油耗
C. 会使制动器温度升高而使制动效能急剧下降
D. 容易造成车辆倾翻

372 长下坡禁止挂空挡的原因，下列说法正确是什么？（　　）
A. 长下坡挂低速挡可以借助发动机控制车速

答案
359.B　360.C　361.A　362.√　363.√　364.√　365.√　366.×　367.×　368.B　369.ABCD　370.C　371.C　372.ABC

B. 避免因刹车失灵发生危险
C. 长下坡空挡滑行导致车速过高时，难以抢挂低速挡控制车速
D. 下坡挂空挡，省油

373 下陡坡时的最高速度不能超过每小时 40 公里。（　　）

374 下坡路制动突然失效后，要拉紧或越二级挡位减挡。（　　）

375 上陡坡时，要在坡底提前减挡。（　　）

376 驾驶机动车在下坡路段停车制动要比平路时提前。（　　）

377 驾驶机动车下长坡时，利用惯性滑行可以减少燃油消耗，值得提倡。（　　）

378 驾驶机动车下长坡时，空挡滑行会导致再次挂挡困难。（　　）

379 驾驶机动车下长坡时，仅靠行车制动器制动，容易引起行车制动器失灵。（　　）

380 在坡道上掉头，每次停车时均要拉紧驻车制动器操纵杆。（　　）

381 夜间机动车灯光照射距离由近变远，此时车辆可能是行驶到什么位置？（　　）
A. 行驶到坡底　　B. 前方出现弯道
C. 进入连续弯道　D. 前方出现大坑

（五）通过路口安全驾驶

382 驾驶机动车在有这种标志的路口怎样通过最安全？（　　）

A. 停车观察路口情况
B. 加速尽快进入路口
C. 减速观察左后方情况
D. 减速缓慢进入路口

383 驾驶机动车在有这种标志的路口怎样通过最安全？（　　）

A. 停车观察路口情况
B. 加速尽快进入路口
C. 减速缓慢进入路口
D. 减速观察左后方情况

384 如动画所示，驾驶机动车遇到这种情况要如何处置？（　　）

[动画显示：车辆前方是无交通信号的交叉路口，有一位行人正在路口横穿道路]

A. 减速或停车让行
B. 鸣喇叭示意其让道
C. 抢在行人之前通过
D. 立即变道绕过行人

385 驾驶机动车直行通过前方路口怎样行驶？（　　）

A. 接近路口时减速慢行
B. 进入路口后再减速慢行
C. 可以不减速直接通过
D. 提前加速通过交叉路口

386 驾驶机动车在这个路口怎样左转弯行驶？（　　）

A. 沿直行车道左转
B. 进入左转弯待转区
C. 进入直行等待区
D. 沿左车道左转弯

387 驾驶机动车在这个路口怎样右转弯行驶？（　　）

A. 沿直行车道右转弯　B. 停止线前停车等待
C. 沿右侧道路右转弯　D. 借非机动车道右转

388 如图所示，驾驶机动车直行通过路口，遇对向车辆左转时，让已在路口内的左转车辆优先通过路口。（　）

389 驾驶机动车在路口直行遇到这种情况怎么办？（　）

A. 鸣喇叭示意其让行
B. 加速从车前通过
C. 开前照灯示意其让行
D. 减速或停车让行

390 驾驶机动车在交叉路口遇到这种情况可以不让行。（　）

391 驾驶机动车在路口遇到这种情况的行人怎么办？（　）

A. 及时减速停车让行
B. 鸣喇叭示意其让道
C. 加速从行人前通过
D. 开前照灯示意其让行

392 驾驶机动车驶近前方主支干道交汇处要注意什么？（　）

A. 提前减速，注意机动车
B. 保持正常速度行驶
C. 鸣喇叭，迅速通过
D. 提前加速，快速通过

393 如动画所示，驾驶人的行为是正确的。（　）

[动画显示：黄色车辆从路口左转车道向右转弯驶向右侧路口]

394 驾驶机动车通过这个路口要注意观察左侧情况。（　）

答案　388.√　389.D　390.×　391.A　392.A　393.×　394.×

395 驾驶机动车在这个路口右转弯可以不变更车道。（　　）

396 驾驶机动车在这个路口可以直接向右转弯。（　　）

397 在这个路口左转弯要靠路口中心点左侧转弯。（　　）

398 驾驶机动车在这个路口左转弯要提前按导向箭头指示向左变更车道。（　　）

399 驾驶机动车此时可以加速通过路口。（　　）

400 驾驶机动车在这个路口右转弯时要避让非机动车。（　　）

401 如图所示，驾驶机动车在路口前遇黄灯亮时，应停车等待。（　　）

402 如图所示，驾驶机动车行驶至此路段时，应当提前减速慢行，注意前方可能出现的行人及车辆。（　　）

403 如图所示，这种情况下，B车优先通行。（　　）

404 驾驶机动车驶入拥堵的环形路口，以下做法正确的是什么？（　　）
　A. 注意避让已在路口内车辆
　B. 优先驶入环形路口
　C. 鸣喇叭示意其他车辆让行
　D. 超越前方车辆进入路口

405 如图所示，驾驶机动车在这种情况下，可以直行也可以右转。（　　）

395.× 396.× 397.√ 398.√ 399.× 400.√ 401.√ 402.√ 403.× 404.A 405.×

406 如图所示，驾驶机动车驶近这样的路口时，应保持视线移动，时刻关注着周围可能出现的潜在危险。（　　）

407 如图所示，驾驶机动车通过这样的路口时，应注意行人、非机动车，提前减速随时准备停车避让。（　　）

408 驾驶机动车在遇到有前方机动车停车排队等候或者缓慢行驶时，可进入网状线区域停车等候。（　　）

409 机动车进入环岛路口应如何行驶？（　　）
　A. 随意行驶
　B. 逆时针、顺时针方向均可
　C. 逆时针方向行驶
　D. 顺时针方向行驶

410 驾驶机动车进入这个路口怎样使用灯光？

　A. 开启右转向灯
　B. 开启危险报警闪光灯
　C. 不用开启转向灯
　D. 开启左转向灯

411 通过环岛时应在距离环岛多少米处减速慢行？（　　）
　A. 150 米以上　　B. 150 米
　C. 50～100 米　　D. 100 米

412 驾驶机动车驶出这个环岛路口怎样使用灯光？（　　）

　A. 开启左转向灯　　B. 开启报警闪光灯
　C. 不用开转向灯　　D. 开启右转向灯

413 如图所示，驾驶机动车驶出环岛时，应先驶入最右侧车道不用开启转向灯驶离即可。（　　）

414 在有两条或两条以上车道的环岛驶出时，应提前开启右转向灯，直接从内侧车道驶出环岛。（　　）

415 在进入环形交叉路口前，要注意来自左方将驶入环岛的车辆；进入环岛后，则应将注意力转到右侧向环岛内驶来的车辆；出路口时，应注意右侧直行的非机动车，以确保安全。（　　）

416 进入环形交叉路口的机动车和驶出路口的机动车相遇时，驶出路口的机动车享有先行权。（　　）

417 在堵车的交叉路口绿灯亮时，车辆应怎样做？（　　）
　A. 可直接驶入交叉路口
　B. 不能驶入交叉路口
　C. 可借对向车道通过路口
　D. 在保证安全的情况下驶入交叉路口

答案　406.√　407.√　408.×　409.C　410.C　411.C　412.D　413.D　414.×　415.√　416.×　417.B

418 夜间驾驶机动车通过无信号灯控制的交叉路口，应交替使用远、近光灯，其目的是提示其他交通参与者注意来车。（　　）

419 驾驶车辆进入交叉路口前，应降低行驶速度，注意观察，确认安全。（　　）

420 车辆行至交叉路口时，左转弯车辆在任何时段都可以进入左转弯待转区。（　　）

421 车辆在交叉路口有优先通行权的，遇有车辆抢行时，应怎样做？（　　）
　A. 抢行通过
　B. 提前加速通过
　C. 按优先权规定正常行驶不予避让
　D. 减速避让，必要时停车让行

422 遇前方路段车道减少，车辆行驶缓慢，为保证安全有序应该怎样做？（　　）
　A. 穿插到前方排队车辆中通过
　B. 依次交替通行
　C. 加速从前车左右超越
　D. 借对向车道迅速通过

（六）通过铁路道口安全驾驶

423 驾驶机动车怎样通过这个铁路道口？
　（　　）

　A. 换入空挡，滑行通过
　B. 一停、二看、三通过
　C. 加速、观察、快通过
　D. 减速、观察、慢通过

424 驾驶机动车怎样安全通过铁路道口？（　　）

　A. 换空挡利用惯性通过
　B. 进入道口后换低速挡
　C. 进入道口前减速减挡
　D. 道口内停车左右观察

425 如动画所示，机动车通过铁路道口的做法是正确的。

[动画显示：车辆行驶到无人看守的铁路道口前，将车停下，进行观察]（　　）

426 驾驶机动车通过这个铁路道口时要减速停车。（　　）

427 驾驶机动车不能快速通过这种情况的铁路道口。（　　）

428 驾驶车辆通过无人看守的铁路道口时，应怎样做？（　　）
　A. 减速通过
　B. 匀速通过
　C. 一停、二看、三通过
　D. 加速通过

429 驾驶车辆驶入铁路道口前减速降挡，进入道口后应怎样做？（　　）
　A. 不能变换挡位　　B. 可以变换挡位
　C. 可换为高挡　　　D. 停车观察

430 车辆通过铁道路口时，应用低速挡安全通过，中途不得换挡，以避免发动机熄火。（　　）

（七）通过人行横道安全驾驶

431 如动画所示，驾驶机动车遇到这种情况要如何处置？（　　）

答案　418.√　419.√　420.×　421.D　422.B　423.B　424.C　425.√　426.√　427.√　428.C　429.A　430.√　431.D

[动画显示：车辆通过道路上的人行横道]

A. 加速通过
B. 立即停车
C. 鸣喇叭示意行人让道
D. 先注意观察行人、非机动车动态，再通过

432 驾驶机动车在这个位置怎样安全通过？（　　）

A. 加速从行人前通过　B. 从行人后绕行通过
C. 减速、鸣喇叭示意　D. 停车等待行人通过

433 驾驶机动车遇到这种情况的人行横道怎样通过？（　　）

A. 减速通过　　　　　B. 加速通过
C. 鸣喇叭通过　　　　D. 紧急制动

434 造成这起事故的主要原因是行人从车前横穿。（　　）

435 驾驶机动车遇到这种情况的人行横道线可以加速通过。（　　）

436 驾驶机动车在人行横道前遇到这种情况一定要减速慢行。（　　）

437 如图所示，造成这起事故的主要原因是机动车未按规定避让行人。（　　）

438 机动车行经没有交通信号的道路，遇行人横过道路时，以下做法错误的是什么？（　　）

A. 减速或停车避让
B. 鸣喇叭催促
C. 寻找间隙穿插过
D. 绕前通过

439 如图所示，驾驶机动车驶近这样的人行横道时，驾驶人应注意的是什么？（　　）

A. 前方行人可能滞留在人行横道内
B. 左前方骑自行车者可能突然右转弯
C. 右前方骑摩托车者可能突然向左变更车道横穿道路
D. 右前方白色机动车行驶动态

440 车辆驶近人行横道时，应先减速注意观察行人、非机动车动态，确认安全后再通过。（　　）

441 行驶车道绿灯亮时，但车辆前方人行横道仍有行人行走，应怎样做？（　　）

A. 直接起步通过
B. 起步后从行人后方绕过

432.D　433.A　434.√　435.×　436.×　437.√　438.BCD　439.ABCD　440.√　441.C

C. 等行人通过后再起步
D. 起步后从行人前方绕过

442 驶近没有人行横道的交叉路口时，发现有人横穿道路，应怎样做？（　　）
A. 减速或停车让行
B. 鸣喇叭示意其让道
C. 立即变道绕过行人
D. 抢在行人之前通过

443 驾驶车辆通过人行横道线时，应注意礼让行人。（　　）

444 驾驶机动车通过人行横道，只要没有行人经过，就可以加速通过。（　　）

（八）通过学校安全驾驶

445 驾驶机动车看到路边有这种标志时怎样行驶？

A. 采取紧急制动　　B. 减速注意观察
C. 断续鸣喇叭　　　D. 做好绕行准备

446 驾驶机动车在学校门口遇到这种情况怎样行驶？（　　）

A. 从列队前方绕过　B. 减速慢行通过
C. 及时停车让行　　D. 从列队空隙穿过

447 行车中遇列队横过道路的学生时，应怎样做？（　　）
A. 提前加速抢行
B. 停车让行
C. 降低车速、缓慢通过
D. 连续鸣喇叭催促

448 驾驶机动车看到这个标志时要及时减速。（　　）

449 在学校门口遇到这种情况要做好随时停车的准备。（　　）

450 驾驶机动车在学校附近遇到这种情况要尽快加速通过。（　　）

451 驾驶机动车通过学校时要注意什么？（　　）
A. 观察标志标线　　B. 减速慢行
C. 不要鸣喇叭　　　D. 快速通过

452 驾驶机动车通过学校门口时应注意什么？
（　　）
A. 注意观察标志标线　B. 注意减速慢行
C. 不要鸣喇叭　　　　D. 快速通过

453 如图所示，驾驶机动车看到路边有这种标志时，表示前方接近学校区域，因此要提前减速注意观察。（　　）

454 驾驶机动车行经学校门前遇到放学时段，为了保证道路的车流通畅，应勤鸣喇叭督促学生让开主车道。（　　）

455 蓝色车辆遇到图中的情形时，下列做法错误的是？（　　）

答案
442.A 443.√ 444.× 445.B 446.C 447.B 448.√ 449.√ 450.× 451.ABC 452.ABC 453.√ 454.× 455.ABD

A. 按照前方交通信号灯指示直接通行
B. 鸣喇叭提醒，让学生队伍中空出一个缺口，从缺口中穿行过去
C. 停车等待，直到学生队伍完全通过
D. 鸣喇叭，催促还未通过的学生加快速度通过

456 车辆通过学校应注意观察标志标线，低速行驶，不要鸣喇叭。（　　）

（九）通过居民小区安全驾驶

457 驾驶机动车在居民小区看到这种情况怎样安全行驶？（　　）

A. 鸣喇叭提示行人　B. 加速，尽快通过
C. 保持正常行驶　　D. 减速，准备停车

458 驾驶机动车通过居民小区遇到这种情况怎样处置？（　　）

A. 立即停车　　　　B. 加速通过
C. 连续鸣喇叭　　　D. 减速慢行

459 驾驶机动车在居民小区遇到这种情形要连续鸣喇叭。

460 驾驶汽车在非禁鸣路段，遇复杂交通情况时可合理使用喇叭。（　　）

461 驾驶机动车在居民小区遇到这种情形要紧跟其后行驶。（　　）

462 驾驶机动车进入居民小区不能超过限速标志限定的速度行驶。（　　）

463 驾驶机动车在小区内遇到这样的情况要在自行车前加速通过。（　　）

464 通过居民小区时需要注意什么？（　　）
A. 遵守标志　　　　B. 低速行驶
C. 不鸣喇叭　　　　D. 避让居民

465 如图所示，驾驶机动车通过小区遇到这种情况，应减速行驶，随时准备停车。（　　）

466 如图所示，驾驶机动车在居民小区遇到这种情形要连续鸣喇叭，示意行人让路。（　　）

答案：456.√　457.D　458.A　459.×　460.√　461.×　462.√　463.×　464.ABCD　465.√　466.×

467 如图所示，驾驶机动车进入该居民小区，车速不能超过5公里/小时。（　　）

468 如图所示，在居民区内为了预防突发情况出现，驾驶人应如何安全驾驶？（　　）

A. 注意观察，随时准备停车
B. 进入小区前应降低车速
C. 不与行人抢行
D. 鸣喇叭示意行人让行

469 如图所示，驾驶机动车在居民区遇到这种情形，应如何安全驾驶？（　　）

A. 紧跟其后行驶
B. 低速慢行
C. 连续鸣喇叭示意
D. 保持必要的安全距离

470 驾驶机动车驶出小区上道路行驶，以下做法正确的是什么？（　　）
A. 无需观察直接汇入主路车流
B. 无需避让主路车辆
C. 在不妨碍主路车辆正常行驶的前提下汇入车流
D. 鸣喇叭示意主路车避让

471 如图所示，驾驶机动车行经该路段时，以下说法错误的是什么？（　　）

A. 注意儿童　　B. 禁止停车
C. 禁止鸣喇叭　D. 前方禁止通行

472 驾驶机动车驶入居民小区时，为了警告出入口处车辆及行人应连续鸣喇叭。（　　）

473 行车过程中遇到以下情况，正确的做法是什么？（　　）

A. 鸣笛并继续直行
B. 减速并随时准备停车
C. 转向道路左侧并继续行驶
D. 匀速驶过该区域

（十）通过公交车站安全驾驶

474 驾驶汽车驶近停有公交车的车站需要注意什么？（　　）
A. 做好随时停车的准备
B. 预防公交车突然起步
C. 预防行人从车前穿出
D. 与公交车保持安全间距

475 驾驶机动车在这种情况下注意什么？（　　）

A. 行人从车后穿出　B. 行人从车前穿出
C. 公交车突然倒车　D. 公交车突然起步

476 在这种公交车站怎样预防公交车突然起步？（　　）

467.√ 468.ABC 469.BD 470.C 471.D 472.× 473.B 474.ABCD 475.B 476.C

A. 在公交车后停车　B. 迅速超越公交车
C. 减速，缓慢超越　D. 连续鸣喇叭提醒

477 驾驶机动车遇到这种情况怎样行驶？（　　）

A. 加速从左侧超越　B. 连续鸣喇叭告知
C. 紧跟在自行车后　D. 减速避让自行车

478 驾驶机动车在这种情况下可以占用公交车站临时停车。（　　）

479 驾驶机动车在公交车站遇到这种情况要迅速停车让行。（　　）

480 如图所示，驾驶机动车在公交车站遇到这种情况要迅速向左变更车道绕行。（　　）

481 如图所示，在这种情况下可以在公交车站临时停车。（　　）

482 如图所示，驾驶机动车临近停在车站的公交车时，以下做法正确的是？（　　）

A. 降低车速　　　B. 随时准备停车
C. 尽快超越　　　D. 加大横向安全距离

483 如图所示，驾驶机动车遇到这种情形，应如何安全通过？（　　）

A. 减速慢行
B. 注意观察
C. 拉开横向安全距离
D. 预防突然横穿的行人

484 如图所示，驾驶机动车驶近这样的公交车站时，既要注意到路侧行人的活动情况随时准备减速避让，又要考虑前方道路可能存在拥堵，不应跟车过近，防止视线受阻。（　　）

答案

477.D　478.X　479.√　480.√　481.X　482.ABD　483.ABCD　484.√

485 如图所示，驾驶机动车驶近公交车站时，驾驶人应注意的是什么？（　　）

A. 下车的乘客可能从公交车前方横穿道路
B. 公交车可能即将启动并向左变更车道
C. 右侧摩托车可能驶入机动车道并穿插变更车道
D. 对向车道内的机动车可能违法跨越道路中心线超车

486 如动画所示，驾驶人的行为是正确的。（　　）

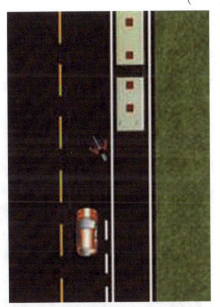

[动画显示：一辆自行车窜入机动车道，超越前方的公交车，红色轿车立即减速避让]

487 车辆驶近停在车站的公交车辆时，为预防公交车突然起步或行人从车前穿出，应怎样做？（　　）
A. 减速，保持足够间距，随时准备停车
B. 保持正常车速行驶
C. 鸣喇叭提醒，加速通过
D. 随时准备紧急制动

四　安全装置

488 怎样调整汽车座椅安全头枕的高度？（　　）
A. 调整到头枕中心对正颈部
B. 调整到头枕中心与颈部平齐
C. 调整到头枕中心高出头顶
D. 调整到头枕中心能支撑头部

489 安全头枕要调整到与颈部平齐的高度。（　　）

490 驾驶汽车不系安全带在遇紧急制动或发生碰撞时可能会发生哪些危险？（　　）
A. 撞击风窗玻璃　　B. 减少人员伤亡
C. 被甩出车外　　　D. 造成胸部损伤

491 车辆发生碰撞时，关于安全带作用的说法错误的是什么？（　　）
A. 保护颈部不受伤害
B. 减轻驾乘人员受伤程度
C. 减轻驾驶人疲劳
D. 保持正确驾驶姿势

492 事故中造成这个驾驶人致命伤害的原因是什么？（　　）

A. 没有系安全带　　B. 离转向盘距离过近
C. 没有握紧转向盘　D. 安全气囊没有打开

493 驾驶机动车的驾驶人不需要系安全带。（　　）

494 驾驶装有安全气囊的汽车可以不系安全带。（　　）

495 安装防抱死制动系统（ABS）的机动车紧急制动时，可用力踏制动踏板。（　　）

496 安装防抱死制动系统（ABS）的机动车制动时，制动距离会大大缩短。（　　）

497 驾驶装有 ABS 的汽车怎样采取紧急制动？（　　）
A. 用力踏制动踏板　B. 间歇踏制动踏板
C. 缓慢踏制动踏板　D. 逐渐踏下制动踏板

485.ABCD　486.√　487.A　488.D　489.×　490.ACD　491.ACD　492.A　493.×　494.×　495.√　496.×　497.A

498 驾驶安装有防抱死制动系统（ABS）的车辆，发生侧滑时怎样使用制动？（　）
　A. 将制动踏板踩到底
　B. 轻踏制动踏板
　C. 间歇踩踏制动踏板
　D. 与其他路面一样踏制动踏板

499 驾驶有 ABS 的机动车在紧急制动的同时转向可能会发生侧滑。（　）

500 机动车在紧急制动时 ABS 会起到什么作用？（　）
　A. 缩短制动距离　B. 保持转向能力
　C. 减轻制动惯性　D. 自动控制方向

501 ABS 起作用时不可松抬制动踏板。（　）

502 关于影响制动停车距离的因素，以下说法正确的是什么？（　）
　A. 车辆行驶速度
　B. 驾驶人的反应时间
　C. 路面状况
　D. 载货量的多少以及制动器的结构形式等

503 在潮湿路面，安装 ABS 的机动车制动时，制动距离会延长，因此要拉开与前车的安全距离。（　）

504 机动车制动时，若后轮抱死容易出现什么现象？（　）
　A. 甩尾　　　　B. 转向失控
　C. 跑偏　　　　D. 爆胎

第二章 ▶ 文明行车常识

一 文明礼让

（一）人行横道前的礼让

1 驾驶机动车在这种情况下怎样礼让行人？（　）

　A. 等行人通过后再起步
　B. 起步从行人前方绕过
　C. 鸣喇叭告知行人让道
　D. 起步后缓慢靠近行人

2 驾驶机动车遇到这样的情况要停车让行。（　）

3 驾驶机动车在这种情况下可以适当鸣喇叭加速通过。（　）

4 如动画所示，驾驶人的行为是否正确？（　）

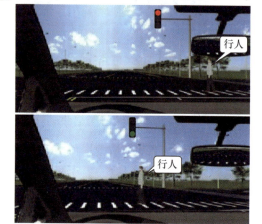

[动画显示：车辆行至交叉路口，有一行人在人行横道横穿道路，当信号灯由红变绿后，车辆从行人后方快速驶过]

5 夜间驾驶汽车在人行横道前遇行人横过时怎样行驶？（　）

答案：498.A 499.√ 500.B 501.√ 502.ABCD 503.√ 504.A 1.A 2.√ 3.× 4.× 5.D

A. 交替变换远近光灯绕过行人
B. 开启近光灯绕过行人
C. 使用远光灯绕过行人
D. 停车让行人优先通过

6 在路口遇到这种情况的行人，如何做到礼让？（　　）

A. 在远处鸣喇叭催促　B. 从行人间低速穿过
C. 加速从行人前绕过　D. 停车等待行人通过

7 驶近没有人行横道的交叉路口时，发现有人横穿道路，应减速或停车让行。（　　）

8 驾驶汽车通过人行横道时要注意下列哪些情况？（　　）
A. 突然横穿的儿童　B. 急速通过的自行车
C. 缓慢通过的行人　D. 准备横过的行人

9 如图所示，接近人行横道线时怎样安全行驶？（　　）

A. 提前减速观察　B. 注意避让行人
C. 随时准备停车　D. 抢先加速通过

10 如图所示，遇有这种情况要停车让行。（　　）

11 如图所示，当您看到这个标志时，应该想到什么？（　　）

A. 前方有人行横道
B. 应当相应减速行驶
C. 视野范围内无行人可以保持原速行驶
D. 视野范围内无行人可以适当加速通过

12 如图所示，驾驶机动车遇到这种情况时，以下做法正确的是什么？（　　）

A. 适当鸣喇叭，加速通过
B. 在行人或骑车人通过前提前加速通过
C. 减速，停车让行
D. 连续鸣喇叭使其让行

13 如图所示，夜间驾驶机动车行经没有行人通过的人行横道时可加速通过。（　　）

14 如图所示，驾驶机动车遇到这种情况时，应当停车让行。（　　）

15 如图所示，驾驶机动车遇到这种情形时，以下做法错误的是什么？（　　）

答案 6.D　7.√　8.ABC　9.ABCD　10.√　11.AB　12.C　13.×　14.√　15.ABD

A. 加速通过
B. 连续鸣喇叭警示
C. 停车让行
D. 迅速超越前方非机动车

（二）会车、超车、跟车时的礼让

16 夜间会车前，两车在相距150米之外交替变换前照灯远近光的作用是什么？（　）
　A. 会车前两车之间相互提示
　B. 驾驶操作的习惯行为
　C. 便于双方观察前方情况
　D. 驾驶人之间的一种礼节

17 夜间会车时，对面来车不关闭远光灯怎么办？（　）
　A. 及时减速让行，必要时靠边停车
　B. 开启远光灯，迫使来车变换灯光
　C. 视线向右平移，防止目眩
　D. 交替变换远近光灯，提醒来车

18 会车中遇到对方来车行进有困难需借道时，应尽量礼让对方先行。（　）

19 超车过程中，被超车辆突然加速怎么办？（　）
　A. 加速迅速超越　　B. 变换远近光灯超越
　C. 减速放弃超车　　D. 持续鸣喇叭超越

20 夜间遇到这种后车发出超车信号时怎样行驶？（　）

　A. 靠路中心减速行驶　B. 加速甩掉后车
　C. 开启左转向灯警示　D. 减速靠右侧让行

21 夜间在这种情况下跟车要注意观察前车信号灯的变化，随时做好减速或停车的准备。（　）

22 夜间在这种道路条件怎样跟车行驶？（　）

　A. 注意前车信号灯变化
　B. 使用近光灯
　C. 保持安全距离
　D. 做好减速或停车准备

23 如图所示，驾驶机动车遇到右侧车道车辆突然变更车道时，应当如何避让？（　）

　A. 减速让行
　B. 加速行驶
　C. 向左打转向迅速超越
　D. 连续鸣喇叭

24 如图所示，夜间驾驶机动车遇到其他机动车突然驶入本车道，可加速从右侧车道绕行。（　）

25 如图所示，夜间驾驶机动车遇到其他机动车突然驶入本车道时，应当如何避让？（　）

　A. 及时减速让行
　B. 向左猛打转向盘躲避

答案　16.C　17.ACD　18.√　19.C　20.D　21.√　22.ABCD　23.A　24.×　25.A

C. 向右猛打转向盘躲避
D. 加速从右侧绕行

26 驾驶机动车行经驼峰桥会车时，以下做法正确的是什么？（　　）
A. 降低车速　　B. 靠右通行
C. 鸣喇叭示意　　D. 抢行通过

27 如图所示，驾驶机动车遇到前车插入本车道时，可以向右转向，从前车右侧加速超越。（　　）

28 如图所示，驾驶机动车跟随前车右转弯时，应当注意的是什么？（　　）

A. 前面的车可能停下
B. 右侧视野盲区内可能有自行车直行
C. 行人可能突然进入本车前的人行横道
D. 直行的黄色车辆可能影响本车右转弯

29 如图所示，驾驶机动车遇到这种情形时，以下做法正确的是什么？（　　）

A. 加速行驶，在对面来车交会前超过行人
B. 减速靠右，等对向车辆通过后，再缓慢超越行人
C. 鸣喇叭提示行人后，保持原速行驶
D. 鸣喇叭提示左侧车辆后，保持原速行驶

30 如图所示，驾驶机动车在窄桥上会车，选择的交会位置不理想时，以下做法正确的是什么？（　　）

A. 加速行驶，在前方继续选择理想位置
B. 停车选择会车地点，必要时倒车，让对方通过
C. 靠左占道行驶，让对方停车让行
D. 变换远近光灯，示意对方停车让行

31 驾驶机动车会车时，当视线受阻不利于观察到对向来车时，双方都应做到减速靠右通过，并鸣喇叭示意。（　　）

32 驾驶机动车行驶过程中，如遇到前方车辆行驶速度缓慢时，应持续鸣喇叭催促。（　　）

（三）遇校车的礼让

33 驾驶机动车遇到校车在道路右侧停车上下学生，同向只有三条机动车道时，左侧车道后方机动车应当停车等待。（　　）

34 驾驶机动车遇到校车在道路右侧停车上下学生时，应注意什么？（　　）
A. 同向只有一条机动车道，后方机动车应当停车等待
B. 同向有两条机动车道，左侧车道后方机动车可以减速通过
C. 同向有三条机动车道，中间车道后方机动车应当停车等待
D. 同向有三条机动车道，左侧车道后方机动车可以减速通过

35 驾驶机动车遇到校车在道路右侧停车上下学生，同向只有一条机动车道时，后方机动车应当停车等待。（　　）

36 驾驶机动车遇到校车在道路右侧停车上下学生，同向有两条机动车道时，左侧车道后方机动车应当停车等待。（　　）

37 如图所示，驾驶机动车遇到这种情况时，以下做法正确的是什么？（　　）

答案
26.ABC　27.×　28.ABC　29.B　30.B　31.√　32.×　33.×　34.ACD　35.√　36.√　37.C

A. 放慢车速，缓缓绕过
B. 鸣喇叭示意该车让路
C. 立即停车等待，直至该车离开
D. 保持原车速绕行

38 如图所示，驾驶机动车遇到校车停车上下学生时，以下做法正确的是什么？（　　）

A. 停车等待
B. 借对向车道绕行
C. 鸣喇叭催促
D. 变换远近光灯示意学生让行

39 同方向有三条机动车道的路段，校车在右侧车道停靠上、下学生时，校车停靠车道后方和相邻机动车道上的机动车应停车等待。（　　）

（四）遇特种机动车或异常行驶机动车的礼让

40 驾驶机动车遇到这种特殊情况怎样行驶？（　　）

A. 靠左侧减速让行 B. 靠右侧减速让行
C. 加速靠左侧让行 D. 保持原行驶路线

41 行车中遇抢救伤员的救护车从本车道逆向驶来时，要怎样做？（　　）
A. 靠边减速或停车让行
B. 占用其他车道行驶
C. 加速变更车道避让
D. 在原车道内继续行驶

42 驾驶机动车遇到这种情形要迅速靠右侧减速让行。（　　）

43 驾驶机动车遇到这种情形怎么办？（　　）

A. 迅速从车左侧超越 B. 保持较大跟车距离
C. 连续鸣喇叭告知   D. 迅速从车右侧超越

44 驾驶机动车遇到这种情况怎么办？（　　）

A. 紧跟前车后方行驶 B. 迅速从车左侧超越
C. 保持较大跟车距离 D. 迅速从车右侧超越

45 当您遇到以下车辆时，需要礼让的是什么？（　　）
A. 救护车   B. 消防车
C. 警车   D. 校车

46 如图所示，驾驶机动车遇到执行紧急任务的救护车时，以下做法正确的是什么？（　　）

A. 救护车违反交通信号通行，不予避让
B. 减速，避让救护车
C. 按照信号灯指示，正常通行
D. 加速通过

答案 38.A 39.√ 40.A 41.A 42.√ 43.B 44.C 45.ABCD 46.B

47 驾驶机动车遇到同车道行驶的执行紧急任务的特种车辆时不得超车。（　　）

48 当你看到前方车辆行驶线路左右摆动，以下说法正确的是什么？（　　）
A. 车内驾驶人可能为酒后驾车，应当保持距离
B. 车内驾驶人可能为酒后驾车，可以加速超过
C. 车内驾驶人可能为吸毒后驾车，可以加速超过
D. 此情况较为安全，可以紧密跟随

49 驾驶机动车，遇前方停驶的油料运输车起火冒烟，以下做法正确的是什么？（　　）
A. 为减少交会时间，加速通过
B. 立即停车，上前查看是否有被困人员
C. 停车后围观
D. 立即停车，尽量远离，拨打报警电话

50 驾驶机动车，遇到后方执行任务的特种车辆时，以下做法正确的是什么？（　　）
A. 主动减速让行
B. 加速行驶
C. 即使有让行条件也不让
D. 靠道路中心行驶

51 如图所示，驾驶机动车遇到对向来车正在强行超车时，以下做法正确的是什么？（　　）

A. 减速避让
B. 向左打转向盘避让
C. 向右借用人行道避让
D. 迎着来车鸣喇叭将其逼回

52 如图所示，驾驶机动车 A 遇到异常行驶的车辆 B，A 车应当减速避让，确保安全。（　　）

（五）遇拥堵道路、路口时的礼让

53 驾驶机动车在交叉路口遇到这种情况如何对待？（　　）

A. 直接进入路口内等待
B. 在路口停止线外等待
C. 从右侧非机动车道通过
D. 借对向车道通过路口

54 驾驶机动车在拥堵的路口遇到这种情况怎样处置？（　　）

A. 逼其回原车道　　B. 紧跟前车不让行
C. 礼让通行　　　　D. 鸣喇叭开前照灯

55 如动画所示，驾驶人应当怎样做？（　　）

[动画显示：车辆在道路上行驶，本车道前方出现拥堵，左侧车道通行正常]

A. 寻找机会超越前车
B. 从机动车空间穿插通过
C. 减速停车，依次排队等候
D. 鸣喇叭催促

56 驾驶机动车在路口遇到这种情况要随时准备停车礼让。（　　）

47.√ 48.A 49.D 50.A 51.A 52.√ 53.B 54.C 55.C 56.√

57 驾驶机动车在这种情况下要跟前车进入路口等待。（　　）

58 驾驶汽车在交叉路口违法抢行容易引发交通事故。（　　）

59 遇到这种前方拥堵路段通行缓慢时怎样行驶？

A. 依次跟车行驶　　B. 从右侧超越
C. 靠边停车等待　　D. 从左侧超越

60 如图所示，驾驶机动车通过交叉路口时右转遇到人行横道有行人通过时，以下做法正确的是什么？（　　）

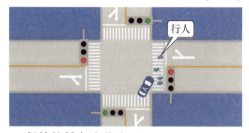

A. 保持较低车速通过
B. 停车让行，等行人通过后再通过
C. 连续鸣喇叭冲开人群
D. 确保安全的前提下绕行通过

61 如图所示，A 车在交叉路口左转时遇到 B 车强行超越，以下做法错误的是什么？（　　）

A. 持续鸣喇叭警告　　B. 保持车速继续行驶
C. 与其抢行　　　　　D. 加速靠左侧绕行

62 如图所示，驾驶机动车遇到这种情形时，应减速在其后保持安全距离通过路口。（　　）

63 如图所示，机动车 A 的行为是正确的。（　　）

64 驾驶机动车准备进入拥堵的环形路口时，以下做法错误的是什么？（　　）

A. 继续驶入拥堵路口
B. 鸣喇叭让路口内的车让行
C. 快速驶入路口
D. 让路口内的车先行

65 如图所示，驾驶机动车路遇右前方施工路段，应提前减速慢行。（　　）

（六）遇行人的礼让

66 驾驶机动车遇到这种行人应该注意什么？（　　）

A. 在路中心行驶　　　B. 持续鸣喇叭
C. 加速超越　　　　　D. 注意观察动态

67 驾驶机动车突然遇到这种情况怎样做？（　　）

A. 减速或停车让行　　B. 从行人前方绕行
C. 持续鸣喇叭提醒　　D. 从行人后方绕行

68 驾驶机动车遇到这种情形应该注意什么？
（　　）

A. 预防机动车侧滑　　B. 预防行人横穿
C. 尽快加速通过　　　D. 持续鸣喇叭

69 驾驶机动车遇到这种情况要如何行驶？（　　）

路面有积水

A. 低速缓慢通过　　　B. 加速通过
C. 连续鸣喇叭通过　　D. 保持正常车速通过

70 驾驶机动车遇到这样的情景怎样行驶？（　　）

儿童在道路上玩耍

A. 连续鸣喇叭　　　　B. 快速通过
C. 减速慢行　　　　　D. 从一侧绕行

71 驾驶机动车看到这样的儿童怎样行驶？（　　）

儿童在玩滑板

A. 紧跟在后面行驶　　B. 从左侧加速让过
C. 鸣喇叭示意让道　　D. 减速或停车避让

72 驾驶机动车遇到这样的行人怎样礼让？（　　）

老年人在路上行走

A. 加速从前方绕过　　B. 加速从身后绕行
C. 减速或停车让行　　D. 连续鸣喇叭提醒

73 驾驶机动车遇到这样的行人怎样行驶？（　　）

轮椅车

A. 从其前方绕过　　　B. 从其身后绕行
C. 鸣喇叭提醒　　　　D. 主动停车礼让

74 驾驶机动车在雨天遇到撑雨伞和穿雨衣的行人在路边行走怎样礼让？（　　）

A. 以正常速度行驶　　B. 临近鸣喇叭示意
C. 加速从左侧绕行　　D. 提前减速鸣喇叭

75 行车中对出现这种行为的人不能礼让。（　　）

行人跨越护栏横穿公路

76 行车中遇到这种行人需要保持较大的安全距离。
（　　）

挑担子的行人

77 驾驶机动车遇到这种情况时，要快速向左绕过。
（　　）

儿童在道路上玩球

答案　67.A　68.B　69.A　70.C　71.D　72.C　73.D　74.D　75.X　76.√　77.X

78. 突然出现这种情况,驾驶人要及时减速或停车避让。( )

79. 驾驶机动车遇到这种情况的行人可连续鸣喇叭催其让道。( )

80. 雨天遇到这些撑雨伞和穿雨衣的行人在路边行走怎样通行?( )

A. 注意观察行人动态　B. 适当降低车速
C. 保持安全距离　　　D. 提前轻按喇叭提醒

81. 在这种情况下要避让左侧从公交车后横穿的行人。( )

82. 在这种路口遇到行人突然横穿怎么办?( )

A. 减速或停车让行　B. 鸣喇叭示意其让道
C. 抢在行人之前通过　D. 向右变道绕过行人

83. 驾驶机动车遇到成群青少年绕过路边停放的机动车时,要主动减速让行。( )

84. 如图所示,驾驶机动车遇到这种情况时,驾驶人应注意的是什么?( )

A. 左前方行人可能在前方机动车驶过后马上横穿道路
B. 左前方行人对是否横穿马路可能犹豫不决,无法准确判断
C. 前方机动车可能遇有其他横穿道路的行人减速或紧急停车
D. 前方机动车可能躲避横穿道路的行人,突然变更车道

85. 如图所示,驾驶机动车遇到这种情况时,应注意左前方行人可能在前方机动车驶过后马上横穿道路。( )

86. 如图所示,驾驶机动车看到这个标志时,应及时减速注意观察。( )

87. 如图所示,驾驶机动车遇到这种情况时,应该考虑到路边儿童可能会因为打闹而突然冲入路内。( )

答案: 78.√ 79.× 80.ABCD 81.√ 82.A 83.√ 84.ABCD 85.√ 86.√ 87.√

88 如图所示，驾驶机动车在乡间道路上行驶，以下做法正确的是什么？　　（　　）

A. 在成人和儿童之间快速通过
B. 连续鸣喇叭提示后通过
C. 从成人身后绕行
D. 减速鸣喇叭提示，做好随时停车准备

89 驾驶机动车过程中遇到专注于使用手机的行人时，以下说法正确的是什么？（　　）
A. 注意观察　　　B. 从一侧加速绕过
C. 谨慎驾驶　　　D. 做好停车准备

90 如图所示，驾驶机动车遇到这种情况时，应鸣喇叭提醒行人注意避让，加速通过。（　　）

（七）遇牲畜的避让

91 驾驶机动车看到这种标志需要注意什么？（　　）

A. 减速、观察、慢行
B. 鸣喇叭驱赶牲畜
C. 从牲畜的空隙中穿过
D. 低速行驶冲开牲畜群

92 驾驶机动车在这样的路段要注意观察，随时避让横过道路的动物。（　　）

93 驾驶汽车遇到牲畜横穿抢道的情况，要及时鸣喇叭进行驱赶。（　　）

94 如图所示，驾驶机动车遇到这种情况时，以下做法正确的是什么？（　　）

A. 停车等待动物穿过
B. 鸣喇叭驱赶动物
C. 下车驱赶动物
D. 与动物保持较远距离

95 行车中遇牲畜通过道路影响通行时，可采取连续鸣喇叭的方式进行驱赶。（　　）

96 如图所示，驾驶机动车遇到这种情况时，以下做法正确的是什么？（　　）

A. 减速缓慢通过
B. 鸣喇叭警示牲畜，以免牲畜冲入行车道发生事故
C. 不能鸣喇叭，避免牲畜因惊吓窜入行车道
D. 加速通过此事故隐患路段

（八）遇非机动车的礼让

97 驾驶机动车在这种情况下正确的做法是什么？（　　）

A. 立即超越　　　　B. 连续鸣喇叭提醒
C. 保持安全距离超越　D. 鸣喇叭加速超越

98 驾驶机动车遇到这种情况怎样应对？（　　）

A. 连续鸣喇叭警告　B. 加速从前方绕过
C. 出现危险再减速　D. 主动减速让行

99 驾驶机动车在这种情况下要尽快加速通过。（　　）

100 驾驶机动车遇到骑自行车人占道影响通行时，可连续鸣喇叭加速从其左侧绕行。（　　）

101 遇到这种同向行驶的非机动车时怎样行驶？（　　）

A. 注意观察动态　　B. 适当减速慢行
C. 保持安全间距　　D. 鸣喇叭加速超越

102 如图所示，在这种情况下要注意右侧的非机动车。（　　）

103 驾驶机动车行经两侧有非机动车行驶且有积水的路面时，应怎样做？（　　）
A. 减速慢行　　　　B. 正常行驶
C. 加速通过　　　　D. 连续鸣喇叭

104 驾驶机动车在转弯之前应留意旁边行驶的自行车，是因为自行车比较小，不太容易被看到。（　　）

105 驾驶机动车遇到非机动车违法在机动车道上行驶，并阻碍机动车前进时，以下做法错误的是什么？（　　）
A. 注意非机动车辆的动向，减速行驶
B. 谨慎驾驶低速通过
C. 持续鸣喇叭警告非机动车避让
D. 保持与非机动车安全车距

106 如图所示，驾驶机动车行经交叉路口遇到这种情况时，以下做法正确的是什么？（　　）

A. 加速通过
B. 在骑车人通过前提前加速通过
C. 停车让行
D. 连续鸣喇叭使其让行

107 如图所示，A车在这样的路口可以借用非机动车道右转弯。（　　）

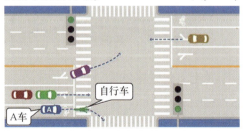

108 如图所示，驾驶机动车右转遇到这种情况时，可以不给非机动车和行人让行。（　　）

答案　98.D　99.×　100.×　101.ABC　102.√　103.A　104.√　105.C　106.C　107.×　108.×

109 夜间驾驶机动车在窄路遇到对面驶来非机动车时，以下做法正确的是什么？（　　）
  A. 连续变换远近光灯
  B. 开启危险报警闪光灯
  C. 使用远光灯，减速避让
  D. 使用近光灯，减速避让

110 如图所示，驾驶机动车遇到非机动车占道行驶时，以下做法正确的是什么？（　　）

  A. 减速并鸣喇叭提示
  B. 交替变换远近光灯提示
  C. 加速通过
  D. 持续鸣喇叭催促

111 如图所示，驾驶机动车遇到这种情形时，可以从左侧超越。（　　）

112 夜间驾驶机动车在农村道路行驶，遇到对向驶来畜力车时，以下做法正确的是什么？
（　　）
  A. 持续鸣喇叭警示
  B. 交替使用远近光灯提示
  C. 使用近光灯，减速靠右避让
  D. 加速通过

113 如图所示，A 车正确的做法是什么？（　　）

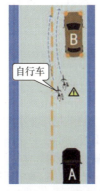

  A. 鸣喇叭从左侧超越自行车
  B. 减速待自行车通过后再从 B 车左侧超越
  C. 停车等待 B 车驶离后，在原车道行驶
  D. 借用对向车道加速通过

二　常见不文明行为

114 驾驶机动车变更车道时，属于交通陋习的是什么行为？（　　）
  A. 提前开启转向灯
  B. 仔细观察后变更车道
  C. 随意并线
  D. 不得妨碍其他车道正常行驶的车

115 机动车在道路上行驶时，属于交通陋习的是什么行为？（　　）
  A. 按规定使用灯光
  B. 带行驶证、驾驶证
  C. 随意向车外抛洒物品
  D. 遵守交通信号

116 如图所示，前车乘车人的行为是不文明的。
（　　）

117 发现前方机动车停车排队缓慢行驶时，属于交通陋习的是什么行为？（　　）
  A. 加塞抢行
  B. 不强行超车
  C. 停车或依次行驶
  D. 不占用非机动车道行驶

118 行车中不开转向灯强行并线是违法行为。
（　　）

119 行车中不开转向灯强行并线不是违法行为。
（　　）

120 驾驶人在确认后方无来车的情况下，可以不开转向灯变更车道。（　　）

121 机动车行驶中遇有自行车借道通行时，可急促鸣喇叭示意让道。（　　）

答案：109.D 110.A 111.× 112.C 113.B 114.C 115.C 116.√ 117.A 118.√ 119.× 120.× 121.×

122 如图所示，驾驶机动车遇到这种情况，应及时降低车速，遇交通堵塞时，可以鸣喇叭。（ ）

123 在正常行车中，尽量靠近中心线或轧线行驶，不给对向机动车留有侵占行驶路线的机会。（ ）

124 驾驶机动车时，长时间左臂搭在车门窗上，或者长时间右手抓住变速器操纵杆球头，是一种驾驶陋习。（ ）

125 驾驶人频繁变更车道不属于驾驶陋习。（ ）

126 变更车道前确认后方无来车时可以不开转向灯变道。（ ）

127 变更车道或超车不开启转向灯属于违法行为。（ ）

128 驾驶机动车应尽量骑轧可跨越车道分界线行驶，便于根据前方道路情况选择车道。（ ）

129 行车中不应该有以下哪些行为？（ ）
  A. 经常观察后视镜
  B. 变更车道不开启转向灯
  C. 左臂长时间搭在车门窗上
  D. 长时间抓变速杆

130 关于疲劳驾驶，以下说法正确的是？（ ）
  A. 反应迟钝　　　B. 判断能力下降
  C. 操作失误增加　D. 易引发交通事故

131 关于有效避免疲劳驾驶，下列做法正确的是？（ ）
  A. 保持良好睡眠
  B. 连续驾驶不超过4小时
  C. 用餐不宜过饱
  D. 餐后适当休息后驾车

132 驾驶人过度疲劳影响安全驾驶时，不得驾驶机动车。（ ）

133 如图所示，前车通过积水路段的方式是不文明的。（ ）

134 当驾驶车辆行经两侧有行人且有积水的路面时，应怎样做？（ ）
  A. 加速通过　　　B. 正常行驶
  C. 连续鸣喇叭　　D. 减速慢行

135 驾驶机动车经过两侧有行人且有积水的路面时，应连续鸣喇叭提醒行人。（ ）

136 行车中驾驶人接打手机或发短信有什么危害？（ ）
  A. 影响乘车人休息
  B. 分散驾驶注意力
  C. 影响正常驾驶操作
  D. 遇紧急情况反应不及

137 驾驶人边驾车边吸烟的做法有什么影响？（ ）
  A. 妨碍安全驾驶　B. 可提高注意力
  C. 可缓解驾驶疲劳　D. 不影响驾驶操作

138 驾驶人一边驾车，一边吸烟对安全行车无影响。（ ）

139 驾驶人边驾车，边打手持电话是违法行为。（ ）

140 女驾驶人穿高跟鞋驾驶机动车，不利于安全行车。（ ）

141 谨慎驾驶的三原则是集中注意力、仔细观察和提前预防。（ ）

142 行车中，设有安全带装置的机动车，车内乘员要系好安全带。（ ）

143 驾驶人行车中前方遇自行车影响通行时，可鸣笛提示，加速绕行。（ ）

144 驾驶汽车超速行驶有哪些危害？（ ）
  A. 反应距离延长　B. 视野变窄
  C. 加重事故后果　D. 制动距离延长

145 下列做法哪些可以有效避免驾驶疲劳？（ ）
  A. 连续驾驶不超过4小时
  B. 用餐不宜过饱
  C. 保持良好的睡眠
  D. 餐后适当休息后驾车

答案 122.× 123.× 124.√ 125.× 126.× 127.√ 128.× 129.BCD 130.ABCD 131.ABCD 132.√ 133.√ 134.D 135.× 136.BCD 137.A 138.× 139.√ 140.√ 141.√ 142.√ 143.× 144.ABCD 145.ABCD

146 如图所示，驾驶机动车在雨天行驶遇到这种情形时，以下做法正确的是什么？（　　）

A. 随时准备停车
B. 减速行驶，防止泥水溅到行人身上
C. 减速行驶，注意行人动态
D. 鸣喇叭提醒行人后，加速通过

147 驾驶机动车通过积水路段时，应注意两侧的行人和非机动车，降低车速，防止路面积水飞溅。（　　）

148 遇到道路交通事故，过往车辆驾驶人应当予以协助。（　　）

149 这个小型客车驾车人有哪些违法行为？（　　）

A. 接打手持电话　　B. 无证驾驶
C. 酒后驾驶　　　　D. 未系安全带

150 酒后驾驶会对驾驶人哪些方面产生影响？（　　）

A. 驾驶心理　　B. 操作能力
C. 注意力　　　D. 判断力

151 如图所示，驾驶机动车时，前风窗玻璃处悬挂放置干扰视线的物品是错误的。（　　）

152 驾驶人一边驾车，一边打手持电话是违法行为。（　　）

153 如图所示，驾驶机动车接打电话容易导致发生交通事故。（　　）

154 驾驶机动车遇紧急事务，可以边开车边接打电话。（　　）

155 驾驶机动车时接打电话容易引发事故，以下原因错误的是什么？（　　）

A. 单手握转向盘，对机动车控制力下降
B. 驾驶人注意力不集中，不能及时判断危险
C. 电话的信号会对汽车电子设备的运行造成干扰
D. 驾驶人对路况观察不到位，容易导致操作失误

156 机动车在环形路口内行驶，遇有其他车辆强行驶入时，只要有优先权就可以不避让。（　　）

157 车辆行至交叉路口，遇有转弯的车辆抢行，应怎样做？（　　）

A. 提高车速抢先通过　B. 鸣喇叭抢先通过
C. 停车避让　　　　　D. 保持正常车速行驶

158 车辆在交叉路口绿灯亮后，遇非机动车抢道行驶时，可以不让行。（　　）

159 会车中遇到对方来车行进有困难需借道时，应怎样做？（　　）

A. 靠右侧加速行驶
B. 尽量礼让对方先行
C. 不侵占对方道路，正常行驶
D. 示意对方停车让行

160 行车中遇到对向来车占道行驶，应怎样做？（　　）

A. 逼对方靠右行驶　B. 用大灯警示对方
C. 主动给对方让行　D. 紧靠道路中心行驶

161 遇到路口情况复杂时，应做到"宁停三分，不抢一秒"。（　　）

162 行车中要文明驾驶，礼让行车，做到不开英雄

答案：146.ABC 147.√ 148.√ 149.ABCD 150.ABCD 151.√ 152.√ 153.√ 154.× 155.C 156.× 157.C 158.× 159.B 160.C 161.√ 162.√

车、冒险车、赌气车和带病车。（　　）

163 行车中遇抢救伤员的救护车从本车道逆向驶来时，应怎样做？（　　）
A. 靠边减速或停车让行
B. 占用其他车道行驶
C. 加速变更车道避让
D. 在原车道内继续行驶

164 行车中发现前方道路拥堵时，应怎样做？（　　）
A. 寻找机会超越前车
B. 从车辆空间穿插通过
C. 减速停车，依次排队等候
D. 鸣喇叭催促

165 发现前方道路堵塞，正确的做法是什么？（　　）
A. 按顺序停车等候
B. 鸣喇叭示意前方车辆快速行驶
C. 选择空当逐车超越
D. 继续穿插绕行

166 车辆在拥挤路段低速行驶时，遇其他车辆强行插队，应怎样做？（　　）
A. 鸣喇叭警告，不得进入
B. 加速行驶，紧跟前车，不让其进入
C. 挤靠"加塞"车辆，逼其离开
D. 主动礼让，确保行车安全

167 行车中遇儿童时，应怎样做？（　　）
A. 减速慢行，必要时停车避让
B. 长鸣喇叭催促
C. 迅速从一侧通过
D. 加速绕行

168 驾驶人行车中看到注意儿童标志的时候，应怎样做？（　　）
A. 加速行驶　　B. 绕道行驶
C. 保持正常车速行驶　D. 谨慎选择行车速度

169 行车中遇残疾人影响通行时，应主动减速礼让。（　　）

170 行车中，发现行人突然横过道路时，应迅速减速避让。（　　）

171 当行人出现交通安全违法行为时，车辆可以不给行人让行。（　　）

172 行车中遇有非机动车准备绕过停放的车辆时，应怎样做？（　　）
A. 鸣喇叭示意其让道　B. 让其先行
C. 紧随其后鸣喇叭　D. 加速绕过

173 行车中，遇非机动车抢行时，应怎样做？（　　）
A. 加速通过　　B. 鸣喇叭警告
C. 减速让行　　D. 临近时突然加速

174 行车中超越同向行驶的自行车时，应怎样做？（　　）
A. 连续鸣喇叭提醒其让路
B. 持续鸣喇叭并加速超越
C. 让自行车先行
D. 注意观察动态，减速慢行，留有足够的安全距离

175 夜间驾驶车辆遇自行车对向驶来时，应怎样做？（　　）
A. 连续变换远、近光灯
B. 不断鸣喇叭
C. 使用近光灯，减速或停车避让
D. 使用远光灯

176 行车中遇有前方发生交通事故，需要帮助时，应怎样做？（　　）
A. 尽量绕道躲避
B. 立即报警，停车观望
C. 协助保护现场，并立即报警
D. 加速通过，不予理睬

177 行车中遇交通事故受伤者需要抢救时，应怎样做？（　　）
A. 及时将伤者送医院抢救或拨打急救电话
B. 尽量避开，少惹麻烦
C. 绕过现场行驶
D. 借故避开现场

178 饮酒对驾驶人的不利影响有哪些？（　　）
A. 判断力下降
B. 注意力下降
C. 易产生冒险跟挑衅心理
D. 操作能力降低

179 车辆在拥挤路段低速行驶时，遇其他车辆强行穿插，为确保行车安全，要主动礼让，保持适当的安全距离。（　　）

180 行车中遇到被超车辆明显要再次超越，且带有斗气情绪时，应采取的正确做法是什么？（　　）
A. 减速礼让
B. 挡住道路不让他超车
C. 加速行驶甩掉他
D. 并列行驶

答案：163.A 164.C 165.A 166.D 167.A 168.D 169.√ 170.√ 171.× 172.B 173.C 174.D 175.C 176.C 177.A 178.ABCD 179.√ 180.A

第三章 道路交通信号在交通场景中的综合应用

一 交通信号灯

1 驾驶机动车在这种信号灯亮的路口,不允许右转弯。　　　　　　　　　（　　）

2 驾驶机动车在路口看到这种信号灯亮时,要停车等待。　　　　　　　　（　　）

3 驾驶机动车在路口看到这种信号灯亮时,只有右转弯可以通行。　　　　（　　）

4 遇到这种情况时怎样行驶?　　　（　　）

A. 禁止车辆在两侧车道通行
B. 减速进入两侧车道行驶
C. 进入右侧车道行驶
D. 加速进入两侧车道行驶

5 这辆红色轿车不能在该车道行驶。　（　　）

6 驾驶机动车遇到这种信号灯不断闪烁时怎样行驶?　　　　　　　　　　（　　）

A. 尽快加速通过　　B. 靠边停车等待
C. 注意瞭望安全通过　D. 禁止通行

7 遇到这样的路口,以下哪个做法是正确的?
　　　　　　　　　　　　　　　　（　　）

A. 快速闪烁前照灯,提醒前方车辆快速驶离路口
B. 紧急制动保证车辆能够在停车线前停止
C. 降低车速确认安全后通过
D. 以上行为都是正确的

8 驾驶机动车在这种情况下可以左转弯。（　　）

9 驾驶机动车在这种情况下可以直行和左转弯。　　　　　　　　　　　　（　　）

答案 1.× 2.√ 3.× 4.A 5.√ 6.C 7.C 8.× 9.×

_10_ 这个路口允许车辆怎样行驶？（　　）

A. 向左、向右转弯　　B. 直行或向左转弯
C. 向左转弯　　　　　D. 直行或向右转弯

_11_ 驾驶机动车在铁路道口看到这种信号灯时怎样行驶？（　　）

A. 边观察边缓慢通过　B. 不换挡加速通过
C. 在火车到来前通过　D. 不得越过停止线

_12_ 在铁路道口遇到两个红灯交替闪烁时要加速通过。（　　）

二　交通标志

（一）警告标志

_13_ 右侧标志警示前方是什么路口？（　　）

A. T形交叉路口　　B. Y形交叉路口
C. 十字交叉路口　　D. 环行交叉路口

_14_ 右侧标志警告前方是向右急转弯路。（　　）

_15_ 右侧标志警示前方道路有连续三个或三个以上的弯路。（　　）

_16_ 右侧标志警告前方道路是向左连续弯路。（　　）

_17_ 右侧标志警告前方是向右反向弯路。（　　）

_18_ 右侧标志警告前方是上陡坡路段。（　　）

_19_ 右侧标志警告前方是连续下坡路段。（　　）

答案　10.D　11.D　12.X　13.D　14.V　15.X　16.X　17.X　18.V　19.X

20 右侧标志警告前方是下陡坡路段。（ ）

21 右侧标志警告前方路面两侧变窄长度为5公里。（ ）

22 右侧标志警告前方道路右侧变宽。（ ）

23 右侧标志警告前方道路左侧变宽。（ ）

24 右侧标志警告前方进入两侧变窄路段。（ ）

25 右侧标志警告前方路段要注意儿童。（ ）

26 右侧标志提醒前方是野生动物保护区。（ ）

27 右侧标志提醒前方经常有牲畜横穿、出入。（ ）

28 右侧标志警告前方路段要注意儿童。（ ）

29 右侧标志警告前方路段设有信号灯。（ ）

30 右侧标志提醒前方是左侧傍山险路。（ ）

31 右侧这个标志提醒注意左侧有落石危险。（ ）

32 右侧这个标志提醒前方山口注意横风。（ ）

答案：20.× 21.√ 22.× 23.√ 24.× 25.× 26.× 27.√ 28.√ 29.√ 30.× 31.√ 32.√

33 右侧这个标志提示前方是连续急转弯道路。（　　）

34 右侧这个标志提醒注意前方是傍山险路。（　　）

35 右侧这个标志提醒注意前方 200 米是堤坝道路。（　　）

36 右侧标志提醒前方 200 米有村庄。（　　）

37 右侧这个标志提醒前方是单向行驶隧道。（　　）

38 右侧标志提醒前方路交口向右 100 米是渡口。（　　）

39 右侧标志提醒前方路面高突。（　　）

40 右侧标志提醒注前方是驼峰桥。（　　）

41 右侧这个标志提醒前方路面低洼。（　　）

42 右侧标志提醒前方路面不平。（　　）

43 右侧标志提醒前方是过水路面。（　　）

44 右侧这个标志警告前方是无人看守的有多股铁路与道路相交铁路道口。（　　）

答案：33.× 34.√ 35.√ 36.√ 37.× 38.√ 39.× 40.× 41.× 42.√ 43.√ 44.×

45 右侧这个标志警告前方是有人看守铁路道口。（　　）

46 这个标志警告前方铁路道口有多股铁路与道路相交。（　　）

47 右侧标志警告距前方有人看守铁路道口100米。（　　）

48 右侧标志警告距前方有人看守铁路道口150米。（　　）

49 右侧标志警告前方150米是无人看守铁路道口。（　　）

50 右侧标志提醒前方是非机动车道。（　　）

51 右侧标志告知前方注意残疾人。（　　）

52 右侧标志提醒前方路段注意保持车距。（　　）

53 图中标志提醒障碍物在路中，车辆从两侧绕行。（　　）

54 图中标志提醒障碍物在路中，车辆从右侧绕行。（　　）

55 图中标志提醒障碍物在路中，车辆从左侧绕行。（　　）

45.× 46.√ 47.× 48.× 49.√ 50.× 51.√ 52.× 53.√ 54.× 55.×

56 右侧标志提醒前方路段有塌方禁止通行。
（　　）

57 右侧标志提醒前方道路正在施工。（　　）

58 右侧标志提醒前方有村庄或集镇，建议速度30公里/小时。（　　）

59 右侧这个标志警告进入隧道减速慢行。（　　）

60 左侧标志警告前方注意左侧路口有汇入车辆。（　　）

61 右侧标志警告前方注意右侧路口有汇入车辆。（　　）

62 右侧标志提醒前方右侧500米有避险车道。
（　　）

（二）禁令标志

63 右侧标志表示前方路口要停车让行。（　　）

64 右侧标志表示前方路段会车时停车让对方车先行。（　　）

65 左侧标志表示前方路段允许进入。（　　）

66 右侧标志提示一切车辆都不能驶入。（　　）

67 右侧标志提示哪种车型不能通行？（　　）

A. 大型货车　　　　B. 大型客车
C. 各种机动车　　　D. 小型客货车

68 右侧标志表示前方路口不准车辆左转。（　　）

69 右侧标志表示前方路口不准车辆右转。（　　）

70 左侧标志表示前方路口不准掉头。（　　）

71 右侧标志表示前方路段允许超车。（　　）

72 这个标志表示前方路段不允许超车。（　　）

73 右侧标志表示临时停车不受限制。（　　）

74 右侧标志表示不允许长时鸣喇叭。（　　）

75 右侧标志表示前方道路限宽 3 米。（　　）

76 隧道上方标志表示限制高度 3.5 米。（　　）

77 右侧标志表示前方路段解除时速 40 公里限制。（　　）

78 右侧标志表示前方路段解除时速 40 公里限制。（　　）

79 驾驶机动车看到这个标志时，将车速迅速提高到 40 公里/小时以上。（　　）

80 右侧标志表示前方 100 米是停车接受检查的地点。（　　）

答案
68.√　69.√　70.√　71.×　72.√　73.×　74.×　75.√　76.√　77.×　78.√　79.×　80.√

81 右侧标志是何含义？（　　）

A. 允许长时停放车辆　B. 可以临时停车
C. 允许长时停车等客　D. 不允许停放车辆

（三）指示标志

82 右侧标志表示前方路口只能车辆向左转弯。
（　　）

83 右侧标志表示只能车辆向右转弯。（　　）

84 右侧标志表示只能靠左侧道路行驶。（　　）

85 这个标志表示前方立体交叉处可以直行和右转弯。
（　　）

86 立体交叉处这个标志提示什么？（　　）

A. 向右转弯　　　　B. 直行和左转弯
C. 直行和右转弯　　D. 在桥下掉头

87 右侧标志表示什么？（　　）

A. 前方道路靠右侧行驶
B. 前方道路不允许直行
C. 前方是直行单行路
D. 前方注意右侧路口

88 前方标志表示向左是单向行驶道路。（　　）

89 前方标志表示向右是单向行驶道路。（　　）

90 右侧标志表示注意避让直行方向来的机动车。
（　　）

91 右侧标志表示前方路口 7:30—10:00 允许车辆直行。（　　）

81.B　82.√　83.√　84.√　85.×　86.B　87.C　88.√　89.√　90.×　91.√

92 右前方标志表示该路段在规定时间内只供步行。（ ）

93 右侧标志表示此处不准鸣喇叭。（ ）

94 右侧标志表示鸣喇叭提醒。（ ）

95 右侧标志表示最高车速不准超过每小时50公里。（ ）

96 右侧标志表示干路车辆优先通行。（ ）

97 右侧标志表示会车时对向车辆先行。（ ）

98 右侧标志表示车辆按箭头示意方向选择行驶车道。（ ）

99 前方标志表示除公交车以外的其他车辆不准进入该车道行驶。（ ）

100 红色圆圈内标志表示左侧道路只供小型车行驶。（ ）

101 按照下图红框内的标志，机动车应当在B区域内行驶。（ ）

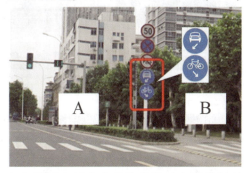

102 红色圆圈内标志表示除非机动车以外的其他车辆不准进入该车道行驶。（ ）

92.√ 93.√ 94.× 95.√ 96.√ 97.× 98.√ 99.√ 100.× 101.× 102.√

103 前方标志表示除大客车以外的其他车辆不准进入右侧车道行驶。（　　）

104 左侧标志表示此处允许机动车掉头。（　　）

105 前方标志预告交叉路口通往方向的信息。（　　）

106 前方标志告知前方道路各行其道的信息。（　　）

107 前方标志告知各个路口出口方向的信息。（　　）

108 前方标志预告互通式立交桥通往方向的信息。（　　）

109 前方标志指示前方所要经过的重要地名和距离。（　　）

110 前方标志告知前方200米处是露天停车场。（　　）

111 前方标志告知向右100米为室内停车场。（　　）

112 右侧标志指示前方设有避让来车的处所。（　　）

113 右侧标志告知右前方100米是应急避难场所。（　　）

答案：103.× 104.√ 105.√ 106.√ 107.× 108.√ 109.√ 110.√ 111.√ 112.√ 113.√

114 右侧标志指示前方路口绕行的路线。（   ）

115 右前方标志指示前方路口左转弯绕行的路线。（   ）

（四）一般道路指路标志

116 右侧标志指示前方是T形路口。（   ）

117 这个标志表示前方车道数量增加。（   ）

118 右侧标志表示前方是分流路口。（   ）

119 这个标志提示该路段已实行交通监控。（   ）

120 路两侧的标志提示前方道路线形变化。（   ）

121 右侧标志警示前方道路两侧不能通行。（   ）

122 左侧标志警示前方道路右侧不能通行。（   ）

（五）高速公路、城市快速路指路标志

123 前方标志预告距离下一出口4公里。（   ）

124 前方标志预告距离高速公路入口1公里。（   ）

125 前方标志预告高速公路入口在路右侧。（   ）

126 左侧标志指示高速公路两个行驶方向的目的地。（   ）

答案

114.√ 115.√ 116.× 117.× 118.× 119.√ 120.√ 121.× 122.× 123.√ 124.√ 125.× 126.√

127 前方标志预告高速公路终点距离信息。（　　）

128 前方标志指示高速公路的名称和编号。（　　）

129 前方标志预告距离下一左侧出口1公里。
（　　）

130 右侧标志指示前方是高速公路的终点。
（　　）

131 前方标志预告前方距高速公路终点还有2公里。（　　）

132 这个标志指示高速公路交通广播和无线电视频道。（　　）

133 左侧标志提示前方收费口停车领卡。（　　）

134 右侧标志提示距离设有电子不停车收费车道的收费站1公里。（　　）

135 右侧标志指示前方收费站设有电子不停车收费行驶车道。（　　）

136 右侧标志指示距离设有电子不停车收费车道的收费站1公里。（　　）

137 右侧标志指示高速公路紧急电话的位置。
（　　）

138 右侧标志指示距离前方加油站入口200米。
（　　）

127.× 128.√ 129.× 130.× 131.√ 132.× 133.√ 134.× 135.√ 136.× 137.√ 138.×

139 前方标志指示路右侧是高速公路临时停车处。（ ）

140 高速公路安全距离确认路段用于确认车速在每小时 100 公里时的安全距离。（ ）

141 右侧标志提示前方 200 米是车距确认路段。（ ）

142 右侧标志预告距离高速公路东芦山服务区 2 公里。（ ）

三 交通标线

（一）指示标线

143 路面中心黄虚线指示在保证安全的情况下可以越线超车。（ ）

144 路中黄色虚线指示任何情况都不允许越线绕行。（ ）

145 道路右侧白色虚线指示可越线变更车道。（ ）

146 路中两条双黄虚线并列组成的双黄虚线指示潮汐车道的位置。（ ）

147 路中两条双黄虚线表示禁止轧线或越线。（ ）

148 道路右侧白色实线表示机动车道与人行道的分界线。（ ）

149 道路右侧车行道边缘白色虚线指示允许

跨越。　　　　　　　　　　　　（　　）

150　路面白色虚实线指示变道或靠边停车时允许跨越。　　　　　　　　　　　（　　）

151　路面白色虚线实线指示实线一侧允许跨越。
　　　　　　　　　　　　　　　（　　）

152　如下图，左转弯车辆可直接进入左转弯待转区，等待放行信号。　　　（　　）

153　如下图，左转弯车辆不可以直接进入左转弯待转区，等待放行信号。　（　　）

154　如下图，路口导向线用于辅助车辆转弯行驶。　　　　　　　　　　（　　）

155　如下图，进入交叉口前，车辆不允许跨越白色实线变更车道。　　　（　　）

156　路面可变导向车道线指示可以随意选择通行方向。　　　　　　　　　（　　）

157　路口内人行横道线警示行人优先横过道路。
　　　　　　　　　　　　　　　（　　）

158　路面上菱形标识预告前方道路设置人行横道。　　　　　　　　　　（　　）

159　高速公路上的白色折线为行车中判断行车速度提供参考。　　　　　（　　）

160　高速公路两侧白色半圆状的间隔距离是50米。　　　　　　　　　（　　）

答案

150.√　151.×　152.√　153.×　154.√　155.√　156.×　157.√　158.√　159.×　160.√

161 路面上的出口标线用于引导驶出该高速公路。（　　）

162 允许沿着图中箭头方向驶入高速公路行车道。（　　）

163 路右侧黄色矩形标线框内表示允许临时停车。（　　）

164 路右侧白色矩形虚线框内表示允许长时间停车。（　　）

165 该车道路面导向箭头指示前方道路仅可直行。（　　）

166 该车道路面导向箭头指示前方道路仅可左转。（　　）

167 该车道路面导向箭头指示在前方路口仅可直行。（　　）

168 该车道路面导向箭头指示在前方路口仅可右转弯。（　　）

169 该车道路面导向箭头指示前方路口仅可左转弯。（　　）

170 该车道路面导向箭头指示前方路口可左转弯或掉头。（　　）

171 该车道路面导向箭头指示前方路口仅能掉头。（　　）

172 该车道路面导向箭头指示前方道路仅可右转弯。（　　）

161.√　162.×　163.√　164.×　165.√　166.√　167.×　168.×　169.√　170.×　171.√　172.√

173 该车道路面导向箭头提示前方道路需向左合流。（ ）

174 该车道路面导向箭头提示前方道路右侧有路口。（ ）

175 图中红框内所示车辆可以怎样行驶？（ ）

A. 不可左转弯
B. 可以右转，但要避让同向直行车辆
C. 可以左转，但要避让对向直行车辆
D. 可以直行

176 路面标记指示这段道路上最高限速为50公里/小时。（ ）

177 路面标记指示这段道路上最高限速为80公里/小时。（ ）

178 路面标记指示这段道路上最低限速为60公里/小时。（ ）

179 右侧路面标记表示可以暂时借用超车。（ ）

180 路面同向车行道分界线指示允许跨越变换车道。（ ）

181 路面同向车行道分界线指示不允许跨越超车。（ ）

（二）禁止标线

182 遇到这种情况的骑车人可以借对向车道超越。（ ）

183 路中心黄色实虚线指示允许超车时越过。（ ）

184 路中心黄色虚实线指示允许暂时越过超车。（　　）

185 路中心黄色双实线指示可以暂时跨越超车。（　　）

186 黄色斜线填充线指示该区域禁止进入或轧线行驶。（　　）

187 路缘石上的黄色虚线指示路边不允许停车上下人员或装卸货物。（　　）

188 路缘石的黄色实线指示路边允许临时停、放车辆。（　　）

189 前方路口停车让行线表示减速让干道车先行。（　　）

190 前方路口减速让行线表示要停车让干道车先行。（　　）

191 交叉路口有两条平行的白色虚线是什么标线？（　　）
A. 车道分界线　　　B. 停车线
C. 减速让行线　　　D. 停车让行线

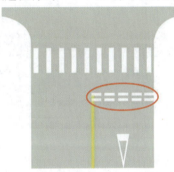

192 路口两侧导流线表示直行或右转弯不得轧线或越线行驶。（　　）

193 路口内中心圈标示左小转弯要沿内侧行驶。（　　）

答案：184.√ 185.× 186.√ 187.× 188.× 189.× 190.× 191.C 192.√ 193.√

194 路面网状线标示允许进入该区域内等待。
（　　）

195 路面网状线标示不准进入该区域内停车等待。
（　　）

196 图中红框内行驶车辆存在交通违法行为。
（　　）

197 右侧车道路面标线表示可以临时借公交专用车道行驶。
（　　）

198 路面标记指示前方路口禁止车辆掉头。（　　）

199 路面标记指示前方路口仅允许车辆向右转弯。
（　　）

（三）警告标线

200 路面白色反光虚线警告前方路段要减速慢行。
（　　）

201 路中黄色斜线填充标记警告前方有固定性障碍物。
（　　）

202 路面菱形块虚线警告前方道路要减速慢行。
（　　）

四　交通警察手势信号

203 看到这种手势信号时怎样行驶？（　　）

A. 停车等待　　　B. 直行通过路口
C. 在路口向右转弯　D. 在路口向左转弯

答案
194.× 195.√ 196.√ 197.× 198.√ 199.× 200.√ 201.√ 202.√ 203.A

204 看到这种手势信号时怎样行驶?（　　）

A. 直行通过路口　　B. 停在停止线外等待
C. 在路口向左转弯　D. 在路口减速慢行

205 看到这种手势信号时怎样行驶?（　　）

A. 直行通过路口　　B. 停车等待
C. 在路口向右转弯　D. 在路口向左转弯

206 看到这种手势信号时怎样行驶?（　　）

A. 在路口向左转弯　B. 停车等待
C. 在路口直行　　　D. 进入左弯待转区

207 看到这种手势信号时怎样行驶?（　　）

A. 直行通过路口　　B. 靠路边停车
C. 进入左弯待转区　D. 在路口向右转弯

208 驾驶机动车在路口遇到这种情况如何行驶?
（　　）

A. 遵守交通信号灯　B. 靠右侧直行
C. 停车等待　　　　D. 可以向右转弯

209 交通警察发出的是禁止通行手势信号。
（　　）

210 交通警察发出的是右转弯手势信号。（　　）

211 看到交通警察这种姿势时可以直行通过。
（　　）

212 交通警察发出这种手势可以向左转弯。
（　　）

213 交通警察发出这种手势信号可以向左转弯。
（　　）

214 交通警察发出这种手势信号可以直行通过。
（　　）

答案: 204.C 205.B 206.B 207.D 208.C 209.√ 210.× 211.√ 212.√ 213.× 214.×

215 看到这种手势信号时可以向左转弯。（　　）

216 交通警察发出的是左转弯待转手势信号。
（　　）

217 交通警察发出这种手势信号可以左转弯。
（　　）

218 交通警察发出这种手势信号时可以直行通过。（　　）

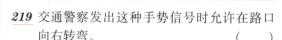

219 交通警察发出这种手势信号时允许在路口向右转弯。（　　）

220 交通警察发出这种手势信号时要减速慢行。
（　　）

第四章 ▶ 恶劣气候和复杂道路条件下的驾驶常识

一　恶劣气候条件下的安全驾驶

（一）雨天安全驾驶

1　在普通道路驾车遇暴雨，刮水器无法改善驾驶人视线，此时要采取的措施是：（　　）
　A. 减速行驶
　B. 集中注意力谨慎驾驶
　C. 立即减速靠边停驶
　D. 以正常速度行驶

2　最容易发生侧滑的路面是：（　　）
　A. 干燥水泥路面　　B. 下雨开始时的路面
　C. 潮湿水泥路面　　D. 大雨中的路面

3　在雨天哪类路面最容易发生侧滑？（　　）
　A. 刚下雨的路面　　B. 大雨过后路面

　C. 暴雨中的路面　　D. 大雨中的路面

4　驾驶机动车在雨天临时停车注意什么？（　　）
　A. 开启危险报警闪光灯
　B. 开启前后雾灯
　C. 开启近光灯
　D. 在车后设置警告标志

5　当机动车在湿滑路面上行驶时，路面附着力随着车速的增加如何变化？（　　）
　A. 急剧增大　　B. 逐渐增大
　C. 急剧减小　　D. 没有变化

6　雨天超车要开启前照灯，连续鸣喇叭迅速超越。（　　）

7　在雨天湿滑路面行车要尽量避免紧急制动。
（　　）

8　雨天安全行车的注意事项是什么？（　　）

答案　1.C　2.B　3.A　4.A　5.C　6.×　7.√　8.ABCD
215.√　216.√　217.×　218.×　219.×　220.√

A. 避免紧急制动、紧急转向
B. 保持足够的安全距离
C. 注意非机动车和行人动态
D. 选择安全车速行驶

9 雨天遇到这种行人占道行走时怎样通行？（　　）

A. 提前减速行驶　　B. 提前鸣喇叭提醒
C. 不得急加速绕行　D. 保持安全间距

10 雨天影响安全行车的主要因素有哪些？（　　）
A. 视线受阻　　　　B. 路面湿滑
C. 附着力变小　　　D. 行驶阻力增大

11 在这种大雨中，跟车行驶时使用近光灯的目的是？（　　）

A. 不干扰前车视线，有利自己看清道路
B. 提醒前方车辆让行
C. 提醒前方车辆减速
D. 以上说法都正确

12 如图所示，驾驶机动车遇到这种情况时，应注意哪些可能发生的危险？（　　）

A. 行人通过速度较慢可能滞留在道路内
B. 电动自行车可能发生故障无法及时通过道路
C. 右侧驶来的机动车可能未能及时停车而进入路口
D. 考虑雨天路面湿滑，应注意按照限速规定控制车速

13 如图所示，驾驶机动车路遇这种情况时，应注意施工地点情况，预防前方机动车由于异常情况紧急减速停车，应提前减速慢行，小心谨慎通过。（　　）

14 如图所示，驾驶机动车在雨天行驶，驾驶人应当注意的是什么？（　　）

A. 视线不清，不能及时发现行人
B. 行人可能滑倒
C. 行人可能突然进入行车道
D. 行人可能会横过道路

15 驾驶机动车遇暴雨，无法看清路面情况，以下做法正确的是什么？（　　）
A. 保持原速行驶
B. 减速行驶
C. 打开危险报警闪光灯，将机动车停到路外
D. 减速行驶，不断鸣喇叭，提醒周边驾驶人

16 如图所示，在这种情况下，应该减速慢行。（　　）

答案　9.ABCD　10.ABC　11.A　12.ABCD　13.√　14.ABCD　15.C　16.√

17. 雨天驾驶机动车减速慢行的主要原因是什么？（　　）
   A. 影响驾驶人视野
   B. 过快的速度会使得机动车油耗增加
   C. 制动距离会增大
   D. 紧急制动易发生侧滑

18. 雨天驾驶机动车，不宜超车的主要原因是什么？（　　）
   A. 不能准确判断周围车辆距离
   B. 周围车辆驾驶人不容易看清超车信号
   C. 道路湿滑，车辆易出现侧滑现象
   D. 不能够及时发现危险情况

19. 雨天驾驶机动车，不可以急踩制动踏板的主要原因是什么？（　　）
   A. 易导致后车追尾　　B. 会相应增大油耗
   C. 易产生侧滑　　　　D. 会相应减少油耗

20. 如图所示，驾驶机动车在雨天行经交叉口时必须鸣喇叭，并加速通过，以免造成交通混乱。（　　）

21. 如图所示，驾驶机动车在暴雨天气条件下行驶，当刮水器无法刮净雨水影响行车安全时，以下做法正确的是什么？（　　）

   A. 减速行驶
   B. 集中注意力谨慎驾驶
   C. 注意观察，减速靠边停车
   D. 以正常速度行驶

22. 如图所示，驾驶机动车在这种情况下，由于前车相隔较远，可先观察情况后，临近再做调整。（　　）

23. 雨天跟车行驶应开启远光灯。（　　）

24. 大雨过后的路面比刚开始下雨时的路面更容易打滑。（　　）

（二）冰雪道路安全驾驶

25. 在冰雪路面上减速或停车，要怎样降低车速？（　　）
   A. 充分利用行车制动器
   B. 充分利用发动机的牵制作用
   C. 充分利用驻车制动器
   D. 充分利用缓速器

26. 驾驶机动车在冰雪路面怎样跟车行驶？（　　）
   A. 保持较大的安全距离
   B. 开启危险报警闪光灯
   C. 不断变换前照灯远近光
   D. 适时鸣喇叭提示前车

27. 驾驶机动车在结冰的道路上怎样会车？（　　）
   A. 两车临近时减速　　B. 适当加速交会
   C. 提前减速缓慢交会　D. 尽量靠近中线交会

28. 驾驶机动车在山区冰雪道路上遇前车正在爬坡时如何处置？（　　）
   A. 前车通过后再爬坡　B. 迅速超越前车爬坡
   C. 低速超越前车爬坡　D. 紧随前车后爬坡

29. 驾驶机动车在冰雪路面行车注意什么？（　　）
   A. 制动距离延长　　　B. 抗滑能力变大
   C. 路面附着力变大　　D. 制动距离变短

30. 冰雪道路行车，由于积雪对光线的反射，极易造成驾驶人目眩。（　　）

31. 在冰雪道路上行车时，机动车的稳定性降低，加速过急时车轮易空转或溜滑。（　　）

32. 雪天行车中，在有车辙的路段要循车辙行驶。（　　）

33. 冰雪路面处理情况不能使用紧急制动，但可采取急转向的方法躲避。（　　）

34. 在雪天临时停车要开启前照灯和雾灯。（　　）

答案 17.ACD　18.ABCD　19.AC　20.×　21.C　22.×　23.×　24.×　25.B　26.A　27.C　28.A　29.A　30.√　31.√　32.√　33.×　34.×

35 驾驶汽车在冰雪道路上怎样安全行车？（　　）
　　A. 必要时安装防滑链　B. 必须降低车速
　　C. 开启雾灯行驶　　　D. 利用发动机制动

36 在这种有车辙的冰雪路段怎样行驶？（　　）

　　A. 避免紧急制动　　　B. 循车辙行驶
　　C. 避免急转方向　　　D. 降低车速行驶

37 冰雪路面对行车有哪些不利影响？（　　）
　　A. 车辆操控难度增大　B. 制动距离延长
　　C. 易产生车轮滑转　　D. 极易发生侧滑

38 在山区冰雪道路上遇到这种前车正在上坡的情况如何处置？（　　）

　　A. 前车通过后再上坡　B. 迅速超越前车上坡
　　C. 低速超越前车上坡　D. 紧随前车后上坡

39 在这种结冰的道路上怎样会车？（　　）

　　A. 两车临近时减速　　B. 适当加速交会
　　C. 提前减速缓慢交会　D. 尽量靠近中线交会

40 在这种冰雪路面怎样跟车行驶？（　　）

　　A. 保持较大的跟车距离
　　B. 开启危险报警闪光灯
　　C. 不断变换远近光灯
　　D. 持续鸣喇叭提示前车

41 由于冰雪路面不能使用紧急制动，遇到突然情况可采取急转向的方法躲避。（　　）

42 驾驶机动车在冰雪道路低速会车可减小横向间距。（　　）

43 在积雪覆盖的冰雪路行车时，可根据路边树木、电杆等参照物判断行驶路线。（　　）

44 雪天行车，车轮的附着力大大减小，跟车距离不是主要的，只需要保持低速行驶便可以防止事故发生。（　　）

45 在冰雪路面制动时，发现车辆偏离方向，以下做法正确的是？（　　）
　　A. 连续轻踩轻放刹车　B. 用力踩刹车
　　C. 停止踩刹车　　　　D. 以上做法都不对

46 雪天行车，由于路面湿滑，车轮附着力减小，因此应当加大两车之间的安全距离。（　　）

47 为什么大雪天气，在有雪泥的路上超车危险？（　　）
　　A. 雪泥可以增加轮胎的附着力
　　B. 飞起的雪泥使视线不好
　　C. 雪泥下的路面更容易打滑
　　D. 遇紧急情况制动距离长

48 车辆在冰雪路面紧急制动易产生侧滑，应低速行驶，可利用发动机制动进行减速。（　　）

49 雪天行车中，在有车辙的路段应循车辙行驶。（　　）

50 雪天驾驶汽车行驶，轻踩制动或缓打转向时，易导致侧滑、甩尾、转向失控。（　　）

51 驾驶机动车在泥泞路行车、冰雪路面转弯、速度过快时容易发生侧滑。（　　）

（三）雾天安全驾驶

52 驾驶机动车遇到大雾或特大雾等能见度过低天气时如何做？（　　）
　　A. 开启前照灯低速行驶
　　B. 开启雾灯低速行驶
　　C. 选择安全地点停车
　　D. 紧靠路边低速行驶

答案：35.ABD　36.ABCD　37.ABCD　38.A　39.C　40.A　41.×　42.×　43.√　44.×　45.C　46.√　47.BCD　48.√　49.√　50.×　51.√　52.C

53. 雾天对安全行车的主要影响是什么？（ ）
A. 易发生侧滑　　　B. 能见度低
C. 行驶阻力大　　　D. 视野变宽

54. 驾驶机动车在雾天怎样跟车行驶？（ ）
A. 保持大间距　　　B. 开启远光灯
C. 开启近光灯　　　D. 适时鸣喇叭

55. 驾驶机动车在雾天两车交会时怎样做最安全？（ ）
A. 开启远光灯　　　B. 低速大间距
C. 开启近光灯　　　D. 开启雾灯

56. 驾驶机动车在雾天行车可以不开启雾灯。（ ）

57. 机动车在雾天行驶时，要开启什么灯？（ ）
A. 雾灯和危险报警闪光灯
B. 雾灯和转向灯
C. 雾灯和远光灯
D. 雾灯和近光灯

58. 大雾天气能见度低，开启远光灯会提高能见度。（ ）

59. 雾天公路行车可多使用喇叭引起对向注意；听到对向机动车鸣喇叭，也要鸣喇叭回应。（ ）

60. 驾驶机动车在大雾天临时停车后，只开启雾灯和近光灯。（ ）

61. 驾驶机动车在雾天行车要开启雾灯。（ ）

62. 雾天机动车在道路上通行，驾驶人要怎样做？（ ）
A. 减速慢行　　　　B. 保持安全车距
C. 正确使用灯光　　D. 高速行驶

63. 雾天驾驶机动车跟车行驶，以下做法错误的是什么？（ ）
A. 加大两车间的距离
B. 时刻注意前车刹车灯的变化
C. 降低行车速度
D. 鸣喇叭提醒前车提高车速，避免后车追尾

64. 如图所示，在这种情况下通过路口，驾驶人应减速或者停车观察，以应对两侧路口可能出现的危险。（ ）

65. 如图所示，雾天驾驶机动车行驶，旁边车道无车时，可变更车道，快速超越前车。（ ）

66. 如图所示，雾天驾驶机动车行驶时，玻璃上出现因雾气形成的小水珠时，及时用刮水器刮净。（ ）

67. 如图所示，在这种情况下，应加大跟车距离。（ ）

68. 雾天行车时，应及时开启什么灯？（ ）
A. 倒车灯　　　　B. 近光灯
C. 雾灯　　　　　D. 远光灯

69. 如图所示，雾天驾驶机动车跟车行驶，应加大与前车的距离。（ ）

70. 驾驶机动车遇浓雾或沙尘暴时，必须打开雾灯或者危险报警闪光灯。（ ）

71. 大雾天行车，多鸣喇叭是为了引起对方注意，避免发生危险。（ ）

答案
53.B　54.A　55.B　56.×　57.A　58.×　59.√　60.×　61.√　62.ABC　63.D　64.√　65.×　66.√　67.√　68.C　69.√　70.√　71.√

72 如图所示，浓雾天气中驾驶机动车两车交会，以下做法错误的是什么？（　　）

A. 适当降低行驶车速
B. 靠右行驶
C. 集中注意力驾驶
D. 使用远光灯，提醒对方车辆

73 如图所示，在这种雾天情况下，通过交叉路口时必须鸣喇叭，加速通过，以免造成交通拥堵。（　　）

74 驾驶机动车遇浓雾或沙尘暴时，行驶速度不要过慢，避免后方来车追尾。（　　）

75 大雾天行驶，以下做法正确的是？（　　）
A. 可以紧急制动刹车
B. 可以紧急制动刹车，但是需要停到紧急停车带上
C. 不可以紧急制动刹车，因为会造成后面的车辆追尾
D. 以上说法都不对

76 在这样的雾天跟车行驶，以下说法不正确的是？（　　）

A. 加大跟车间距　　B. 注意前车动态
C. 降低行车速度　　D. 缩小跟车距离

77 雾天行车开启雾灯是因为雾灯放射的灯光具有更好的穿透力，更容易让道路中其他车辆驾驶人注意到自己的车辆。（　　）

78 浓雾中行车听到对方车辆鸣喇叭时，只要视野中看不到，可不必理会。（　　）

79 假如您的机动车雾天在道路中抛锚不能移动，你应该采取以下措施：（　　）
A. 立即打开危险警报灯
B. 在车后设置危险警告标志，警告来往车辆
C. 要求车内所有人员立即下车远离事故车辆
D. 立即拨打交通事故报警电话 122 请求援助

80 驾驶机动车遇到团雾时，以下做法不正确的是什么？（　　）
A. 提高行驶速度尽快通过
B. 开启远光灯
C. 缩短跟车距离，保持通行效率
D. 开启雾灯

81 遇有浓雾或特大雾天能见度过低，行车困难时，应怎样做？（　　）
A. 开启前照灯，继续行驶
B. 开启示廓灯、雾灯，靠右行驶
C. 开启危险报警闪光灯，继续行驶
D. 开启危险报警闪光灯和雾灯，选择安全地点停车

82 雾天跟车，不能以前车尾灯作为判断安全距离的依据。（　　）

83 恶劣气象条件对安全行车的影响有哪些？（　　）
A. 影响驾驶人视线视野
B. 增大驾驶人控车难度
C. 行驶中险情增多
D. 使驾驶人注意力更集中

（四）大风天气安全驾驶

84 大风天气行车，由于风速和风向不断地发生变化，当感到转向盘突然难以控制时，驾驶人要怎样做？（　　）
A. 逆风向转动转向盘
B. 顺风向转动转向盘
C. 采取紧急制动
D. 双手稳握转向盘

答案　72.D　73.×　74.√　75.C　76.D　77.√　78.×　79.ABCD　80.ABC　81.D　82.√　83.ABC　84.D

85. 在大风天气条件下驾驶机动车,突然感觉到转向盘难以控制时,要逆风方向转动转向盘。（　　）

86. 大风天气行车中,如果遇到狂风袭来,感觉机动车产生横向偏移时,要急转方向以恢复行驶方向。（　　）

87. 车辆行至隧道出口遭遇横风时,应当立即紧急制动停车,避免因横风导致车辆跑偏。
（　　）

88. 当遭遇横风时,驾驶人应该怎么做?（　　）
    A. 采取紧急制动
    B. 双手稳握转向盘
    C. 顺风向转动转向盘
    D. 来风方向适当修正转向盘

89. 驾驶汽车通过跨海大桥时,要预防的最危险因素是什么。（　　）
    A. 横风　　　　　　B. 共振
    C. 水流　　　　　　D. 大气压

90. 大风沙尘天气行车,以下做法正确的是?
    （　　）

    A. 降低行驶速度　　B. 注意观察路面情况
    C. 关紧车窗　　　　D. 握稳转向盘

91. 大风天行车需要注意什么?（　　）
    A. 注意车辆的横向移动
    B. 尽量减少超车
    C. 尽量避免制动
    D. 关紧车窗

（五）夜间安全驾驶

92. 机动车在夜间行驶的主要影响是什么?（　　）
    A. 驾驶人易产生幻觉
    B. 路面复杂
    C. 驾驶人体力下降
    D. 能见度低,不利于观察道路情况

93. 夜间驾驶机动车遇到这种情况时怎样处理?
    （　　）

    A. 保持正常车速行驶　B. 高速行驶避开灯光
    C. 减速或停车让行　　D. 开启远光灯对射

94. 夜间驾驶机动车遇到这种情况怎样超车?
    （　　）

    A. 开远光灯　　　　B. 交替使用远近光灯
    C. 开近光灯　　　　D. 开危险报警闪光灯

95. 夜间驾驶机动车超车遇前车不让路时怎样处置?（　　）
    A. 连续鸣喇叭提示
    B. 开远光灯尾随行驶
    C. 保持距离等待让行
    D. 连续变换前照灯远、近光

96. 夜间行车,后方车辆提示超车,前方遇到这种情况时不能盲目让超。（　　）

97. 机动车在夜间行驶如何保证安全?（　　）
    A. 以最高设计车速行驶
    B. 降低速度,谨慎驾驶
    C. 保持现有速度行驶
    D. 以超过规定的最高车速行驶

98. 夜间会车遇到这种情况要警惕两车前照灯交汇处（视线盲区）的危险。（　　）

99. 机动车在夜间发生故障时,驾驶人要做什

答案　85.× 86.× 87.× 88.BD 89.A 90.ABCD 91.ACD 92.D 93.C 94.B 95.C 96.√ 97.B 98.√ 99.ABCD

么以确保安全? （　　）
　　A. 选择安全区域停车
　　B. 开启危险报警闪光灯
　　C. 开启示廓灯和后位灯
　　D. 按规定设置警告标志

100 夜间行车中汽车发生故障需要停车时怎么办? （　　）
　　A. 尽量选择安全区域停车
　　B. 开启危险报警闪光灯
　　C. 开启示廓灯和后位灯
　　D. 按规定设置警告标志

101 夜间驾驶汽车在急弯道超车时要不断变换远、近光灯。 （　　）

102 夜间驾驶汽车在急弯道停车时要开启危险报警闪光灯。 （　　）

103 夜间驾驶汽车驶近上坡路坡顶怎样行驶? （　　）
　　A. 加速冲过坡顶　　B. 开启远光灯
　　C. 合理控制车速　　D. 交替变换远近光灯

104 如图所示，驾驶机动车遇到这种情况时，应注意哪些情况? （　　）

　　A. 我方车辆灯光照向路外，前方即将进入弯道
　　B. 前方有灯光出现，可能即将发生会车
　　C. 左前方视线受阻，转弯后可能遇到突发情况
　　D. 为提高会车安全，改用远光灯

105 夜间行车中，前方出现弯道时，灯光照射会发生怎样的变化? （　　）
　　A. 离开路面　　B. 由路中移到路侧
　　C. 由高变低　　D. 距离不变

106 夜间驾驶机动车遇到对向来车未关闭远光灯时，以下做法正确的是什么? （　　）
　　A. 变换使用远近光灯提示

　　B. 长时间鸣喇叭
　　C. 使用远光灯
　　D. 鸣喇叭并使用远光灯

107 夜间驾驶机动车起步应首先开启近光灯。
 （　　）

108 夜间会车前，要先与对面来车交替变换远、近光灯观察前方道路情况，会车时两车都要关闭前大灯。 （　　）

109 夜间驾驶机动车会车时，对方一直使用远光灯，以下做法正确的是什么? （　　）
　　A. 不停变换远近光灯以及鸣喇叭提醒对方
　　B. 视线适当右移，避免直视灯光
　　C. 降低车速，靠右行驶
　　D. 变换远光灯行驶

110 如图所示，该车在会车过程中未关闭远光灯的做法是错误的。 （　　）

111 夜间驾驶机动车开启灯光，不仅为了看清路况，更重要的是让其他交通参与者能够观察到我方车辆。 （　　）

112 如图所示，夜间驾驶机动车通过没有交通信号灯的人行横道时，以下做法正确的是什么? （　　）

　　A. 减速，停车让行
　　B. 交替变换远近光灯加速通过
　　C. 连续鸣喇叭后通过
　　D. 确保安全加速通过

113 夜间驾驶机动车在道路上会车，为避免对方驾驶人目眩，应距离对向来车多远改用近光灯? （　　）

答案　100.ABCD　101.×　102.×　103.CD　104.ABC　105.B　106.A　107.√　108.×　109.BC　110.√　111.√　112.A　113.B

A. 150米以内　　B. 150米以外
C. 100米以内　　D. 50米以内

114 驾驶车辆夜间遇自行车对向驶来时，应怎么做？　　　　　　　　　　　（　　）
A. 连续变换远、近光灯
B. 不断鸣喇叭
C. 使用近光灯，减速或停止避让
D. 使用远光灯

115 驾驶机动车在夜间发生故障时，以下做法正确的是什么？　　　　　　（　　）
A. 选择安全区域停车
B. 开启危险报警闪光灯、示廓灯和后位灯
C. 按规定设置警告标志
D. 给朋友打电话，坐在车内等待救援

116 夜间驾驶机动车右转弯之前要稍微向右后方回头观察，主要目的是为了确认右后方盲区内是否有其他车辆或行人通行。（　　）

117 夜间机动车灯光照射距离由远及近，说明机动车可能已到达伏坡道的低谷。（　　）

118 夜间行车，遇对面来车未关闭远光灯时，应减速行驶，以防两车灯光的交汇处有行人通过时发生事故。（　　）

119 夜间在照明良好的路段，驾驶人可以借助环境照明行车，可以不使用灯光。（　　）

二　复杂道路条件下的安全驾驶

（一）山区道路安全驾驶

120 驾驶机动车途经这个路段的时候，以下关于潜在风险的说法正确的是？（　　）

A. 坡顶可能停放一辆车
B. 对面驶来的车辆可能占用你的车道
C. 前方道路可能有障碍物
D. 前方道路可能有弯道

121 驾驶机动车在山区道路遇到这种情况如何处理？　　　　　　　　　　（　　）

A. 各行其道加速交会　B. 紧靠路中心行驶
C. 保持正常车速行驶　D. 减速行驶

122 驾驶机动车在这种山区弯路怎样行驶？（　　）

A. 占对向车道行驶　　B. 靠右侧减速行驶
C. 在道路中心行驶　　D. 紧靠路右侧行驶

123 驾驶机动车在这种山区弯道怎样转弯最安全？　　　　　　　　　　　（　　）

A. 靠弯道外侧行驶
B. 减速、鸣喇叭、靠右行
C. 借用对向车道行驶
D. 靠道路中心行驶

124 驾驶机动车在山区道路遇到这种情况怎样行驶？　　　　　　　　　　（　　）

A. 靠路左侧，加速绕行
B. 停车瞭望，缓慢通过
C. 注意观察，尽快通过
D. 勤鸣喇叭，低速通行

125 驾驶机动车遇到这种山路怎样通过？（　　）

答案　114.C　115.ABC　116.√　117.√　118.√　119.×　120.ABCD　121.D　122.B　123.B　124.C　125.D

A. 前方左侧是傍山险路

B. 靠路左侧行驶

C. 选择路中心行驶

D. 靠右侧低速通过

126 驾驶机动车在山区道路怎样跟车行驶?（　　）

A. 紧随前车之后　　B. 加大安全距离

C. 减小纵向间距　　D. 尽快超越前车

127 221 驾驶机动车在山区道路不能紧跟前车之后行驶。（　　）

128 山区上坡路段跟车过程中遇前车停车时怎么办？（　　）

A. 从前车两侧超越　　B. 紧跟前车后停车

C. 保持大距离停车　　D. 连续鸣喇叭提示

129 驾驶机动车在山区道路因故障停车需要注意什么？（　　）

A. 选择下坡路段停放　　B. 选择上坡路段停放

C. 选择平缓路段停放　　D. 选择坡顶位置停放

130 机动车驶近坡道顶端等影响安全视距的路段时，要如何保证安全？（　　）

A. 快速通过

B. 使用危险报警闪光灯

C. 减速慢行并鸣喇叭示意

D. 随意通行

131 机动车在通过山区道路弯道时，要做到"减速、鸣喇叭、靠右行"。（　　）

[动画显示：车辆在山区弯道行驶，前方为视线盲区，车辆鸣喇叭]

132 因故障在山区上坡路段长时间停车时，要用这种办法塞住车轮。（　　）

133 因故障在山区下坡路段长时间停车时，要用这种办法塞住车轮。（　　）

134 驾驶机动车通过这段山区道路要靠路中心行驶。（　　）

135 驾驶机动车通过这种傍山险路要靠右侧行驶。（　　）

136 驾驶机动车通过这种傍山险路要靠左侧行驶。（　　）

137 驾驶机动车在山区道路遇到这种情况要加速超越前车。（　　）

阴影部分是车后扬尘

答案 126.B　127.√　128.C　129.C　130.C　131.√　132.√　133.√　134.×　135.√　136.×　137.×

138 在山区道路行驶时，驾驶人要注意什么？
（　　）
A. 保持与前车的安全距离
B. 避免转弯时占道行驶
C. 上陡坡提前换低速挡
D. 下长坡时，充分利用发动机制动

139 驾驶汽车在山区上这种陡坡道转弯时怎样行驶？
（　　）

A. 转弯前减速　　B. 靠右侧行驶
C. 鸣喇叭提示　　D. 转弯时加挡

140 驾驶汽车在山区上陡坡路段怎样行驶？（　　）
A. 挂高速挡加速冲坡
B. 提前观察坡道长度
C. 尽量避免途中减挡
D. 上坡前减挡保持动力

141 驾驶汽车在山区道路转弯下陡坡路段遇对面来车怎样行驶？
（　　）
A. 转弯前减速　　B. 进入弯道后加速
C. 靠路右侧行驶　D. 挂空挡滑行

142 驾驶汽车在山区道路下陡坡时，怎样利用发动机制动控制车速？
（　　）
A. 挂入空挡　　　B. 挂入低速挡
C. 踏下离合器踏板　D. 挂入高速挡

143 在这种山区危险路段怎样安全会车？
（　　）

A. 选择安全的地点
B. 做到先让、先慢、先停
C. 靠山体一侧的让行
D. 不靠山体一侧的让行

144 如图所示，机动车遇到这种情况，A车应当主动减速让行。
（　　）

145 在这种山区道路怎样跟车行驶？
（　　）

A. 紧跟前车行驶　　B. 加大安全距离
C. 减小跟车距离　　D. 尽快超越前车

146 在山区道路跟车行驶的距离要比平路时大。
（　　）

147 在山区道路行驶时，以下说法正确的是什么？
（　　）
A. 上坡路段的安全距离应比平坦路段的大
B. 下坡路段的安全距离应比平坦路段的小
C. 急弯路段应当紧随前车
D. 以上说法都正确

148 如图所示，驾驶机动车在这样的山区道路跟车行驶时，由于视线受阻，应预防前车突发情况和对向来车，适当减速加大跟车距离保证安全。
（　　）

149 如图所示，驾驶机动车在这样的路段怎样跟车行驶。
（　　）

答案：138.ABCD　139.ABC　140.BCD　141.AC　142.B　143.ABC　144.√　145.B　146.√　147.A　148.√　149.B

A. 紧随前车之后　　B. 加大安全距离
C. 减小纵向间距　　D. 尽快超越前车

150 如图所示，驾驶机动车遇前方白色车辆，以下说法正确的是什么。（　　）

A. 快速超越前车
B. 只要对向无来车，可进行超车
C. 保持安全距离，跟车行驶
D. 鸣喇叭示意让行

151 如图所示，驾驶机动车在这样的路段遇前方两车交会应及时减速。（　　）

152 如图所示，驾驶机动车在这种落石多发的山区道路行驶以下说法正确的是什么？（　　）

A. 尽量靠道路左侧通行
B. 停车瞭望，缓慢通过
C. 尽量避免临时停车
D. 勤鸣喇叭，低速通行

153 如图所示，驾驶机动车遇到这种路段时，以下说法错误的是什么？（　　）

A. 应提前降低车速
B. 应提前降低挡位
C. 尽量利用发动机制动控制车速
D. 尽量利用驻车制动器控制车速

154 驾驶机动车在山区道路行驶时，应该尽量避免停车，如确实需要停车，尽量选择平直的路段。（　　）

155 在山区道路跟车应加大安全距离，如需要超车应快速超越。（　　）

156 如图所示，驾驶机动车驶近这样的山区弯道时，驾驶人应注意的是什么？（　　）

骑自行车者

A. 对向可能有车辆驶来
B. 前方骑自行车者可能由于上坡等原因突然改变方向
C. 山区弯道可能转弯半径较小，车速过快容易引起车辆失控
D. 转弯后路面可能存在落石、凹陷等特殊路况

157 驾驶机动车在山区道路下坡路段尽量避免超车，以下说法正确的是什么？（　　）

答案：150.C　151.√　152.C　153.D　154.√　155.×　156.ABCD　157.AB

A. 下坡路段车辆由于重力作用，车速容易过快
B. 下坡路段由于重力作用，车辆比平路时操控困难
C. 下坡路段车辆阻力很大
D. 下坡路段前车车速较快，难以超越

158 驾驶机动车在山区上坡路段行驶，以下做法正确的是什么？（　　）
A. 应尽量匀速前进
B. 应尽量避免换挡
C. 时刻注意下行车辆
D. 应选择高速挡

159 驾驶机动车在山区道路上坡路段接近坡顶时，超车存在风险，以下说法正确的是什么？（　　）
A. 接近坡顶时视线受阻，无法观察坡顶之后道路走向
B. 接近坡顶时视线受阻，无法观察对向来车情况
C. 接近坡顶时车速较慢
D. 接近坡顶时视线受阻，无法观察坡顶之后是否有障碍物

160 驾驶机动车在山区路段超车时，以下做法正确的是什么？（　　）
A. 提前开启左转向灯
B. 提前鸣喇叭
C. 确认前车让超后超越
D. 直接加速超越

161 驾驶机动车在山区道路上坡路段行驶，因发生故障需停车检修时，以下做法正确的是什么？（　　）
A. 拉起驻车制动器
B. 开启危险报警闪光灯
C. 在后方用塞车木或石块塞住车轮，以防车辆后溜
D. 按规定在车后方设置警示标志

162 驾驶机动车在山区道路会车时，应该尽量提前让行，为临崖车辆留出足够的时间、空间会车。（　　）

163 驾驶机动车通过这种路段时，应该考虑到弯道后方可能有对面驶来的车辆占用我方车道。（　　）

164 驾驶机动车在山区道路应紧跟前车之后行驶。（　　）

165 在山区冰雪道路上行车，遇有前车正在爬坡时，后车应选择适当地点停车，等前车通过后再爬坡。（　　）

166 在山区道路超车时，应选择宽阔的缓下坡路段超越？（　　）

167 在山区道路遇对向来车时，应减速或停车让行。（　　）

168 驾驶机动车在山区冰雪道路上行驶，遇到前车正在爬坡时，后车应选择适当地点停车，等前车通过后再爬坡。（　　）

169 驾驶机动车通过路面不平的道路时，应该怎样行驶？（　　）
A. 依靠惯性加速冲过　　B. 挂空挡滑行通过
C. 保持原速通过　　　　D. 低速缓慢平稳通过

170 在山区道路遇对向来车时，应减速或停车让行。（　　）

171 通过山区危险路段，尤其是通过经常发生塌方、泥石流的山区地段，应谨慎驾驶，避免停车。（　　）

172 驾驶机动车行驶在颠簸路段时，应挂低挡挡位缓抬加速踏板。（　　）

（二）泥泞道路安全驾驶

173 在泥泞路段行车，要怎样控制速度，匀速一次性通过？（　　）
A. 使用驻车制动器　　B. 踏下离合器踏板
C. 踏制动踏板　　　　D. 用加速踏板

174 在泥泞路段行车容易出现什么现象？（　　）
A. 行驶阻力大　　　　B. 车轮侧滑
C. 机动车颠簸　　　　D. 方向失控

答案：158.ABC 159.ABD 160.ABC 161.ABCD 162.√ 163.√ 164.× 165.√ 166.× 167.√ 168.√ 169.D 170.√ 171.√ 172.√ 173.D 174.B

175 在泥泞路段遇车后轮向右侧滑时如何处置？（　　）
　A. 继续加速　　　B. 向右转向
　C. 向左转向　　　D. 紧急制动

176 车辆在泥泞路上发生侧滑时，以下做法正确的是？（　　）
　A. 向侧滑的一侧转动转向盘适量修正
　B. 向侧滑的另一侧转动转向盘适量修正
　C. 迅速制动减速
　D. 迅速制动停车

177 车辆在泥泞路段发生侧滑时，要向车尾侧滑方向缓打转向盘修正。（　　）

178 在泥泞路段遇驱动车轮空转打滑时如何处置？（　　）
　A. 在从动轮下铺垫砂石
　B. 换高速挡加速猛冲
　C. 在驱动轮下铺垫砂石
　D. 猛打转向盘配合急加速

179 机动车行至泥泞或翻浆路段时，要停车观察，选择平整、坚实或有车辙的路段缓慢通过。（　　）

180 泥泞路对安全行车的影响是车轮极易空转和侧滑。（　　）

181 机动车在泥泞路段后轮发生侧滑时，要将转向盘向侧滑的相反方向缓转修正。（　　）

182 在泥泞路段行车要牢牢握住转向盘加速通过。（　　）

183 在泥泞路段行车，要平稳地转动转向盘，避免由快速转动转向盘而引起侧滑。（　　）

184 在泥泞道路上行车时，采取的正确做法是什么？（　　）
　A. 尽量避免使用行车制动器
　B. 选用中低速挡慢速行驶
　C. 稳握转向盘
　D. 加速通过

185 车辆在泥泞、溜滑路面上猛转方向时，易导致行驶方向失控，容易发生危险。（　　）

186 车辆在泥泞路段起步或者陷住时，切忌选择急加速。（　　）

187 通过泥泞道路时，以下做法正确的是？（　　）
　A. 停车观察前方道路　B. 避免使用行车制动
　C. 尽量避免中途换挡　D. 提前换入低速挡

188 在泥泞路上制动时，车轮易发生侧滑或甩尾，导致交通事故。（　　）

189 泥泞道路的特点及对安全行车的影响有哪些？（　　）
　A. 路面松软、黏稠
　B. 行驶极易滑转和侧滑
　C. 行驶阻力大，附着力减小
　D. 容易陷车

（三）涉水时安全驾驶

190 驾驶人在行车中经过积水路面时，要怎样做以保证安全？（　　）

[动画显示：车辆通过积水路面]
　A. 特别注意减速慢行　B. 迅速加速通过
　C. 保持正常车速通过　D. 低挡加速通过

191 驾驶机动车通过漫水桥，停车观察水情确认安全后，怎样通过？（　　）
　A. 挂高速挡快速通过
　B. 时刻观察水流的变化
　C. 做好随时停车准备
　D. 挂低速挡匀速通过

192 涉水行车中，要目视水流作为固定目标。（　　）

193 机动车涉水后，制动器的制动效果不会改变。（　　）

194 机动车涉水后，驾驶人要间断轻踩制动踏板，以恢复制动效能。（　　）

195 漫水道路行车时，要挂高速挡，快速通过。（　　）

196 驾驶机动车通过漫水路时驾驶人要挂低速挡匀速通过。（　　）

197 涉水驾驶要保持车速均匀有足够动力，避免停留。（　　）

198 驾驶机动车遇有漫水路时，要采取的正确做法是什么？（　　）
　A. 停车察明水情

175.B 176.A 177.C 178.C 179.√ 180.√ 181.× 182.× 183.√ 184.ABC 185.√ 186.√ 187.ABCD 188.√ 189.ABCD 190.A 191.D 192.× 193.× 194.√ 195.× 196.√ 197.√ 198.ABC

B. 确认安全后，低速通过
C. 机动车涉水后，间断轻踏制动踏板
D. 机动车涉水后，持续轻踏制动踏板

199 驾驶人在行车中经过积水路面时，应怎样做？　　　　　　　　　　（　）
A. 减速慢行
B. 保持正常车速通过
C. 空挡滑行通过
D. 加速通过

200 车辆涉水后，应保持低速行驶，怎样操作制动踏板，以恢复制动效果？（　）
A. 持续重踏　　　B. 间断重踏
C. 持续轻踏　　　D. 间断轻踏

（四）高速公路安全驾驶

201 驾驶机动车由加速车道进入高速公路行驶，以下做法正确的是什么？（　）
A. 在加速车道上加速，同时要开启左转向灯
B. 密切注意左侧行车道的车流状态，同时用后视镜观察后方的情况
C. 充分利用加速车道的长度加速，确认安全后，平顺地进入行车道
D. 经加速车道充分加速后，可直接驶入最左侧车道

202 高速公路上行车，如果因疏忽驶过出口且下一出口距离较远时怎样做？（　）
A. 沿路肩倒车驶回　　B. 继续向前行驶
C. 立即停车　　　　　D. 在原地掉头

203 机动车在高速公路行驶，以下哪种说法是正确的？　　　　　　　　　（　）
A. 可在应急车道停车上下人员
B. 可在紧急停车带停车装卸货物
C. 可在减速或加速车道上超车、停车
D. 非紧急情况时不得在应急车道行驶或者停车

204 机动车上高速公路，以下哪种说法是正确的？　　　　　　　　　　　（　）
A. 可在匝道、加速车道、减速车道上超车
B. 不准倒车、逆行、穿越中央分隔带掉头
C. 非紧急情况时可在应急车道行驶
D. 可以试车或学习驾驶

205 机动车上高速公路，以下哪种说法是错误的？　　　　　　　　　　（　）
A. 不可骑、轧车道分界线行驶
B. 不可在路肩上行驶
C. 可以在匝道、加速车道或者减速车道上超车
D. 不可学习驾驶

206 驾驶机动车驶入高速公路匝道后，以下哪种说法是正确的？　　　　（　）
A. 允许超车　　　B. 不准掉头
C. 允许停车　　　D. 可以倒车

207 驾驶机动车在高速公路匝道上不准停车。（　）

208 为确保机动车在高速公路行驶的安全，不得有下列哪些行为？　　　（　）
A. 倒车逆行，穿越中央分隔带掉头，或在车道内停车
B. 骑轧车行道分界线或者在路肩上行驶
C. 在匝道、加速车道或者在减速车道上超车
D. 试车或者学习驾驶机动车

209 需要在高速公路停车时，要选择在什么地方停车？　　　　　　　（　）
A. 匝道　　　　　B. 加速车道
C. 减速车道　　　D. 服务区

210 发生紧急故障必须停车检查时，要在什么地方停车？　　　　　　（　）
A. 最外侧行车道上　B. 内侧行车道上
C. 应急车道　　　　D. 匝道口

211 机动车因故障或者事故在高速公路行车道上紧急停车时，驾乘人员怎么办？（　）
A. 站在机动车前方
B. 留在车上等待救援
C. 站在机动车后方
D. 迅速转移至右侧路肩上或应急车道内

212 驾驶机动车遇到这种情况怎样进入行车道？
（　）

A. 控制速度随尾车后进入
B. 加速从第二辆车前进入

199.A 200.D 201.ABC 202.B 203.D 204.B 205.C 206.B 207.√ 208.ABCD 209.D 210.C 211.D 212.A

C. 加速从第一辆车前进入
D. 可从任意两车之间插入

213 驾驶机动车进入高速公路加速车道后，尽快将车速提高到多少？　　　　（　）
A. 30 公里/小时以上
B. 40 公里/小时以上
C. 50 公里/小时以上
D. 60 公里/小时以上

214 驾驶车辆进入高速公路加速车道后，须尽快将车速提高到每小时 60 公里以上，以防汇入车流时影响主线车道上行驶的车辆。（　）

215 驾驶机动车进入高速公路隧道前需要注意什么？　　　　　　　　　（　）

A. 开启远光灯行驶
B. 开启示宽灯、尾灯行驶
C. 开启近光灯行驶
D. 到达隧道口时鸣喇叭

216 机动车从匝道驶入高速公路，应当开启什么灯？　　　　　　　　　（　）
A. 左转向灯　　　B. 右转向灯
C. 危险报警闪光灯　D. 前照灯

217 机动车驶离高速公路时，应当开启什么灯？（　）
A. 左转向灯　　　B. 右转向灯
C. 危险报警闪光灯　D. 前照灯

218 李某驾驶机动车在某高速公路途中行驶时，车辆后轮突然发生爆胎。李某凭借多年的驾驶经验，终于将车辆安全停下，此时李某应该怎么办？　　　　　　　（　）
A. 站在机动车后方
B. 下车拦截其他车辆请求帮助
C. 驾乘人员转移至右侧路肩上或应急车道内
D. 留在车内等待救援

219 高速公路长时间行车，驾驶人容易出现注意力分散、知觉减弱、反应迟钝、放松警惕、昏昏欲睡的"高速催眠"现象，因此要间歇到服务区休息调整。（　）

220 机动车在高速公路上发生故障或者交通事故，无法正常行驶的，可由同行机动车拖曳、牵引。（　）

221 行驶在高速公路上遇大雾视线受阻时，要立即紧急制动停车。（　）

222 机动车在高速公路上行车，如果因疏忽驶过出口，可沿路肩倒车退回出口处。（　）

223 机动车驶离高速公路进入匝道后，要使车速降到限定时速以下。（　）

224 驾驶机动车遇到这种情况可迅速从前车左侧超越。（　）

225 如动画所示，机动车在高速公路上行车，A车驾驶行为是否正确？（　）

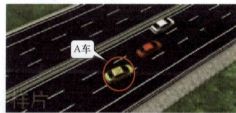

[动画显示：A车（黄色车辆）在高速公路上频繁变更车道超越其他车辆]

213.D 214.√ 215.C 216.A 217.B 218.C 219.√ 220.× 221.× 222.× 223.× 224.× 225.×

226 如动画所示，高速公路因发生事故造成堵塞时，A 车驾驶行为是否正确？（ ）

[动画显示：高速公路因发生事故造成堵塞，A 车（黄色车辆）驶入应急车道]

227 驾驶机动车从加速车道进入行车道不能影响其他机动车正常行驶。（ ）

228 驾驶机动车在高速公路上遇前方车流缓行时，以下做法正确的是什么？（ ）
A. 可以倒车
B. 进入应急车道行驶
C. 持续鸣喇叭
D. 跟随车流行驶，保持安全车距

229 驾驶机动车从加速车道汇入行车道有困难时可停车让行。（ ）

230 驾驶机动车进入隧道口前按照隧道口标志上规定的速度调整车速。（ ）

231 驾驶机动车进入高速公路加速车道后再开启左转向灯。（ ）

232 在高速公路上驾驶机动车不要频繁地变更车道。（ ）

233 驾驶机动车驶离高速公路要经过减速车道减速后进入匝道。（ ）

234 机动车在高速公路匝道提速到每小时 60 公里以上时，可直接驶入行车道。（ ）

235 在高速公路上，遇尾随较近行驶的机动车时，可以选择时机迅速从中间插入。（ ）

236 遇高速公路限速标志标明的车速与车道行驶车速的规定不一致的，应按照车道行驶规定的车速行驶。（ ）

237 在同向 3 车道高速公路上行车，车速高于每小时 90 公里、低于每小时 110 公里的机动车不应在哪条车道上行驶？（ ）
A. 最左侧 B. 中间
C. 最右侧 D. 任意

238 机动车在高速公路上行驶，遇有雾、雨、雪且能见度在 100 米至 200 米之间时，应该怎么做？（ ）
A. 开启雾灯、近光灯、示廓灯、前后位灯
B. 车速不超过 60 公里/小时
C. 与同车道前车保持 100 米以上的距离
D. 从最近的出口尽快驶离高速公路

239 机动车因故障必须在高速公路上停车时，要采取的正确做法是什么？（ ）
A. 在车后 150 米处设置故障警告标志
B. 在车后 100 米处设置故障警告标志
C. 夜间要开启示廓灯和后位灯
D. 要开启危险报警闪光灯

240 如图所示，在同向 3 车道高速公路上行驶，车速低于每小时 80 公里的车辆应在哪条行车道上行驶？（ ）

A. 最左侧行车道 B. 中间行车道
C. 最右侧行车道 D. 任意行车道

241 驶入高速公路减速车道后，应关闭转向灯，注意观察限速标志，进入匝道之前将车速降到多少以下？（ ）
A. 标志规定车速 B. 每小时 80 公里
C. 每小时 60 公里 D. 每小时 40 公里

242 驾驶机动车驶入高速公路加速车道后，应迅速将车速提高到每小时 100 公里以上。（ ）

243 驾驶机动车在高速公路加速车道提速到每小时 60 公里以上时，可直接驶入行车道。（ ）

244 驾驶机动车在高速公路匝道上行驶，前方车辆速度过慢，可以超车。（ ）

245 机动车在高速公路行驶，如有人员需要上下车，必须将车停在紧急停车带才能进行。（ ）

226.× 227.√ 228.D 229.× 230.√ 231.× 232.√ 233.√ 234.× 235.× 236.×
237.A 238.ABC 239.ACD 240.C 241.A 242.× 243.√ 244.× 245.×

246 驾驶机动车在高速公路上驶出匝道时，只要后方无来车，或者来车相距较远，可以不经过加速车道，直接驶入行车道。（　　）

247 驾驶机动车在高速公路行驶，由加速车道汇入行车道时，操纵转向盘不应该过急过猛。（　　）

248 驾驶机动车驶离高速公路时，在进入减速车道前，应提前开启右转向灯，警示后方车辆。（　　）

249 驾驶机动车在高速公路减速车道上行驶时，如遇前方有低速行驶的车辆，应伺机超车，以防止交通堵塞。（　　）

250 驾驶机动车进入减速车道后，应平顺减速，避免猛烈制动，同时注意保持与前车车距。（　　）

251 驾驶机动车在高速公路加速车道上行驶，只要车速足够快，可以立刻插入车流。（　　）

252 驾驶机动车在高速公路匝道上行驶，当有人给您打电话的时候，可以靠边停车，接打电话。（　　）

253 驾驶机动车在高速公路减速车道行驶时要依次通行。（　　）

254 驾驶机动车驶离高速公路时，若车辆制动性能良好，可直接驶入匝道。（　　）

255 如图所示，该货运车辆驶出高速公路的方法是正确的。（　　）

256 驾驶机动车在高速公路上行驶，能见度小于50米时，只要车速不超过20公里/小时，可以不驶离高速公路。（　　）

257 驾驶机动车在城市快速路上行驶，以下做法错误的是什么？（　　）
A. 在最左侧车道内停车
B. 在路肩上行驶
C. 学习驾驶机动车
D. 倒车

258 驾驶机动车在高速公路上行驶不得倒车、逆行、穿越中央分隔带掉头或者在车道内停车。（　　）

259 以下这个标志的含义是什么？（　　）

A. 电子不停车收费专用车道
B. 应急车道
C. 绿色通道
D. 快速公交车道

260 以下这个标志的含义是什么？（　　）

A. 设有电子不停车收费（ETC）车道的收费站
B. 停车领卡标志
C. 服务区标志
D. 紧急停车带

261 驾驶机动车驶入高速公路收费口时，没有安装ETC卡的车辆，不能驶入ETC车道。（　　）

262 驾驶机动车在匝道内行驶，以下做法正确的是什么？（　　）
A. 可以超车　　B. 可以倒车
C. 依次通行　　D. 可以掉头

263 驾驶机动车在高速公路减速车道行驶时，以下做法正确的是什么？（　　）
A. 可以超车　　B. 可以倒车
C. 依次通行　　D. 可以掉头

264 驾驶机动车在高速公路上行驶，车速超过100公里/小时，只要与同车道前车保持80米的距离即可。（　　）

265 机动车在高速公路上行驶，车速超过每小时100公里时，应当与同车道前车保持100米以上的距离。（　　）

266 驾驶机动车驶入高速公路收费口应减速慢行，有序行驶，选择绿灯亮起的收费口

答案 246.× 247.√ 248.√ 249.× 250.√ 251.× 252.× 253.√ 254.× 255.× 256.× 257.ABCD 258.√ 259.√ 260.A 261.√ 262.C 263.C 264.× 265.√ 266.√

进入。( )

267 以下关于驶离高速公路的做法正确的是什么？( )
A. 提前开启右转向灯
B. 驶入减速车道
C. 按减速车道规定的时速行驶
D. 加速直接驶离高速公路

268 关于在高速公路匝道路段行驶，以下说法正确的是什么？( )
A. 从匝道驶入高速公路，应当开启右转向灯
B. 驶离高速公路进入匝道时，应当开启右转向灯
C. 可在匝道上超车
D. 驶入错误的匝道后，可倒车行驶回高速公路

269 驾驶机动车在高速公路上行驶，遇有能见度小于100米的气象条件时，如何安全行驶？( )
A. 与前车保持50米以上的距离
B. 车速不得超过40公里/小时
C. 开启危险报警闪光灯
D. 在应急车道行驶

270 驾驶机动车在高速公路上行驶，遇有雾、雨、雪、沙尘、冰雹等低能见度气象条件下，能见度在100米以下时，车速不得超过每小时40公里，与同车道前车至少保持50米的距离。( )

271 如图所示，驾驶机动车驶入减速车道后最高时速不能超过多少？( )

A. 60公里/小时　　B. 50公里/小时
C. 40公里/小时　　D. 30公里/小时

272 驾驶机动车驶离高速公路进入匝道时，应当加速驶离。( )

273 驾驶机动车在高速公路上遇到雨雪天气时，需要降低车速、保持安全距离的原因，以下说法正确的是什么？( )
A. 能见度下降，驾驶人难以及时发现前方车辆
B. 此类天气条件下的道路上，车辆的制动距离变长
C. 为车辆安全行驶提供足够的安全距离
D. 降低恶劣天气对车辆造成的损害

274 遇到前方道路发生交通事故时，在交通警察的指挥下可以从应急车道绕行。( )

275 驾驶机动车在高速公路上行驶，遇有雾、雨、雪、沙尘、冰雹等低能见度气象条件时，能见度在50米以下时，以下做法正确的是什么？( )
A. 加速驶离高速公路
B. 在应急车道上停车等待
C. 可以继续行驶，但车速不得超过每小时40公里
D. 以不超过每小时20公里的车速从最近的出口尽快驶离高速公路

276 驾驶机动车在高速公路上行驶时，可以直接从行车道进入匝道驶离高速公路。( )

277 驾驶机动车在高速公路上发生故障时，机动车难以移动的，驾驶人应采取什么措施扩大示警距离？( )
A. 开启危险报警闪光灯
B. 坐在车内不断鸣喇叭
C. 开启远光灯
D. 在来车方向设置警告标志

278 驾驶机动车在高速公路上发生故障，驾驶人开启危险报警闪光灯，在来车方向设置警告标志是为了扩大示警距离。( )

279 车辆进入高速公路行车道后，应如何行驶？( )
A. 随意行驶
B. 各行其道
C. 分道行驶
D. 按照限速规定行驶

267.ABC 268.B 269.ABC 270.√ 271.C 272.× 273.ABC 274.√ 275.D 276.× 277.AD 278.√ 279.BCD

第五章 紧急情况下的避险常识

一 紧急情况通用避险知识

（一）紧急情况下的避险原则

1. 遇紧急情况避险时，要沉着冷静，坚持什么样的处理原则？（　　）
   A. 先避人、后避物　　B. 先避物、后避车
   C. 先避车、后避人　　D. 先避物、后避人

2. 紧急情况下避险始终要把人的生命安全放到第一位。（　　）

3. 高速公路行车紧急情况避险的处理原则是先避车后避人。（　　）

4. 车速较高，前方发生紧急情况时，要先转方向避让，再采取制动减速，以减小碰撞损坏程度。（　　）

5. 机动车在高速行驶时，前面扬起的飞石或是遗撒物将挡风玻璃击裂，造成视线模糊不清的状况下，驾驶人要逐渐降低车速、开启危险报警闪光灯并将机动车移至不妨碍交通的地点。（　　）

6. 图中标志的含义是什么？（　　）
   A. 消防设备箱标志　　B. 油箱标志
   C. 加油站标志　　　　D. 灭火器标志

7. 图中标志的含义是什么？（　　）
   A. 疏散标志　　　　　B. 紧急避难场所
   C. 行人专用通道　　　D. 生活服务区

（二）轮胎漏气的处置

8. 轮胎气压过低时，高速行驶可能导致什么结果？（　　）
   A. 气压不稳　　B. 气压增高
   C. 行驶阻力减小　　D. 爆胎

9. 行车中发现左侧轮胎漏气时怎样处置？（　　）
   A. 慢慢制动减速　　B. 迅速制动减速
   C. 迅速向右转向　　D. 采取紧急制动

10. 行车中发现右侧轮胎漏气时怎样处置？（　　）
    A. 迅速制动减速　　B. 慢慢制动减速
    C. 迅速向左转向　　D. 采取紧急制动

11. 驾驶人发现轮胎漏气，将机动车驶离主车道时，不要采用紧急制动，以免造成翻车或后车采取制动不及时导致追尾事故。（　　）

12. 机动车轮胎的胎压标识代表此轮胎在正常情况下最大安全充气压力值。（　　）

13. 关于机动车轮胎胎压过高的危害，以下说法正确的是什么？（　　）
    A. 加速轮胎胎面中央的花纹局部磨损，缩短轮胎的使用寿命
    B. 耐轧性能下降，导致爆胎
    C. 轮胎的摩擦力、附着力降低，影响制动效果
    D. 导致转向盘震动、跑偏，使行驶的舒适性降低

14. 轮胎气压过低时，高速行驶轮胎会出现波浪变形温度升高而导致什么情况发生？（　　）
    A. 气压不稳　　B. 气压更低
    C. 行驶阻力增大　　D. 爆胎

（三）突然爆胎的处置

15. 后轮胎爆裂时，驾驶人要如何处置？（　　）
    A. 迅速转动转向盘调整
    B. 控制行驶方向并慢慢减速
    C. 迅速向相反方向转动转向盘
    D. 迅速采取制动措施

答案：1.A 2.√ 3.× 4.× 5.√ 6.A 7.A 8.D 9.A 10.B 11.√ 12.√ 13.ABCD 14.D 15.B

16. 前轮爆胎时，驾驶人控制住行驶方向后，要采取什么措施减速停车？（　）
    A. 抢挂高速挡　　B. 抢挂低速挡
    C. 抢挂空挡　　　D. 紧急制动

17. 行车中轮胎突然爆裂时的不正确做法是什么？（　）
    A. 保持镇静，缓抬加速踏板
    B. 紧握转向盘，控制机动车直线行驶
    C. 采取紧急制动，在最短的时间内停车
    D. 待车速降低后，再轻踏制动踏板

18. 行车中轮胎突然爆裂时的应急措施是什么？（　）
    A. 迅速制动减速
    B. 紧握转向盘，尽快平稳停车
    C. 迅速转动转向盘调整方向
    D. 低速行驶，寻找换轮胎地点

19. 避免爆胎的错误做法是什么？（　）
    A. 降低轮胎气压
    B. 定期检查轮胎
    C. 及时清理轮胎沟槽里的异物
    D. 更换有裂纹或有很深损伤的轮胎

20. 行车中当机动车突然爆胎时，驾驶人切忌慌乱中急踏制动踏板，尽量采用抢挂低速挡的方法，利用发动机制动使机动车减速。（　）

21. 行车中当突然爆胎时，驾驶人要双手紧握转向盘，尽力控制机动车直线行驶。（　）

22. 避免机动车爆胎的正确做法是降低轮胎气压。（　）

23. 驾驶人行车中意识到爆胎时，要轻踏制动踏板，缓慢减速停车。（　）

24. 前轮胎爆裂已出现转向时，驾驶人在控制住方向的情况下，应如何使车辆缓慢减速？
    A. 迅速踏下制动踏板　B. 轻踏制动踏板
    C. 使用驻车制动器　　D. 采取紧急制动

25. 行车中遇突然爆胎时，驾驶人要急踏制动踏板减速停车。（　）

26. 机动车发生爆胎后，驾驶人在尚未控制住车速前，不要冒险使用行车制动器停车，以避免机动车横甩发生更大的险情。（　）

27. 行车中当驾驶人意识到机动车爆胎时，应在控制住方向的情况下采取紧急制动，迫使机动车迅速停住。（　）

28. 汽车的专用备胎可作为正常轮胎长期使用。（　）

29. 使用已有裂纹或损伤的轮胎容易引起什么后果？（　）
    A. 向一侧偏驶　　　B. 爆胎
    C. 转向困难　　　　D. 行驶阻力增大

30. 机动车避免爆胎的正确做法是什么？（　）
    A. 降低轮胎气压
    B. 定期检查轮胎
    C. 及时清理轮胎沟槽内的异物
    D. 更换有裂纹或损伤的轮胎

31. 机动车在高速行驶中，突然爆胎要采取的安全措施是什么？（　）
    A. 紧急制动，靠边停车
    B. 牢牢地握住转向盘，保持直行
    C. 立即松开加速踏板
    D. 轻踩制动踏板

32. 轮胎气压过高或过低都容易导致爆胎。（　）

33. 汽车各轮胎气压不一致时，容易造成的后果是什么？（　）
    A. 爆胎　　　　　B. 汽车行驶油耗增大
    C. 操纵失控　　　D. 加剧轮胎磨损

34. 如果轮胎胎侧顺线出现裂口，以下做法正确的是什么？（　）
    A. 放气减压　　　B. 及时换胎
    C. 给轮胎充气　　D. 不用更换

35. 驾驶人在高速公路上行驶时，车辆左前轮突然爆胎，应第一时间紧握转向盘，然后轻踏制动踏板进行减速，并将车停靠在紧急停车带上。这样做的原因是什么？（　）
    A. 爆胎后，车辆行驶方向易发生变化，须紧握转向盘
    B. 爆胎后，车辆自身开始减速，所以只需轻踏制动踏板
    C. 爆胎后，紧急制动容易引起侧翻
    D. 轻踏制动踏板进行减速是为了保护轮胎

36. 以下哪些能够引起轮胎爆裂？（　）
    A. 轮胎磨损严重　　B. 轮胎气压过高
    C. 尖锐物体刺伤轮胎　D. 车辆超载超员

答案
16.B 17.C 18.B 19.A 20.√ 21.√ 22.× 23.√ 24.B 25.× 26.√ 27.× 28.× 29.B 30.BCD 31.BCD 32.√ 33.ABCD 34.B 35.AC 36.ABCD

37 驾驶机动车遇后轮爆胎时，以下做法正确的是什么？（　　）
　　A. 第一时间握紧转向盘，收油减挡缓慢制动
　　B. 安全驶离行车道停车后开启危险报警闪光灯
　　C. 车后 150 米以外设置警告标志
　　D. 车上人员迅速撤离到安全地点报警求助

38 行车中当驾驶人意识到车辆爆胎时，下列做法正确的是？（　　）
　　A. 紧急制动　　　B. 轻踩制动踏板
　　C. 缓慢减速　　　D. 控制方向

39 驾驶机动车发生爆胎时，要利用驻车制动器使车辆减速行驶。（　　）

40 在高速公路上驾驶机动车遇后轮爆胎时，以下做法正确的是什么？（　　）
　　A. 车后 150 米以外设置警告标志
　　B. 安全驶离行车道停车后开启危险报警闪光灯
　　C. 车上人员迅速撤离到安全地点报警求助
　　D. 第一时间握紧转向盘，收油减挡缓慢制动

（四）转向突然失控的处置

41 当机动车转向失控行驶方向偏离，事故已经无可避免时，要采取什么措施？（　　）
　　A. 紧急制动
　　B. 迅速转向进行调整
　　C. 迅速向无障碍一侧转向躲避
　　D. 迅速向有障碍一侧转向躲避

42 驾驶装有动力转向的机动车发现转向困难怎样处置？（　　）
　　A. 停车查明原因
　　B. 控制转向缓慢行驶
　　C. 降低车速行驶
　　D. 保持机动车直线行驶

43 行车中遇到转向失控，行驶方向偏离时怎样处置？（　　）
　　A. 迅速转向调整
　　B. 尽快减速停车
　　C. 向无障碍一侧躲避
　　D. 向有障碍一侧躲避

44 转向失控后，若机动车偏离直线行驶方向，应怎样使机动车尽快减速停车？（　　）
　　A. 轻踏制动踏板
　　B. 拉紧驻车制动器操纵杆
　　C. 迅速抢挡减速
　　D. 果断地连续踩踏、放松制动踏板

45 装有转向助力装置的机动车，驾驶人突然发现转向困难，操作费力，要紧握转向盘保持低速行驶。（　　）

46 高速行驶的机动车，在转向失控的情况下紧急制动，不会造成翻车。（　　）

47 机动车转向突然失控后，若前方道路条件能够保持直线行驶，不要紧急制动。（　　）

48 高速行驶的机动车，在转向失控的情况下紧急制动，很容易造成翻车。（　　）

49 当机动车已偏离直线行驶方向，事故已经无可避免时，应果断地连续踏制动踏板，尽量缩短停车距离，减轻撞车力度。（　　）

50 机动车高速行驶中出现转向失控时，驾驶人要如何处置？（　　）
　　A. 紧急制动
　　B. 抢挂低速挡
　　C. 合理使用行车制动和驻车制动，避免紧急制动
　　D. 开启危险报警闪光灯

51 驾驶机动车在高速公路行驶，如果发生转向失灵，不能紧急制动。（　　）

52 行车中感觉转向盘有向左或向右偏移时，要及时控制转向盘，向右或向左适量修正，以消除车辆偏离现象。（　　）

（五）制动突然失效的处置

53 高速行车中行车制动突然失灵时，驾驶人要如何制动？（　　）
　　A. 连续踩踏制动踏板
　　B. 抢挂低速挡减速后，使用驻车制动
　　C. 迅速踏下离合器踏板
　　D. 迅速拉紧驻车制动器操纵杆

54 下坡路行车中制动突然失效怎样处置？（　　）
　　A. 可利用避险车道减速停车

答案：37.ABCD 38.BCD 39.✗ 40.ABCD 41.C 42.A 43.B 44.D 45.✓ 46.✗ 47.✓ 48.✓ 49.✓ 50.BCD 51.✓ 52.✓ 53.B 54.A

B. 越二级挡位减挡
C. 挂倒挡迫使停车
D. 拉紧驻车制动器减速

55 下坡路制动突然失效后，不可采用的办法是什么？（　　）
   A. 将机动车向上坡道方向行驶
   B. 用车身靠向路旁的岩石或树林碰擦
   C. 利用道路边专设的避险车道停车
   D. 拉紧驻车制动器操纵杆或越二级挡位减挡

56 下坡路制动失效后，在不得已的情况下，可用车身侧面擦撞山坡，迫使机动车减速停车。（　　）

57 下坡路制动失效后，要迅速逐级或越一级减挡，利用发动机制动作用控制车速。（　　）

58 出现制动失效后，要首先控制方向，再设法控制车速。（　　）

59 下坡路制动失效后，驾驶人应立即寻找并冲入紧急避险车道；停车后，拉紧驻车制动器，以防溜动发生二次险情。（　　）

60 下坡路制动失效后，若无可利用的地形和时机，应迅速逐级或越一级减挡，利用发动机制动作用控制车速。（　　）

61 有效预防机动车发生制动失效的措施是什么？（　　）
   A. 定期维护制动系统
   B. 行车前检查制动踏板的自由行程
   C. 正确使用制动，防止热衰退
   D. 采用液压制动的机动车，行车前检查制动液是否有滴漏

62 机动车在行驶中突遇制动失灵时，驾驶人要采取什么措施？（　　）
   A. 握稳方向
   B. 抢挂低速挡减速
   C. 使用驻车制动器减速
   D. 开启危险报警闪光灯

63 下坡路行驶，制动突然失效后，可采用的减速方法是什么？（　　）
   A. 利用道路边专设避险车道减速停车
   B. 用车身靠向路旁的岩石或树木碰擦
   C. 首先拉紧驻车制动
   D. 抢挂低速挡

（六）发动机突然熄火的处置

64 行车中发动机突然熄火怎样处置？（　　）
   A. 紧急制动停车　　B. 缓慢减速停车
   C. 挂空挡滑行　　　D. 关闭点火开关

65 行车途中发动机突然熄火，不能继续启动时要采取紧急制动措施，迫使机动车迅速停住。（　　）

66 行车中发动机突然熄火后不能启动时，及时靠边停车检查熄火原因。（　　）

67 行车中发动机突然熄火后，要采取什么措施？（　　）
   A. 立即停车检修
   B. 立即开启危险报警闪光灯
   C. 将机动车移到不妨碍交通的地点停车
   D. 放置故障车警告标志

（七）侧滑时的处置

68 驾驶未安装制动防抱死系统（ABS）的机动车在冰雪路面怎样使用制动？（　　）
   A. 轻踏或间歇踩踏制动踏板
   B. 与其他路面一样踏制动踏板
   C. 重踏制动踏板
   D. 猛踏制动踏板

69 驾驶未安装制动防抱死系统（ABS）的机动车，在冰雪路面制动时，应轻踏或间歇踩踏制动踏板。（　　）

70 机动车在什么样的路面上制动时车轮最容易抱死？（　　）
   A. 混凝土路　　　B. 土路
   C. 冰雪路面　　　D. 沙土路

71 制动时前车轮抱死会出现丧失转向能力的情况。（　　）

72 制动时后车轮抱死可能会出现侧滑甩尾的情况。（　　）

73 机动车在行驶中，遇雨雪天气向右侧滑时，要向左打方向，使其稳定。（　　）

74 机动车转弯时速度过快，容易发生侧滑。（　　）

75 驾驶机动车在冰雪路面发生侧滑时，要猛打方向调整。（　　）

76 在泥泞路行车中发生侧滑时，要向后轮侧滑

答案
55.D 56.√ 57.√ 58.√ 59.√ 60.√ 61.ABCD 62.ABCD 63.ABD 64.B 65.× 66.√ 67.BCD 68.A 69.√ 70.C 71.√ 72.√ 73.× 74.√ 75.× 76.√

的方向转动转向盘适量修正。（　　）

77 机动车发生侧滑时要如何调整方向？（　　）
A. 前轮侧滑，向侧滑方向转动转向盘
B. 前轮侧滑，向侧滑相反方向转动转向盘
C. 后轮侧滑，向侧滑方向转动转向盘
D. 后轮侧滑，向侧滑相反方向转动转向盘

（八）碰撞时的应急处置

78 机动车发生撞击的位置不在驾驶人一侧或撞击力量较小时，驾驶人不正确的做法是什么？（　　）
A. 紧握转向盘
B. 两腿向前蹬
C. 从一侧跳车
D. 身体向后紧靠座椅

79 在车速较高可能与前方机动车发生碰撞时，驾驶人要采取什么措施？（　　）
A. 先制动减速，后转向避让
B. 急转方向向左避让
C. 急打方向，向右避让
D. 先转向避让，后制动减速

80 在高速公路上发生碰撞前，驾驶人要采取什么措施？（　　）
A. 先制动，后转向　　B. 先转向后制动
C. 边制动边转向　　D. 立即停车

81 在车速较高可能与前方机动车发生碰撞时，驾驶人应采取先制动减速，后转向避让的措施。（　　）

82 行车中与其他机动车发生正面碰撞已不可避免时怎样处置？（　　）
A. 变正面碰撞为侧面碰撞
B. 向右急转转向盘躲避
C. 迅速采取紧急制动
D. 向左急转转向盘躲避

83 与对向来车发生正面碰撞且碰撞位置在驾驶人正前方时，驾驶人正确的应急驾驶姿势是什么？（　　）
A. 迅速躲离转向盘　　B. 往副驾驶座位躲避
C. 迅速将两腿抬起　　D. 两腿蹬直

84 当你看到对面有车辆超车时，应该如何应付？（　　）
A. 减速，并向右侧闪避
B. 保持原有驾驶方向和速度行驶
C. 加速，并向左侧越线行驶
D. 减速，并向左侧避让

85 在高速公路驾驶机动车意外碰撞护栏时，要稳住方向，应当向碰撞一侧转向，不可乱打或急打转向盘。（　　）

86 在机动车与非机动车、行人混杂的城市快速路或国道上，由于车速比较慢，可以采取边转向躲避边制动的方式避免碰撞。（　　）

87 在城市道路中车速相对较慢，车辆距障碍物很近时，驾驶人可以采取先转向躲避后制动的方式避免碰撞。（　　）

（九）倾翻时的应急处置

88 导致车辆倾翻的主要原因有哪些？（　　）
A. 发生碰撞
B. 车辆驶离路面
C. 高速行驶时急转方向
D. 车速过快

89 驾驶机动车突然发生倾翻时，以下做法正确的是什么？（　　）
A. 迅速跳车逃生　　B. 双手紧握转向盘
C. 双脚勾住踏板　　D. 背部紧靠椅背

90 驾驶机动车突然发生倾翻时，司乘人员要迅速跳车逃生？（　　）

（十）火灾时的应急处置

91 机动车燃油着火时，不能用于灭火的是什么？（　　）
A. 路边沙土　　B. 棉衣
C. 工作服　　D. 水

92 发动机着火后首先怎样处置？（　　）
A. 迅速关闭发动机　　B. 用水进行灭火
C. 开启发动机罩灭火　　D. 站在下风处灭火

93 这个标志是何含义？（　　）
A. 灭火器标志　　B. 油箱标志
C. 加油站标志　　D. 消防设备箱标志

答案

77.BC 78.C 79.A 80.A 81.√ 82.C 83.ABC 84.A 85.√ 86.√ 87.√ 88.ABCD 89.BCD 90.× 91.D 92.A 93.A

94. 怎样正确使用灭火器灭火？　　（　）
   A. 人要站在下风处　　B. 灭火器瞄准火源
   C. 尽量接近火源　　　D. 灭火器瞄准火苗

95. 机动车发生火灾时，要设法将机动车停在远离城镇、建筑物、树木、机动车及易燃物的空旷地带。（　）

96. 驾驶机动车起火时，要设法将机动车停在远离城镇、建筑物、树木、机动车及易燃物的空旷地带，并及时把事故情况和地点通报给救援机构。（　）

97. 高速公路行车发生火灾时，要将机动车驶进服务区或停车场灭火。（　）

98. 发动机着火时，要迅速关闭发动机，开启发动机舱盖进行灭火。（　）

99. 驾驶机动车行驶过程中发动机着火，应立即打开发动机舱检查着火原因，便于及时灭火。（　）

100. 机动车燃油着火时，应第一时间用水灭火。（　）

101. 机动车电器、汽油着火后可用水来熄灭。（　）

102. 救火时不要脱去所穿的化纤服装，以免伤害暴露的皮肤。（　）

103. 车辆起火时，若有衣物粘在驾驶人的皮肤上，驾驶人应尽快撕扯掉衣物，以防衣物灼伤皮肤。（　）

104. 救火时不要张嘴呼吸或高声呐喊，以免烟火灼伤上呼吸道。（　）

105. 机动车行驶时突然发生自燃，驾驶人采取的以下紧急避险措施中，正确做法是什么？（　）
    A. 用清水喷洒扑灭
    B. 及时报警
    C. 使用车内备用的灭火器灭火
    D. 在来车方向设置警告标志

106. 驾驶机动车时，为了预防行车中突然起火造成的危险，应随车携带以下哪项物品？（　）
    A. 安全帽　　　B. 灭火器
    C. 安全锤　　　D. 冷冻液

107. 驾驶机动车行驶过程中发动机着火，以下做法错误的是什么？（　）
    A. 迅速关闭发动机　　B. 用覆盖法灭火
    C. 开启发动机罩灭火　D. 用灭火器灭火

108. 逃离隧道火灾现场时，需要向烟雾流相同方向逃跑。（　）

109. 隧道内发生火灾时，驾乘人员应当留在车内。（　）

110. 驾驶机动车，遇前方停驶的油料运输车起火冒烟，以下做法错误的是什么？（　）
    A. 为减少交会时间，加速通过
    B. 立即停车，上前查看是否有被困人员
    C. 停车后围观
    D. 立即停车，尽量远离，拨打报警电话

111. 如遇隧道内发生车辆起火时，以下做法正确的有哪些？（　）
    A. 利用尖利物品砸碎侧窗逃生
    B. 走"人行横洞"
    C. 若视线不清，可以用手机手电筒照明
    D. 打电话报警求助

112. 车载灭火器只能扑灭初期小火。（　）

113. 使用灭火器时要让灭火器瞄准火苗，才能更快的灭火。（　）

114. 驾驶机动车在隧道内遇前方车辆运输的危险化学品发生泄漏或火灾时，驾驶人应熄火并开启危险报警闪光灯，将钥匙留在车内后弃车逃生。（　）

（十一）车辆落水的应急处置

115. 机动车不慎落水，车门无法开启时，可选择的自救方法是什么？（　）
    A. 敲碎侧窗玻璃　　B. 关闭车窗
    C. 打电话求救　　　D. 用工具撬开车门

116. 机动车落水后，要迅速关闭车窗阻挡车内进水，短暂闭绝空气，可打电话告知救援人员失事地点，等待救援。（　）

117. 机动车落水后，只有在水快浸满车厢时，才有可能开启车门或摇下车窗玻璃逃生。（　）

二　高速公路紧急避险

（一）高速公路紧急避险原则

118. 高速公路行车紧急情况避险的处理原则是

答案：94.B 95.√ 96.√ 97.× 98.√ 99.× 100.× 101.× 102.√ 103.× 104.√ 105.BCD 106.B 107.C 108.× 109.× 110.ABC 111.ABCD 112.√ 113.× 114.√ 115.A 116.× 117.√ 118.B

什么？　　　　　　　　　　　（　　）
A. 先避车、后避物　B. 先避人、后避物
C. 先避车、后避人　D. 先避物、后避人

119 在高速公路上遇到紧急情况避险时需注意什么？（　　）
A. 采取制动措施减速
B. 向左侧转向避让
C. 迅速转动转向盘躲避
D. 向右侧转向避让

120 在高速公路上遇到紧急情况时不要轻易急转向避让。（　　）

121 驾驶机动车在高速公路行驶过程中，发现前方有动物突然横穿时，可以采取急转向的方式避让。（　　）

122 在高速公路上遇到紧急情况时，要迅速转动转向盘避让。（　　）

123 驾驶机动车在高速公路行驶过程中，发现前方有动物突然横穿时，不可以采取急转向的方式避让。（　　）

124 驾驶客车遇非常情况或者发生事故时，要力所能及的将损失降到最低限度，决不能因紧急避险造成二次事故或更大的损失。（　　）

125 发生交通事故后，防止二次事故的有效措施是什么？（　　）
A. 疏散人员
B. 开启危险报警闪光灯
C. 标记伤员的原始位置
D. 正确放置危险警告标志

（二）发生"水滑"的处置

126 雨天机动车在高速公路行驶发生"水滑"现象时怎样处置？（　　）
A. 急踏制动踏板减速
B. 缓抬加速踏板减速
C. 迅速转向进行调整
D. 提速增大车轮排水量

127 雨天避免"水滑"现象的有效方法就是保持高速行驶。（　　）

128 大雨天在高速公路行车时，怎样避免发生"水滑"现象？（　　）
A. 安装防滑装置　B. 提高车速行驶
C. 降低车速行驶　D. 断续使用制动

129 在大雨天行车，为避免发生"水滑"而造成危险，要控制速度行驶。（　　）

130 大暴雨中高速行车会发生"水滑"现象。（　　）

131 驾驶机动车在高速公路行驶，雨天发生"水滑"现象时，以下做法正确的是什么？（　　）
A. 双手握稳转向盘　B. 迅速转向调整
C. 逐渐降低车速　　D. 急踏制动踏板减速

132 车辆发生"水滑"时，以下做法正确的是什么？（　　）
A. 不可急踩制动踏板
B. 逐渐松抬加速踏板，让车速逐渐减缓
C. 不得迅速转向
D. 立刻猛踏制动踏板，降低车速

（三）雾天遇到事故的处置

133 大雾天在高速公路遇事故不能继续行驶时怎样处置？（　　）
A. 车上人员要迅速从左侧车门离开
B. 在来车方向100米处设置警告标志
C. 开启危险报警闪光灯和远光灯
D. 车上人员站到护栏以外安全的地方

134 雾天在高速公路上发生事故后，车上人员不要随便下车行走。（　　）

135 大雾天在高速公路遇事故不能继续行驶时，危险的做法是什么？（　　）
A. 尽快离开机动车
B. 尽量站到防护栏以外
C. 开启危险报警闪光灯和雾灯
D. 沿行车道到车后设置警告标志

136 大雾天在高速公路遇事故不能继续行驶时，以下正确的做法是什么？（　　）
A. 驾乘人尽快从右侧离开车辆并转移到防护栏外
B. 按规定在车后设置警告标志
C. 不得在高速公路上行走
D. 开启危险报警闪光灯和尾灯

（四）意外碰撞护栏的处置

137 驾驶机动车在高速公路意外碰撞护栏时，应迅速向相反方向转向修正。（　　）

119.A 120.√ 121.× 122.× 123.√ 124.√ 125.ABD 126.B 127.× 128.C 129.√ 130.√ 131.AC 132.ABC 133.D 134.√ 135.D 136.ABCD 137.×

答案

138 机动车在高速公路意外撞击护栏时，有效的保护措施是向相反方向大幅度转向。（　）

139 在高速公路驾驶机动车意外碰撞护栏时采取什么保护措施？（　）
 A. 握紧转向盘，适量修正
 B. 迅速向相反方向转向
 C. 迅速采取紧急制动
 D. 迅速向碰撞一侧转向

140 机动车在高速公路意外撞击护栏时，要稳住方向，适当修正，切忌猛转转向盘。（　）

（五）遇到横风的处置

141 驾驶机动车在高速公路行驶遇到横风时，应紧握转向盘，减速行驶。（　）

142 如果遇到较强横风，感觉机动车产生横向偏移时，要握紧转向盘并紧急制动。（　）

143 遇到这种跨江、河、海大桥时，可能会遇到横风，要控制好方向。（　）

144 机动车驶出高速公路隧道口时，如遇横风会明显出现什么情况？（　）
 A. 减速感　　　　B. 加速感
 C. 压力感　　　　D. 方向偏移

145 驾驶机动车到达隧道出口时要握稳转向盘，预防出口处的强横向风。（　）

（六）紧急情况停车的应急处置

146 机动车在高速公路上发生故障需检查时怎样停车？（　）
 A. 在最外侧行车道上停车
 B. 在内侧行车道上停车
 C. 在应急车道停车
 D. 在匝道口三角地带停车

147 在高速公路行车选择什么地方停车？（　）
 A. 服务区　　　　B. 加速车道
 C. 减速车道　　　D. 匝道

148 驾驶机动车在高速公路上发生故障时，车上人员应当迅速转移到故障车前方躲避。（　）

149 高速路上，机动车因故障暂时不能离开应急车道或路肩时，驾乘人员要下车在路边等候，但不得离开高速公路。（　）

150 机动车因故障不能离开高速公路时，驾乘人员要在车上等候救援。（　）

151 机动车在高速公路上，因故障不能离开行车道时，可在行车道上迅速抢修。（　）

152 在高速公路上除遇障碍、发生故障等必须停车外，不准停车上下人员或者装卸货物。（　）

153 当高速公路上车辆发生故障时，人员应当疏散到下图哪个位置。（　）

 A. 位置A　　　　B. 位置B
 C. 位置C　　　　D. 位置D

154 驾驶机动车在高速公路行驶，遇意外情况需紧急停车时，可在行车道上直接停车。（　）

155 驾驶机动车在高速公路上车辆发生故障时，为获得其他车辆的帮助，可将警告标志放置在其他车道。（　）

156 驾驶机动车在高速公路发生故障，需要停车排除故障时，以下做法正确的是什么？（　）
 A. 等待救援
 B. 开启危险报警闪光灯
 C. 放置警告标志，转移乘车人员至安全处，迅速报警
 D. 将车辆移至不妨碍交通的位置

157 在高速公路上行车，如车辆发生故障需要临时停车时，应将车停至应急车道，并在车后方150米外放置警告标志。（　）

158 在高速公路行车道上遇到车辆异常，应当立即停车检查车辆。（　）

三 其他情况紧急避险与事故处理

(一) 其他情况紧急避险

159 机动车在高速行驶时，前面扬起的飞石或是遗撒物将挡风玻璃击裂，造成视线模糊不清的状况下，驾驶人应如何应对？（　　）
A. 开启危险报警闪光灯
B. 逐渐降低车速
C. 保持高速行驶
D. 将车辆移至不妨碍交通的地点

160 驾驶机动车需要从车窗逃生时，要用安全锤敲击玻璃的哪个部位？（　　）
A. 四个角落　　B. 中心部位
C. 任意部位　　D. 中下部位

161 紧急破窗逃生时，应首选侧面车窗。（　　）

162 驾驶机动车在双向行驶的隧道内遇到其他车辆发生交通事故时，应减速注意避让，不得停车围观。（　　）

163 机动车在隧道内发生故障，车辆无法移动时，驾驶人可在车内等待救援。（　　）

164 在隧道内行车时，如果前方发生突发情况，与前车保持足够的安全车距可以让驾驶人有足够的反应时间和避让空间。（　　）

165 对于没有救护知识或经验的人员，不得盲目施救，这样是为了避免二次伤害。（　　）

(二) 事故处置与处理

166 驾驶机动车发生财产损失事故车辆可以移动时，下列哪些情形可以将车辆移动至不妨碍交通的地方等待处理？（　　）
A. 机动车无号牌
B. 碰撞建筑物
C. 载运危险物品的车辆
D. 当事人对事实或者成因有争议的

167 出现下列哪种情形时，保险公司不承担赔偿责任？（　　）
A. 驾驶人未取得驾驶资格证或者醉酒的
B. 被保险人机动车被盗抢期间肇事的
C. 被保险人故意制造道路交通事故的
D. 驾驶人超速行驶的

168 有下列情形之一并经核实的，交通技术监控设备记录或者录入道路交通违法信息管理系统的违法行为信息，应当予以消除。（　　）
A. 因交通信号指示不一致造成的
B. 有证据证明救助危难或者紧急避险造成的
C. 机动车被盗抢期间发生的
D. 因使用伪造、变造或者其他机动车号牌发生违法行为造成合法机动车被记录的

169 交通事故的损失是由非机动车驾驶人、行人故意碰撞机动车造成的，机动车一方承担不超过百分之十的赔偿责任。（　　）

170 道路交通事故的损失是由受害人故意造成的，保险公司不予赔偿。（　　）

171 驾驶机动车发生事故可以自行协商处理的财产损失事故，当事人不可以通过下列哪些方式协商处理？（　　）
A. 当场通过互联网在线进行处理
B. 必须等保险公司人员到场鉴定后再协商处理
C. 在离开现场后通过互联网在线进行协商处理
D. 当场口头协商处理

172 驾驶机动车发生财产损失交通事故后，当事人对事实及成因无争议移动车辆时需要对现场拍照或者标画停车位置。（　　）

173 驾驶机动车发生交通事故，仅造成财产损失的，但是对交通事故事实及成因有争议的，应当怎么处理？（　　）
A. 自行协商损害赔偿事宜
B. 占道继续和对方争辩
C. 找中间人帮忙解决
D. 迅速报警

答案：159.ABD 160.A 161.√ 162.√ 163.× 164.√ 165.√ 166.√ 167.ABC 168.ABCD 169.× 170.√ 171.B 172.√ 173.D

第六章 ▶ 违法行为综合判断与案例分析

一 违法行为综合判断

1 动画1中有几种违法行为？　　　　（　　）

[动画显示：驾驶人未系安全带，驾车时打手机]
A. 一种违法行为　　　B. 二种违法行为
C. 三种违法行为　　　D. 四种违法行为

2 动画2中有几种违法行为？　　　　（　　）

[动画显示：驾驶人驾车时打手机，并在堵车时将车驶向公交车道]
A. 一种违法行为　　　B. 二种违法行为
C. 三种违法行为　　　D. 四种违法行为

3 动画3中有几种违法行为。　　　　（　　）

[动画显示：车速表指针指示90公里/小时，交通标志最高限速为60公里/小时；车辆号牌上有遮挡物]
A. 一种违法行为　　　B. 二种违法行为
C. 三种违法行为　　　D. 四种违法行为

4 动画4中有几种违法行为？　　　　（　　）

[动画显示：车辆号牌上有遮挡物；信号灯为红灯时，车辆从直行车道左转弯驶过路口]
A. 一种违法行为　　　B. 二种违法行为
C. 三种违法行为　　　D. 四种违法行为

5 动画5中有几种违法行为。　　　　（　　）

[动画显示：驾驶人驾车时打手机。通话内容为："刚喝完酒，在去驾校的路上，准备报名学个驾驶本"]
A. 一种违法行为　　　B. 二种违法行为
C. 三种违法行为　　　D. 四种违法行为

6 动画6中有几种违法行为？　　　　（　　）

答案：1.B 2.B 3.B 4.C 5.C 6.C

应急车道

[动画显示：驾驶人未系安全带；驾车时打手机；道路拥堵时驶入应急车道]

A. 一种违法行为　　B. 二种违法行为
C. 三种违法行为　　D. 四种违法行为

7 动画7中有几种违法行为？　　（　　）

号牌有遮挡物

[动画显示：车辆号牌上有遮挡物；在有禁止左转弯的路口驶向左侧道路]

A. 一种违法行为　　B. 二种违法行为
C. 三种违法行为　　D. 四种违法行为

8 动画8中有几种违法行为？　　（　　）

号牌有遮挡物

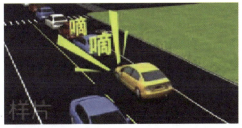

非机动车道

[动画显示：车辆号牌上有遮挡物；并在道路拥堵时鸣喇叭，然后驶向非机动车道]

A. 一种违法行为　　B. 二种违法行为
C. 三种违法行为　　D. 四种违法行为

二　违法行为案例分析

9 林某驾车以110公里/小时的速度在城市道路行驶，与一辆机动车追尾后弃车逃离被群众拦下。经鉴定，事发时林某血液中的酒精浓度为135.8毫克/百毫升。林某的主要违法行为是什么？　　（　　）
A. 醉酒驾驶　　　　B. 超速驾驶
C. 疲劳驾驶　　　　D. 肇事逃逸

10 周某夜间驾驶大货车在没有路灯的城市道路上以90公里/小时的速度行驶，一直开启远光灯，在通过一窄路时，因加速抢道，导致对面驶来的一辆小客车撞上右侧护栏。周某的主要违法行为是什么？　　（　　）
A. 超速行驶　　　　B. 不按规定会车
C. 疲劳驾驶　　　　D. 不按规定使用灯光

11 某日早上6时，冉某驾驶一辆大客车出发，连续行驶至上午11时，在宣汉县境内宣南路1公里处，坠于公路一侧垂直高度8.5米的陡坎下，造成13人死亡、9人受伤。冉某的主要违法行为是什么？　　（　　）
A. 超速行驶　　　　B. 不按交通标线行驶
C. 客车超员　　　　D. 疲劳驾驶

7.B　8.B　9.ABD　10.ABD　11.D

12 某日13时10分，罗某驾驶一辆中型客车从高速公路0公里处出发，下午14时10分行至该高速公路125公里加200米处时，发生追尾碰撞，机动车驶出西南侧路外边坡，造成11人死亡、2人受伤。罗某的主要违法行为是什么？ （　　）
A. 超速行驶　　　　B. 不按交通标线行驶
C. 客车超员　　　　D. 疲劳驾驶

13 何某驾驶一辆乘载53人的大客车（核载47人），行至宁合高速公路南京境内454公里加100米处，被一辆重型半挂牵引车追尾，导致大客车翻出路侧护栏并起火燃烧，造成17人死亡、27人受伤。何某的主要违法行为是什么？ （　　）
A. 超速行驶
B. 客车超员
C. 驾驶逾期未年检机动车
D. 操作不当

14 罗某驾驶大型卧铺客车（乘载44人，核载44人）行至沿河县境内540县道58公里加500米处时，在结冰路面以每小时44公里速度行驶，导致机动车侧滑翻下公路，造成15人死亡、27人受伤。罗某的主要违法行为是什么？ （　　）
A. 客车超员　　　　B. 超速行驶
C. 疲劳驾驶　　　　D. 操作不当

15 徐某驾驶一辆中型客车（乘载27人）行至四都镇前岭村壶南头路段，在上坡过程中，机动车发生后溜驶出路外坠入落差约80米的山崖，造成11人死亡、7人受伤。徐某的主要违法行为是什么？ （　　）
A. 疲劳驾驶　　　　B. 酒后驾驶
C. 客车超员　　　　D. 超速行驶

16 佟某驾驶一辆大客车（乘载54人，核载55人）行至太原境内以45公里的时速通过一处泥泞路段时，机动车侧滑驶出路外坠入深沟，导致14人死亡、40人受伤。佟某的主要违法行为是什么？ （　　）
A. 客车超员　　　　B. 超速行驶
C. 酒后驾驶　　　　D. 疲劳驾驶

17 郝某驾驶一辆载有84.84吨货物的重型自卸货车（核载15.58吨），行至滦县境内262省道34公里加623米处，与前方同向行驶的一辆载有45.85吨货物的货车（核载1.71吨）追尾碰撞后，侧翻撞向路边人群，造成19人死亡、17人受伤。双方驾驶人共同的违法行为是什么？ （　　）
A. 超速行驶　　　　B. 货车超载
C. 疲劳驾驶　　　　D. 酒后驾驶

18 周某驾驶一辆轻型厢式货车（搭载22人）行驶至丙察公路79公里加150米处时，坠入道路一侧山崖，造成12人死亡、10人受伤。周某的主要违法行为是什么？ （　　）
A. 驾驶逾期未检验的机动车
B. 货运机动车载客
C. 超速行驶
D. 疲劳驾驶

19 叶某驾驶中型厢式货车，行至陂头镇上汶线3公里加600米弯道路段时，以40公里/小时的速度与王某驾驶的乘载19人正三轮载货摩托车发生正面相撞，造成10人死亡、9人受伤。双方驾驶人的主要违法行为是什么？ （　　）
A. 叶某驾驶与准驾车型不符的机动车
B. 王某驾驶摩托车非法载客
C. 叶某超速行驶
D. 王某不按信号灯指示行驶

20 唐某驾驶一辆大客车，乘载74人（核载30人），以每小时38公里的速度，行至一连续下陡坡转弯路段时，机动车翻入路侧溪水内，造成17人死亡、57人受伤。唐某的主要违法行为是什么？ （　　）
A. 酒后驾驶　　　　B. 客车超员
C. 疲劳驾驶　　　　D. 超速行驶

21 吴某驾驶一辆大客车，乘载33人（核载22人），行至163县道7公里加300米处时，机动车失控坠入山沟，造成10人死亡、21人受伤。事后经酒精检测，吴某血液酒精含量为26毫克/百毫升。吴某的主要违法行为是什么？ （　　）
A. 超速行驶　　　　B. 客车超员
C. 疲劳驾驶　　　　D. 酒后驾驶

22 钱某驾驶大型卧铺客车，乘载45人（核载40人），保持40公里/小时以上的车速行至八宿县境内连续下坡急转弯路段处，翻下100米深的山崖，造成17人死亡、20人受伤。钱某的主要违法行为是什么？ （　　）
A. 驾驶时接听手持电话

12.A　13.B　14.B　15.C　16.C　17.B　18.B　19.BC　20.BD　21.BD　22.BC

B. 超速行驶
C. 客车超员
D. 疲劳驾驶

23 陶某驾驶中型客车（乘载 33 人），行至许平南高速公路 163 公里处时，以 120 公里/小时的速度与停在最内侧车道上安某驾驶的因事故无法移动的小客车（未设置警示标志）相撞，中型客车撞开右侧护栏侧翻，造成 16 死亡、15 人受伤。双方驾驶人的主要违法行为是什么？（　　）
A. 陶某客车超员
B. 陶某超速行驶
C. 安某未按规定设置警示（告）标志
D. 安某违法停车

24 杨某驾驶改装小型客车（核载 9 人，实载 64 人，其中 62 人为幼儿园学生），行至榆林子镇马槽沟村处，占用对向车道逆行时与一辆重型自卸货车正面碰撞，造成 22 人死亡、44 人受伤。该起事故中的主要违法行为是什么？（　　）
A. 货车超速行驶　　B. 非法改装机动车
C. 客车超员　　　　D. 客车逆向行驶

25 戚某驾驶大客车，乘载 28 人（核载 55 人），由南向北行至一无交通信号控制的交叉路口，以 50 公里的时速与由东向西行至该路口李某驾驶的重型半挂牵引车（核载 40 吨，实载 55.2 吨）侧面相撞，造成 12 人死亡、17 人受伤。此事故中的主要违法行为是什么？（　　）
A. 客车超员
B. 客车超速行驶
C. 货车超载
D. 货车驾驶人经验不足

26 彭某驾驶一辆重型半挂牵引车，载运 37.7 吨货物（核载 25 吨），行至大广高速公路一下坡路段，追尾碰撞一辆由李某驾驶在应急车道内行驶的重型自卸货车（货箱内装载 3.17 立方黄土并搭乘 24 人），造成 16 人死亡、13 人受伤。此事故中的主要违法行为是什么？（　　）
A. 彭某超速行驶
B. 彭某驾驶机动车超载
C. 李某在应急车道内行驶
D. 李某货车车厢内违法载人

27 石某驾驶低速载货机动车，运载 4.05 吨货物（核载 1.2 吨），行驶至宁津县境内 314 省道 51 公里加 260 米处，在越过道路中心线超越前方同向行驶的机动车时，与对向正常行驶的中型客车（乘载 12 人，核载 11 人）正面相撞，造成 10 人死亡、2 人受伤。此事故中的违法行为是什么？（　　）
A. 货车超载
B. 货车违法超车
C. 客车超员
D. 客车驾驶人疲劳驾驶

28 邹某驾驶大型卧铺客车（核载 35 人，实载 47 人），行至京港澳高速公路 938 公里时，因乘车人携带的大量危险化学品在车厢内突然发生爆燃，造成 41 人死亡、6 人受伤。此事故中的主要违法行为是什么？（　　）
A. 客车超员
B. 乘车人携带易燃易爆危险物品
C. 超速行驶
D. 不按规定停车

29 某日 3 时 40 分，孙某驾驶大客车（乘载 54 人、核载 55 人）行至随岳高速公路 229 公里加 300 米处，在停车下客过程中，被后方驶来李某驾驶的重型半挂机动车追尾，造成 26 人死亡、29 人受伤。事后查明，李某从昨日 18 时许出发，途中一直未休息。双方驾驶人的主要违法行为是什么？（　　）
A. 孙某违法停车　　B. 孙某客车超员
C. 李某超速　　　　D. 李某疲劳驾驶

30 李某驾驶一辆大客车，乘载 21 人（核载 35 人），行驶途中察觉制动装置有异常但未处理，行至双岛海湾大桥时时速为 50 公里（该路段限速 40 公里/小时），因制动失灵坠入海中，造成 13 人死亡、8 人受伤。李某的主要违法行为是什么？（　　）
A. 超速行驶
B. 疲劳驾驶
C. 客车超员
D. 驾驶具有安全隐患的机动车

31 某日 19 时，杨某驾驶大客车，乘载 57 人（核载 55 人），连续行驶至次日凌晨 1 时，在金城江区境内 050 国道 3008 公里加 110 米处，因机动车左前胎爆裂，造成 12 人死亡、22 人受伤的特大交通事故。杨某的主

答案
23.ABC　24.BCD　25.BC　26.BCD　27.ABC　28.AB　29.AD　30.AD　31.AB

要违法行为是什么？　　　　（　　）
A. 疲劳驾驶　　　　B. 客车超员
C. 超速行驶　　　　D. 操作不当

32 赵某（持有A2驾驶证）驾驶大型卧铺客车（核载36人），行驶至叶城县境内某处急弯路段，加速超越前车时，坠入道路一侧山沟，致16人死亡，20人受伤。赵某的主要违法行为是什么？　　（　　）
A. 在不具备超车条件的急弯路段加速超车
B. 驾驶逾期未检验的机动车
C. 驾驶与准驾车型不符的机动车
D. 疲劳驾驶

33 张某驾驶车辆在高速公路上发生故障不能移动，开启危险报警闪光灯后下车，联系朋友李某驾驶私家车帮忙拖曳到应急车道。李某拖曳故障车的过程中，刘某驾驶货运车辆以每小时110公里的速度驶来，导致三车相撞。这起事故中的违法行为有哪些？（　　）
A. 张某疲劳驾驶
B. 李某用私家车拖曳故障车辆
C. 刘某超速行驶
D. 未在故障车辆后设置警示标志

34 贾某驾车在高速公路上行驶，遇到大雾，能见度小于50米，贾某开启了雾灯、示廓灯、危险警报灯，以时速40公里行驶，并与同车道保持50米距离，经过三个出口驶离高速公路。贾某的主要违法行为是什么？　（　　）
A. 未按规定开启相应的灯光
B. 超速行驶
C. 与同车道前车距离不足
D. 未及时从最近的出口驶离高速公路

35 某日夜间下雨，陈某驾驶小型汽车与李某（未系安全带）一同回家，当陈某以120公里/小时车速行驶至城市主干路（限速80公里/小时）的某一路段时，车辆突然发生侧滑，导致与道路左侧护栏相撞后翻车。陈某的主要违法行为是什么？　　　　（　　）
A. 超速行驶　　　　B. 操作不当
C. 疲劳驾驶　　　　D. 未系安全带

36 某日刘某与朋友相约打麻将，一直到次日凌晨4时，然后驾驶小型汽车回家，刚开一会儿就感觉头脑发沉，但因离家也就十分钟的路程了，刘某坚持继续驾驶。当车辆行驶至接近某路口时，刘某的车与前方一辆正常行驶的出租车相撞，造成两车损坏。此事故中的违法行为是什么？　　　（　　）
A. 出租车未按交通信号灯行驶
B. 出租车未及时避让
C. 刘某疲劳驾驶
D. 刘某超载驾驶

37 黄某（驾驶证被扣留）驾驶小型客车（逾期未检验）沿某国道行驶至某处时跨双黄实线掉头，与对向车道于某驾驶的重型自卸货车相撞，造成5人死亡、2人受伤。事故发生后黄某驾车逃离事故现场。本起事故中存在的违法行为有什么？　　　　（　　）
A. 黄某驾驶机动车跨双黄实线掉头
B. 于某超速行驶
C. 黄某在驾驶证被扣留期间驾驶机动车上道路行驶
D. 黄某驾驶逾期未检验的机动车上道路行驶

第七章 ▶ 交通事故救护及常见危化品处置常识

一　交通事故救护

（一）伤员急救基本原则

1 在事故现场抢救伤员的基本要求是什么？
　　　　　　　　　　　　　（　　）
A. 先治伤，后救命　B. 先救命，后治伤
C. 先帮助轻伤员　　D. 后救助重伤员

2 遇伤者被压于车轮或货物下时，要立即拉拽伤者的肢体将其拖出。　　（　　）

3 受伤者在车内无法自行下车时，可设法将其从车内移出，尽量避免二次受伤。　（　　）

4 现场救护应遵循什么原则？　　（　　）
A. 安全原则　　　　B. 避免二次伤害原则
C. 先救命后治伤原则　D. 争取时间原则

答案　32.AC　33.BCD　34.ABD　35.A　36.C　37.ACD　1.B　2.×　3.√　4.ABCD

（二）昏迷不醒的伤员急救

5. 抢救昏迷失去知觉的伤员需注意什么？（ ）
   A. 马上实施心肺复苏　B. 使劲掐伤员的人中
   C. 连续拍打伤员面部　D. 抢救前先检查呼吸

6. 搬运昏迷失去知觉的伤员首先要采取仰卧位。（ ）

7. 抢救昏迷失去知觉的伤员要在抢救前先检查呼吸。（ ）

8. 成人心肺复苏时，胸外按压频率是多少？（ ）
   A. 80～100 次/分　　B. 60～80 次/分
   C. 100～120 次/分　 D. 120～140 次/分

（三）失血伤员的急救

9. 抢救失血伤员时，要先采取什么措施？（ ）
   A. 观察　 B. 包扎　 C. 止血　 D. 询问

10. 在没有绷带急救伤员的情况下，以下救护行为中错误的是什么？（ ）
    A. 用手帕包扎　　　B. 用毛巾包扎
    C. 用棉质衣服包扎　D. 用细绳缠绕包扎

11. 采用指压止血法为动脉出血伤员止血时，拇指压住伤口的什么位置？（ ）
    A. 近心端动脉　　　B. 血管下方动脉
    C. 远心端动脉　　　D. 血管中部

12. 包扎止血不能用的物品是什么？（ ）
    A. 绷带　B. 三角巾　C. 止血带　D. 麻绳

13. 在没有绷带急救伤员的情况下，可用毛巾、手帕、床单、长筒尼龙袜子等代替绷带包扎。（ ）

14. 在紧急情况下为伤员止血时，须先用压迫法止血后再根据出血情况改用其他止血法。（ ）

15. 救助失血过多出现休克的伤员要采取保暖措施。（ ）

16. 抢救或处理失血伤员，首先是利用外部按压给伤口止血。（ ）

（四）烧伤伤员的急救

17. 救助全身燃烧伤员采取哪种应急措施？（ ）
    A. 用沙土覆盖火焰灭火
    B. 向身上喷冷水灭火
    C. 用灭火器进行灭火
    D. 帮助脱掉燃烧的衣服

18. 烧伤伤员口渴时，可喝少量的淡盐水。（ ）

19. 烧伤伤员口渴时，只能喝白开水。（ ）

20. 救助全身燃烧伤员可以采取向身上喷冷水灭火的措施。（ ）

21. 救助烧伤伤员时，当伤口已经起泡的情况下，可用什么覆盖在水泡上进行保护？（ ）
    A. 手帕　　　　　　B. 围巾
    C. 塑料袋或保鲜膜　D. 卫生纸

22. 对于烫伤进行处理时，应首先考虑用常温清水持续冲洗烫伤部位。（ ）

（五）中毒伤员的急救

23. 救助有害气体中毒伤员，首先采取的措施是什么？（ ）
    A. 采取保暖措施
    B. 将伤员转移到有新鲜空气的地方
    C. 进行人工呼吸
    D. 进行胸外心脏按压

24. 为防止有害气体中毒伤员继续中毒，首先将伤员转移到空气新鲜的地方。（ ）

25. 抢救有害气体中毒伤员时，应第一时间将伤员移送到有新鲜空气的地方，脱离危险环境，防止吸入更多有害气体。（ ）

26. 交通事故中急救中毒伤员，以下做法错误的是什么？（ ）
    A. 尽快将中毒人员移出毒区
    B. 脱去接触有毒空气的衣服
    C. 用清水清洗暴露部位
    D. 原地等待救援

27. 驾驶机动车遇车辆出现燃烧现象，应迅速离开车内，以免对呼吸道造成伤害或发生窒息。（ ）

（六）骨折伤员的处置

28. 抢救骨折伤员时注意什么？（ ）
    A. 迅速抬上担架送往医院
    B. 适当调整损伤时的姿势
    C. 用绷带对骨折部位进行包扎
    D. 不要移动身体骨折部位

29. 怎样抢救脊柱骨折的伤员？（ ）
    A. 采取保暖措施　　B. 用软板担架运送
    C. 用三角巾固定　　D. 扶持伤者移动

5.D　6.×　7.√　8.C　9.C　10.D　11.A　12.D　13.√　14.√　15.√　16.√　17.B　18.√　19.×　20.√　21.C　22.√　23.B　24.√　25.√　26.D　27.√　28.D　29.B

30 伤员骨折处出血时，要先固定，然后止血和包扎伤口。（　）
31 移动脊柱骨折的伤员，切勿扶持伤者走动，可用软担架运送。（　）
32 伤员大腿、小腿和脊椎骨折时，一般不要随便移动伤者。（　）
33 对无骨端外露的骨折伤员肢体固定时，要超过伤口上下关节。（　）
34 伤员骨折处出血时，先固定好肢体再进行止血和包扎。（　）

二 常见危化品处置常识

（一）危险化学品的概念与分类

35 危险化学品具有爆炸、易燃、毒害、腐蚀、放射性等特性。（　）
36 火药、炸药和起爆药属于哪类危险化学品？（　）
　A. 氧化性物质　　B. 易燃固体
　C. 爆炸品　　　　D. 自燃物品
37 火柴、硫黄和赤磷属于哪类危险化学品？（　）
　A. 爆炸品　　　　B. 氧化性物质
　C. 自燃物品　　　D. 易燃固体
38 下列属于危险易燃固体的是什么？（　）
　A. 火柴　B. 火药　C. 电石　D. 炸药

（二）危险化学品常用应急处置

39 易燃液体一旦发生火灾，要及时用水扑救。（　）
40 腐蚀品着火时，不能用水柱直接喷射扑救。（　）
41 扑救易散发腐蚀性蒸气或有毒气体的火灾时，扑救人员应穿戴防毒面具和相应的防护用品，站在上风处施救。（　）
42 驾驶机动车发生交通事故后，应注意是否有燃油泄漏、管路破裂的情况，避免意外情况出现。（　）
43 在交通事故现场，一旦遇到有毒有害物质泄漏，一定要第一时间疏散人员，并立即报警。（　）
44 因交通事故造成有害气体泄漏后，进入现场抢救伤员时，抢救人员须佩戴空气呼吸器或用湿毛巾捂住口鼻。（　）

（三）危化品运输特殊情况处理

45 液化石油气罐车在运输途中发生大量泄漏时，下列措施错误的是什么？（　）
　A. 切断一切电源
　B. 戴好防护面具和手套
　C. 关闭阀门制止渗漏
　D. 组织人员向下风方向疏散
46 道路危险货物运输驾驶人、装卸人员和押运员必须了解所运载的危险化学品的性质、危害特性、包装容器的使用特性和发生意外时的应急措施。（　）
47 装运易燃易爆、有毒化学危险物品的车辆通过市区和城镇时，事前要向当地公安交通管理部门办理准运证，申请行车路线和时间，运输途中不得随便停车。（　）

48 驾驶机动车运载爆炸物品、易燃易爆化学物品、剧毒、放射性等危险物品，以下做法正确的是什么？（　）
　A. 经公安机关批准
　B. 按指定的时间、路线、速度行驶
　C. 悬挂警示标志
　D. 采取必要的安全措施
49 驾驶机动车载运危险化学物品，应当经哪个部门批准后，按指定的时间、路线、速度行驶，悬挂警示标志并采取必要的安全措施？（　）
　A. 公安机关　　　B. 道路运输管理机构
　C. 环保部门　　　D. 城市管理部门
50 装运易燃易爆、有毒化学危险物品的车辆通过市区和城镇时，运输途中不得随便停车。（　）

答案　30.× 31.√ 32.√ 33.× 34.× 35.√ 36.C 37.D 38.A 39.× 40.√ 41.√ 42.√ 43.√ 44.√ 45.D 46.√ 47.√ 48.ABCD 49.A 50.√